Leo Strauss zur Einführung

Clemens Kauffmann

# Leo Strauss zur Einführung

JUNIUS

Für
Catharina,
meine Lebensfreude

Junius Verlag GmbH
Stresemannstraße 375
22761 Hamburg
info@junius-verlag.de
www.junius-verlag.de


Umschlaggestaltung: Florian Zietz
Titelbild: Margaret Faulkner
Satz: Junius Verlag GmbH
Printed in the EU 2025
ISBN 978-3-88506-963-8
3., korrigierte Auflage 2025

**Bibliografische Information der Deutschen Nationalbibliothek** Die Deutsche Nationalbibliothek verzeichnet diese Publikation in der Deutschen Nationalbibliografie; detaillierte bibliografische Daten sind im Internet über http://dnb.dnb.de abrufbar.

# Inhalt

**Anhang**

# Vorwort

Wer die Schriften von Leo Strauss erstmals zur Hand nimmt, wird den Eindruck gewinnen, er habe es mit einem Historiker der Philosophie zu tun, der mehr oder weniger konventionelle Beiträge zum Verständnis der europäischen Geistesgeschichte verfasst habe. Es ist die äußere Erscheinung der politischen Philosophie von Leo Strauss, die, durchaus beabsichtigt, den Zugang zu ihrem inneren Gehalt erschwert. Wovon dieses Werk handelt und welche Fragestellung die verschiedenen Schriften zu ihrer einzigartigen Geschlossenheit verbindet, eröffnet sich erst dem zweiten Blick. Die Absicht dieser Einführung ist, den Übergang zum zweiten Schritt zu erleichtern.

Die Gestalt des Werkes von Leo Strauss bestimmt die Anlage und die Darstellungsform des vorliegenden Buches. Eine deskriptive Darstellung der politischen Philosophie von Strauss verbietet sich aus zwei Gründen. Sie würde es nicht vermögen, den Inhaltsreichtum der Einzelinterpretationen, die Strauss vorgelegt hat und die von der klassischen Dichtung, Geschichtsschreibung und Philosophie über den islamischen und jüdischen Rationalismus des Mittelalters, die Formierung der neuzeitlichen Philosophie bei Machiavelli und Hobbes, die zentralen Schriften der englischen und französischen Aufklärung bis hin zu Nietzsche und Heidegger reichen, auch nur im Ansatz nachzuzeichnen, geschweige denn zu beurteilen. Sie würde des Weiteren verhindern, von der philosophiegeschichtlichen Oberfläche zur philosophischen Intention, zur Aussage und zur Bedeutung dieses erstrangigen Denkers vorzudringen. Die einzig sinnvolle Möglichkeit schien mir indessen zu sein, das Problem freizulegen, das im Hintergrund aller Schriften von Strauss anzutreffen ist und dem sein eigentliches Interesse gilt: die Begründung der Philosophie gegenüber der politischen Autorität von Religion, Wissenschaft und Geschichte. Die Kenntnis dieses Problems führt zu einer angemessenen Lektüre von Leo Strauss hin. Die Formulierung der zentralen Fragestellung stützt sich ausschließlich auf die Schriften von Strauss und verzichtet bewusst auf jede historisierende Einordnung.

Das erste Kapitel skizziert den äußerlichen Zusammenhang, in dem das Werk von Leo Strauss steht, den biografischen Rahmen und den diskursiven Kontext der Rezeption. Die Kapitel zwei bis fünf sind nach philosophischen Gesichtspunkten geordnet. Sie befassen sich mit der Rechtfertigung der Möglichkeit von Philosophie, ihrer politischen Dimension und der Verteidigung ihrer Notwendigkeit, um abschließend inhaltliche Optionen anzudeuten. Die Fußnoten der Kapitel zwei bis fünf arbeiten aus ökonomischen Gründen mit Kürzeln, die sich über die Siglenliste im Literaturverzeichnis leicht aufschlüsseln lassen. Sie bieten die Belegstellen für die wörtlichen Zitate und verweisen auf Textstellen bei Strauss, welche die behandelten Inhalte vertiefen helfen. Im Interesse der Verständlichkeit wurden fast alle Strauss-Zitate in deutscher Sprache wiedergegeben. Sie wurden den deutschen Originaltexten beziehungsweise den deutschen Übersetzungen entnommen, soweit solche verfügbar sind. Zitate aus englischsprachigen Veröffentlichungen wurden vom Verfasser übersetzt, wobei der Wortgenauigkeit vor stilistischen Feinheiten der Vorzug gegeben werden musste.

Ich danke Heinrich Meier, der mir in persönlichen Gesprächen die Gelegenheit gegeben hat, mein Verständnis für die Philosophie von Leo Strauss zu schärfen.

# 1. Das philosophische Werk

»›Originalität‹ – das ist etwas für kleine Leute. Das Schöpferische in der Philosophie und damit die Sache der Großen besteht nicht darin, ›Neues‹ zu bringen. Mit Hilfe des Bisherigen und durch gehöriges Durcheinandermischen desselben etwas zustandebringen, womit – als etwas Neuem für die Neugierigen – die denkfaulen Zeitgenossen sich kitzeln lassen, ist leicht. Aber die großen und einfachen Räume der wenigen alten, wesentlichen Fragen der Philosophie durch alle Vernebelung hindurch erkennen, d.h. in sie eindringen und dort durch ein wesentliches Fragen einen Standort begründen, ist schwer. Das Vermögen zu diesem Schweren entscheidet allein über den Rang eines Denkers.«[1]

## Vom politischen Liberalismus zur politischen Philosophie

Leo Strauss war knapp zwanzig Jahre alt, als die Weimarer Reichsverfassung verkündet wurde. Dreizehn Jahre später verließ er dank eines »in gewisser Weise gnädigen Schicksals« Deutschland. In diesen Jahren des Studiums, unter anderem bei Ernst Cassirer, der ihn 1921 in Hamburg promovierte, bei Edmund Husserl und Martin Heidegger, und der ersten wissenschaftlichen Beschäftigung an der Akademie für die Wissenschaft des Judentums in Berlin bildete sich die politisch-philosophische Problematik heraus, die seinen Denkweg bestimmte. 1965 markiert Strauss in dem rückblickenden Vorwort zur amerikanischen Ausgabe seiner vierzig Jahre früher entstandenen *Religionskritik Spinozas* den Beginn seines philosophischen Weges mit einem biografischen Hinweis. Der Autor des Buches sei ein junger, in Deutschland geborener und aufgewachsener Jude gewesen, »der sich im Bannkreis des theologisch-politischen Dilemmas« befunden habe. Strauss hing in diesen Jahren selbst dem politischen Zionismus an und war Mitglied einer zionistischen Studentenorganisation. Die Studien zu Spinoza galten der Prüfung der Frage, ob die Kritik an der orthodoxen Theologie überzeugend und berechtigt war. Dies war eine Frage, die in denkbar engem Zusammenhang mit dem deutsch-jüdischen Problem stand. Jedenfalls sei, so bemerkt Strauss, die »jüdische Frage« »seit einer sehr, sehr frühen Zeit das Hauptthema meiner Überlegungen gewesen« und das theologisch-politische Problem seitdem *»das* Thema meiner Untersuchungen geblieben«. Gleichwohl ist Strauss alles andere als das, was man einen »jüdischen Philosophen« nennen könnte.[2]

Im Anfang einer Bewegung liegt ihre Mitte verborgen. Man muss sich vor Augen führen, wie sich das theologisch-politische Dilemma für Leo Strauss dargestellt hat. Konkreten Ausdruck fand es in der schwierigen Lage, in der sich die deutschen Juden befanden. Seit langem gehörte die Galut, die Landlosigkeit, zum jüdischen Schicksal wie der Hass der Nichtjuden auf die Juden. Zwar hatte das Judentum in Deutschland seit der Französischen Revolution sich emanzipieren können und in der Weimarer Republik erstmals gleiche politische Rechte erlangt, aber die jüdische Nation blieb wegen der Schwäche der liberalen Demokratie Weimars politisch abhängig. Für zahlreiche deutsche Juden war der Judaismus, um es mit Heinrich Heine zu sagen, keine Religion, sondern ein Unglück. Sie zogen daraus die Konsequenz, ihr Judentum durch Assimilation an die Gesellschaft, in der sie lebten, abzulegen. Strauss hielt die Assimilation für keine politisch tragfähige Lösung. Die Inquisition und die Vertreibung der Juden aus Spanien am Ende des 15. Jahrhunderts hatten nicht dadurch verhindert werden können, dass viele zum Christentum übertraten. Religiös motivierte Unterscheidungen sind im Kern politische Unterscheidungen. Sie sind extralegal, aber nicht illegal. Die Assimilation konnte in der Weimarer Republik aufgrund einer anderen Unterscheidung nicht gelingen, derjenigen zwischen Staat und Gesellschaft, zwischen der öffentlichen und der privaten Sphäre. Die liberale Demokratie ist eine säkulare Gesellschaftsordnung, die ein Nebeneinander unterschiedlicher Überzeugungen und Bekenntnisse zulässt. Das Problem der Religion ist dem Zugriff des Staates entzogen, es ist Privatsache und hört doch nicht auf, ein politisches Problem zu sein. Gerade das aber, so Strauss, ermöglicht trotz rechtlicher Gleichstellung die gesellschaftliche Diskriminierung bestimmter Gruppen, religiöse Diskriminierung in der Weimarer Republik oder rassische Diskriminierung in der amerikanischen Gesellschaft. Ein Verbot jeglicher gesellschaftlicher Diskriminierung käme der Abschaffung der Privatsphäre, der Aufhebung der Unterscheidung zwischen Staat und Gesellschaft, kurz, der Zerstörung der liberalen Demokratie gleich. Die unmittelbar folgende historische Entwicklung in West und Ost hat Strauss gezeigt, dass dies kein gangbarer Weg ist. Offenbar gibt es politisch nichts Besseres als die unsichere Lösung, welche die liberale Demokratie anzubieten hat. Die Hoffnung auf Assimilation beruht auf der irrigen Annahme, man könne seine Vergangenheit abstreifen, indem man sie fortwünscht. Strauss scheint daraus den Schluss gezogen zu haben: »Es ist unmöglich, vor seinen Ursprüngen davonzulaufen.«[3]

Das Vergessenwollen der gewachsenen Identität durch Assimilation ist weder eine Antwort auf die jüdische Frage noch eine Lösung des jüdischen Problems. Liegt die Lösung dann in der Rückkehr zur jüdischen Tradition? Der politische Zionismus, dessen Begründer in gewisser Weise Spinoza war, hatte erkannt, dass die prekäre Lage der Juden in Deutschland keine rein verfassungspolitische Frage, sondern eine solche der Macht war. Ein demokratischer Staat kann sich nur so lange neutral gegenüber religiösen Gruppen verhalten, als nicht eine Mehrheit auftritt, die eine Minderheit zu Fremden erklärt. Der strenge politische Zionismus war eine elitäre Bewegung, die danach strebte, ihre Ehre im Namen einer durch Abkunft und Erniedrigung verbundenen Gemeinschaft durch die Eigenstaatlichkeit der jüdischen Nation wiederherzustellen. Strauss sah ein, dass sich der politische Zionismus letztlich strikt auf die politische Aktion beschränkte. Strenge Zionisten wollten im bewaffneten Kampf zu den Ursprüngen zurückkehren, ohne sich auf Gottes Führung zu verlassen. Die Rückkehr beruhte auf einem Bruch mit den Grundsätzen der jüdischen Tradition, sie erschien Leo Strauss unecht und paradox. 1935 schrieb Strauss in der Einleitung zu *Philosophie und Gesetz.*

»die gegenwärtige Lage scheint ausweglos zu sein für den Juden, der nicht orthodox sein kann und der die auf dem Boden des Atheismus allein mögliche ›Lösung des Judenproblems‹, den vorbehaltlos politischen Zionismus, für eine zwar höchst ehrenhafte, aber auf die Dauer und im Ernste nicht genügende Auskunft halten muss. Diese Lage scheint nicht bloß ausweglos zu sein, sondern sie ist es wirklich, solange an den modernen Voraussetzungen festgehalten wird. Gibt es in der modernen Welt zuletzt nur die Alternative: Orthodoxie oder Atheismus, und ist andererseits das Desiderat eines aufgeklärten Judentums unabweislich, so sieht man sich zu der Frage genötigt, ob denn die Aufklärung notwendig moderne Aufklärung ist.«

Die Ergänzung des politischen durch den kulturellen Zionismus konnte die Paradoxie nicht mildern, sie verstärkte sie noch. Ein kultureller Zionismus muss genaugenommen ein religiöser

Zionismus sein, der sich als Rückkehr zur ursprünglichen jüdischen Orthodoxie begreift. Aber nach Strauss war die zionistische Bewegung durch ein modernes Kulturverständnis geprägt, das unter »Kultur« die Erzeugnisse des menschlichen Geistes versteht. Die jüdische »Kultur« kann aber nach Strauss nicht der Ausdruck eines nationalen Geistes im Unterschied zu anderen nationalen Geistern sein. Ihr Fundament sind vielmehr Bibel, Talmud und Midrasch. »Und wenn man diese Dinge mit einem Minimum an Respekt oder Ernst nimmt, muß man sagen, daß sie nicht als Produkte des jüdischen Geistes gemeint waren. Sie waren gemeint, zu guter Letzt ›vom Himmel‹ zu sein, und dies ist die Crux der Angelegenheit: Judaismus kann nicht als eine Kultur verstanden werden.« Für Strauss schien die einzig konsistente Lösung des jüdischen Problems ein religiöser Zionismus zu sein, die Rückkehr zum orthodoxen jüdischen Glauben. Als Grundlage der jüdischen Tradition gelten ihm die ursprünglichen Fixpunkte des volkstümlichen Glaubens, »der Glaube an die Schöpfung der Welt, an die Wirklichkeit der biblischen Wunder, an die auf der Offenbarung am Sinai beruhende absolute Verbindlichkeit und wesentliche Unveränderlichkeit des Gesetzes«. Strauss betont, dass diese Behauptungen der Tradition konkret »äußerlich« zu verstehen sind und jeder »Verinnerlichung« und Subjektivierung in der Nachfolge Lessings entzogen werden müssen. Wenn von einer Rückkehr zum jüdischen Glauben und zur jüdischen Lebensweise gesprochen werden soll, dann sind es diese Fixpunkte, die den strengen Maßstab abgeben müssen für die Selbstvergewisserung der Rückkehrenden. Die »Bewegung« für eine Rückkehr zur Tradition hat die Lage des Judentums zwar verändert, aber nicht von Grund auf. Sie hat die Grenzen der Moderne nicht zu überschreiten vermocht.[4]

Strauss gibt im Spinoza-Vorwort von 1965, in dem er die Position von 1935 bekräftigt, eine sehr differenzierte Antwort auf die

Frage, warum das Judentum in den Voraussetzungen der Moderne befangen ist und folglich an den Voraussetzungen einer angemessenen Rückkehr zum jüdischen Selbstverständnis scheitert. Die Berufung auf »intellektuelle Redlichkeit«, die Kapitulation des Judentums vor »Wissenschaft« und »Geschichte«, die Erfahrungen des »neuen Denkens«, das Misslingen der Spinoza-Kritik Hermann Cohens, die einem unreflektierten Fortschrittsglauben entstammende Überzeugung von der eigenen Überlegenheit gegenüber dem einfachen und strengen Gesetzesverständnis der traditionellen Orthodoxie, all das sind Momente, an denen die, wie es Strauss scheint, einzig klare und konsistente Lösung des jüdischen Problems zerschellt. Es ist nicht möglich, eine nichtmoderne Tradition unter den Voraussetzungen des modernen Denkens so zu aktivieren, dass sie wirklich diese Tradition bliebe. Wie für den politischen Zionismus ist im Prinzip für die ganze Moderne die Überzeugung von der unendlichen Leistungsfähigkeit menschlichen Handelns charakteristisch. Der Glaube aber kann eine menschlich-politische Lösung des Problems als solche grundsätzlich nicht annehmen. »Endliche, relative Probleme können gelöst werden; unendliche, absolute Probleme können nicht gelöst werden. Mit anderen Worten, die Menschen werden niemals eine Gesellschaft erschaffen, die frei ist von Widersprüchen. Unter jedem Gesichtspunkt sieht es so aus, als ob das jüdische Volk das auserwählte Volk sei, zumindest in dem Sinne, daß das jüdische Problem das handgreiflichste Symbol des menschlichen Problems ist, insoweit es ein soziales oder politisches Problem ist.«[5]

Angesichts der scheinbaren Unlösbarkeit des menschlichen Problems fragt Leo Strauss, ob nicht doch eine besondere Art von Assimilation eine Lösung anbieten könnte. Es herrsche sogar eine moralische Notwendigkeit, diese besondere Form der Assimilation zu akzeptieren. »Ist das Edelste im Menschen nicht seine Fähigkeit, sich selbst der Wahrheit zu assimilieren?« Gemeint ist die platonische Anähnlichung an die Wahrheit durch ein philosophisches Leben. Denn »Philosophie im platonischen Sinn ist eine Lösung und tatsächlich *die* Lösung für *das* menschliche Problem, das Problem der Glückseligkeit. [...] Denn nach Platon so gut wie nach Aristoteles kann das menschliche Problem in dem Ausmaß, in dem es nicht durch politische Mittel gelöst werden kann, nur von der Philosophie, von und durch die philosophische Lebensweise gelöst werden.« Die Philosophie in diesen Horizont einzuführen hat fundamentale Folgen für die Philosophie überhaupt wie für das Verständnis des philosophischen Projekts von Leo Strauss. Wer sich nicht in der Lage sieht, zu den Wurzeln des orthodoxen Glaubens zurückzukehren und sich der einfachen Strenge des göttlichen, unveränderlichen Gesetzes zu unterwerfen, bestreitet den Anspruch des Glaubens, eine konsistente Lösung des menschlichen Problems durch die Beantwortung der Frage nach dem Einen, was nottut, geben zu können. Dadurch verändert sich auch die Beurteilung von Leo Strauss, was das Judentum sei. Es ist kein Unglück, sondern eine »heroische Täuschung«, eine rätselhafte Vision von der Wahrheit des letzten Mysteriums und der identitätsstiftende Mythos einer Nation. Der Philosoph gerät dadurch in einen politischen Konflikt über die richtige Lebensweise. Er unterliegt dem Gehorsamsanspruch des göttlichen Gesetzes der Religion ebenso wie dem Gehorsamsanspruch der Gesetze in einer säkularen liberalen Demokratie, während er zugleich weiß, dass die Gesetze der freien menschlichen Erkenntnis die einzig maßgeblichen für das philosophische, für das menschliche Leben sind. Seine erste Aufgabe besteht darin, die Notwendigkeit der Philosophie gegenüber den konkurrierenden religiösen und politischen Modellen zur Lösung des menschlichen Problems zu rechtfertigen. Das für Strauss tragende politisch-theologische Problem ist die Gefährdung der Philosophie durch den zweifachen autoritativen Anspruch auf Gehorsam gegenüber dem Gesetz durch Politik und Religion. Das zeigt den ursprünglichen Gehalt des politischen Problems, »in dem sich doch nichts Geringeres als die Grundlegung der Philosophie, die philosophische Aufklärung der Voraussetzung des Philosophierens verbirgt«. So wird verständlich, warum und in welcher Weise das theologisch-politische Problem *das* Thema der Philosophie von Leo Strauss ist und weshalb Philosophie in der politischen Philosophie als ganze auf dem Spiel steht. Verständlich wird allerdings auch, weshalb Strauss kein »jüdischer Philosoph« sein kann.[6]

Die Notwendigkeit der Philosophie zu rechtfertigen ist die eine Aufgabe, ihre Möglichkeit zu rechtfertigen eine andere. Wenn nach Strauss alle modernen Versuche, zum Kern der jüdischen Tradition zurückzukehren, an ihrer Modernität gescheitert sind, erhebt sich unmittelbar die Frage, wie eine »Rückkehr« zu einer »Philosophie im platonischen Sinn« möglich sein kann. Es erhebt sich stärker noch die Frage, wie Philosophie überhaupt in der von »Wissenschaft« und »Geschichte« bestimmten Welt möglich ist, die ihr jeden Erkenntnisanspruch bestreitet und die insbesondere die politische Philosophie als abgetan betrachtet. Diese Fragestellung ist ein zweiter Ariadnefaden, der das Lebenswerk von Leo Strauss in erstaunlicher Konsequenz durchzieht. Ihr dient die Wiederaufnahme des Streits zwischen Antike und Moderne, den Strauss auf unterschiedlichen Ebenen führt und der den scheinbar philosophiegeschichtlichen Ansatz seiner Untersuchungen bestimmt. Er ist davon überzeugt, dass eine Interpretation der klassischen Tradition auf der Grundlage moderner Horizonte nicht gelingen kann, weil sie zur Vernichtung der Tradition führt. Wenn die Moderne ihrem Selbstverständnis nach der Vergangenheit überlegen ist, dann hält man das Alte, ungeachtet der Möglichkeit, es als überlieferte Kostbarkeit in den Gewölben der Geschichte zu schätzen, in einer entscheidenden Hinsicht für unwahr und schlecht. Das grundsätzliche Dilemma führt Strauss zu der Einsicht, dass nur »die eigentlich historische Interpretation, die eine Lehre so versteht, wie sie von ihrem Urheber gemeint war«, die angemessene Interpretation sein kann. In diesem Sinne könnte man sagen, der Konservatismus sei das heilige Gesetz der Theorie. Allerdings hat es mit »heiligen Gesetzen« und der »Theorie« so seine Bewandtnis.[7]

Es stellt sich die Frage, in welcher Rolle Strauss die Sache der politischen Philosophie verficht. Nach außen hin präsentiert er sich als Gelehrter, als Kommentator, Ausleger und Philosophiehistoriker. Er verzichtet auf den Status des großen Denkers, der seine eigene Philosophie in systematischen Abhandlungen niederlegt. Stattdessen gehört er scheinbar zu jenen dienstbaren Geistern im akademischen Milieu, welche die großen Monologe der größten Geister zusammenführen, sie zu einem Dialog zusammenflechten, um so zu einer philosophischen Erkenntnis zu gelangen. Doch kann das Ansehen des Kommentators und Historikers nicht alles sein, wenn ein Großteil seines Werkes das Ungenügen des kommentierenden und historischen Zugangs zur Philosophie bemängelt. Möglicherweise hilft hier Strauss' Charakterisierung des Kommentators und »Philosophiehistorikers« Alfarabi weiter, der immer »mehr war als ein bloßer Kommentator«. Alfarabi, der sich als Muslim der prekären politischen Situation der Philosophie bewusst war, bediente sich nach Strauss der »spezifischen Immunität des Kommentators oder des Historikers«, um in der Maske Platons seine eigene Position durch gezielte Hinweise mitzuteilen. Strauss zeigt an Alfarabi, dass scheinbar historische Werke keine historischen Werke zu sein brauchen.

»Seine Haltung gegenüber dem historischen Platon ist vergleichbar mit der Haltung Platons selbst gegenüber dem historischen Sokrates und mit der Haltung des platonischen Sokrates selbst zu, sagen wir, dem historischen Ägypten: ›Mit welcher Leichtigkeit‹, oh Fârâbî, erfindest du Platonische Reden.‹ Durch diese bloße Tatsache offenbart er sich als ein wahrer Platoniker. Denn Platoniker befassen sich nicht mit der historischen (akzidentellen) Wahrheit, weil sie ausschließlich an der philosophischen (wesentlichen) Wahrheit interessiert sind. Nur weil öffentliche Rede eine Mischung von Ernsthaftigkeit und Spielerischem verlangt, kann ein wahrer Platoniker die ernste Lehre, die philosophische Lehre, in einem historischen und daher spielerischen Gewand präsentieren.« [...] »Es darf hinzugefügt werden, daß Fârâbî durch die Übermittlung des kostbarsten Wissens nicht in ›systematischen‹ Werken, sondern in Gestalt einer historischen Darstellung, seine Sicht bezüglich der ›Originalität‹ und ›Individualität‹ in der Philosophie andeutet: Was als der ›originale‹ oder ›persönliche‹ ›Beitrag‹ eines Philosophen sichtbar wird, ist unendlich viel weniger bedeutsam als sein privates und wahrhaft originales und individuelles Verständnis der notwendigerweise anonymen Wahrheit.«

Heinrich Meier hält diese Aussage wie vieles andere in *Farabi's Plato* für so weitgehend selbstexplikativ, dass man an Alfarabis Stelle in dieser Charakterisierung Strauss selbst setzen könnte. Das ist für die Gesamtinterpretation des Strauss'schen Werkes folgenreich. Es besagt, dass die philosophiegeschichtlichen Werke von Strauss nicht in erster Linie als solche gelesen werden können. Sie dienen vielmehr der Offenlegung des philosophischen Problems und der Anleitung zum eigenen philosophischen Denken. Sie sind Ausdruck der fundamentalen Unabhängigkeit des philosophischen Lebens, das am Rande der Gesellschaft zu führen trotz aller gegenteiligen Beteuerungen noch möglich ist. Die selbstexplikative Aussage macht aber auch deutlich, dass eine Interpretation des Werkes von Leo Strauss nicht in erster Linie darauf abzielen kann, zu klären, was das philosophische Individuum Strauss dem historischen Kontinuum unterschiedlicher philosophischer Positionen hinzuzufügen hat. Dem philosophischen Interesse ist weniger wichtig, welche »exzentrischen« politischen Ideen Strauss erfunden haben mag. Man muss versuchen,

Strauss so zu lesen, wie er selbst gelesen hat und gelesen werden will. Man muss die Auseinandersetzung mit ihm suchen. »Auseinandersetzung aber hat nichts zu tun mit ›Kritik‹ als Bemängelung oder gar Nachweisung von ›Fehlern‹. *Auseinandersetzung ist die höchste und einzige Weise der wahren Schätzung eines Denkers.* Denn sie übernimmt es, sein Denken wirklich zu denken und in seine stärkste Stärke hinein – nicht in die Schwächen – zu verfolgen. Und wozu dieses? Damit wir selbst durch die Auseinandersetzung für die höchste Anstrengung des Denkens frei werden.«[8]

Die Absicht der Auseinandersetzung mit der Moderne kann in erster Näherung durch ein Bild verdeutlicht werden, das sich an Platons Höhlengleichnis anschließt. Zu Beginn des siebten Buches der *Politeia* beschreibt Platon die Situation der gewöhnlichen Menschen, der Nicht-Philosophen, als diejenige von Höhlenbewohnern, die nur Schatten von künstlichen Gegenständen wahrnehmen und in ihren Meinungen über deren Bedeutung und Zusammenhang befangen sind. Weil sie anders als die Philosophen keinen Begriff von »Natur« haben, wissen sie nicht einmal, was künstliche Dinge im Unterschied zu natürlichen Dingen sind. Sie halten deshalb ihre Meinungen für die Wahrheit schlechthin und erheben sie durch gesellschaftliche Konventionen der Höhlengemeinschaft zum autoritären öffentlichen Dogma. Der Philosoph unterscheidet sich von der Höhlengemeinschaft dadurch, dass er von den Meinungen zum Licht der Erkenntnis aufzusteigen versucht. Das Höhlendasein beinhaltet für den Philosophen eine natürliche Schwierigkeit. Die Voraussetzung des Philosophen ist es, seine Intention von der Meinung auf die Erkenntnis zu richten und sein Augenmerk von den künstlichen Dingen auf ihre natürlichen Ursachen zu lenken. Der Standpunkt der philosophischen Intention ist bereits mit der Einsicht verbunden, als Höhlenbewohner in einer natürlichen Unwissenheit zu leben und die Meinungen der Höhlengesellschaft als den natürlichen Ausgangspunkt für den Aufstieg zur Erkenntnis nutzen zu müssen. Die natürliche Schwierigkeit ist nicht nur ein philosophisches, sondern zugleich ein politisches Problem. Strauss zeigt, dass das Höhlengleichnis einen politischen Sinn hat, insofern die Höhle mit der Welt der Polis gleichzusetzen ist. Es gehört wesentlich zum Selbstverständnis der Höhlenbewohner, kein Bewusstsein davon zu haben, dass ihre Heimstatt nur eine Höhle innerhalb des Universums ist. Sie halten ihre Stadt für die Welt schlechthin oder zumindest für das Höchste in der Welt. Die Absicht des Philosophen, auf die Natur hinter den künstlichen Dingen zu schauen, hat deshalb in ihrem Ursprung eine politische Bedeutung. Durch die bloße Absicht auf Erkenntnis stellt der Philosoph das autoritäre öffentliche Dogma infrage und gerät in einen politischen Konflikt mit der Gesellschaft, in der er lebt. Die Situation des modernen Menschen ist nach Leo Strauss nicht mehr die der natürlichen Unwissenheit der ursprünglichen Höhlenbewohner: »wir befinden uns heute in einer zweiten, viel tieferen Höhle als die glücklichen Unwissenden, mit denen es Sokrates zu tun hatte«. In die »zweite Höhle« geraten zu sein ist das Ergebnis der modernen Aufklärung. »Die Absicht der Aufklärung war die Rehabilitierung des Natürlichen durch die Leugnung (oder Einschränkung) des Übernatürlichen; aber ihre Leistung war die Entdeckung eines neuen ›natürlichen‹ Fundaments, das alles weniger als natürlich, vielmehr gleichsam das Residuum des ›Übernatürlichen‹ ist.« In dem Willen, den Konflikt zwischen Philosophie und Gesellschaft zu harmonisieren, betrachtete die Aufklärung die Gesellschaft als eine Gesamtheit möglicher Philosophen und glaubte, durch eine Popularisierung der Philosophie Einfluss auf sie ausüben zu können. Für die Philosophie ergibt sich dadurch eine neue Situation und eine mehrfache Herausforderung. Wenn es wahr ist, dass die Philosophie von dem natürlichen Selbstverständnis der Gesellschaft und der Ebene der natürlichen Meinungen auszugehen hat, dann muss sie zuerst wieder das Niveau der natürlichen Höhle erreichen. In Begriffen der klassischen Beschreibung der natürlichen Schwierigkeiten der Philosophie formuliert Strauss das Problem so:

»Menschen können solche Angst vor dem Aufstieg zum Licht der Sonne bekommen und so begierig werden, den Aufstieg für jeden ihrer Nachkommen äußerlich unmöglich zu machen, daß sie eine tiefe Grube unterhalb der Höhle graben, in welcher sie geboren wurden, und sich in diese Grube zurückziehen. Wenn einer ihrer Abkommen wünschen würde, zum Licht der Sonne aufzusteigen, müßte er erst versuchen, das Niveau der natürlichen Höhle zu erreichen, und er müßte neue und höchst artifizielle Werkzeuge erfinden, die für jene, die in der natürlichen Höhle lebten, unbekannt und unnötig waren. Er wäre ein Dummkopf, er würde nie das Licht der Sonne sehen, er würde die letzte Spur der Erinnerung an die Sonne verlieren, wenn er verkehrterweise dächte, daß er durch das Erfinden seiner neuen Werkzeuge über die angestammten Höhlenbewohner hinaus fortgeschritten wäre.«

Es ist diese Diagnose, die dem Ansatz der politischen Philosophie von Leo Strauss zugrunde liegt. Die politische Philosophie der Moderne definiert sich selbst durch den Bruch, den sie mit der klassischen Philosophie vollzogen hat. Anstelle des Aufstiegs zur Erkenntnis hat sie einen Stollen in die entgegengesetzte Richtung vorgetrieben, um sich einerseits vor den Gefahren des Aufstiegs zu schützen und um andererseits die interesselose Erkenntnis durch praktisch wirksame »Theorie« zu ersetzen. Sie hat sich dadurch in eine Situation hineinmanövriert, in der Philosophie unmöglich ist. Die dringendste Aufgabe der Philosophie muss es deshalb heute sein, ihr natürliches Ausgangsniveau wiederzufinden. Hierin liegt die Rechtfertigung der, wie es zunächst scheint, philosophiegeschichtlichen Anlage des Werkes von Leo Strauss. »Darum und nur darum ist die ›Historisierung‹ der Philosophie berechtigt und notwendig: nur die Geschichte der Philosophie ermöglicht den Aufstieg aus der zweiten, ›unnatürlichen‹ Höhle, in die wir weniger durch die Tradition selbst als durch die Tradition der Polemik gegen die Tradition geraten sind, in jene erste, ›natürliche‹ Höhle, die Platons Gleichnis schildert, und aus der ans Licht zu gelangen der ursprüngliche Sinn des Philosophierens ist.« Dem zunächst notwendigen philosophiegeschichtlichen Zugang stellen sich zwei Aufgaben. Um den Weg aus der »zweiten Höhle« zurück in die »erste Höhle« zu finden, muss man den Ausgangspunkt der modernen Philosophie suchen und ihre Prinzipien verstehen lernen. Das erfordert ein intensives Studium der Intention der modernen Philosophie und ihrer Geschichte. Des Weiteren aber muss man sich, am Ausgangspunkt der Moderne angelangt, radikal von der Systematik modernen Denkens befreien und die von der Tradition der Polemik gegen die Tradition verschütteten Wegmarken entdecken, denen die klassischen Denker gefolgt waren. Spätestens an diesem Punkt transformiert sich das philosophiegeschichtliche in ein philosophisches Unternehmen. »Der Historiker der Philosophie muß sich alsdann einer Transformation in einen Philosophen unterziehen, oder einer Konversion zur Philosophie, wenn er ein kompetenter Historiker der Philosophie sein möchte.« »Die Wegmarken, welche die Denker der Vergangenheit leiteten, müssen wiederentdeckt werden, bevor sie benutzt werden können. Bevor es dem Historiker gelingt, sie wiederzufinden, kann er nicht umhin, sich in einem Zustand äußerster Verwirrung, universalen Zweifels zu befinden: er findet sich selbst in einer Dunkelheit, welche ausschließlich von seinem Wissen erleuchtet wird, daß er nichts weiß. Wenn er sich mit dem Studium der Philosophie der Vergangenheit beschäftigt, muß er wissen, daß er sich auf eine Reise begibt, deren Ende ihm vollständig verborgen ist: er wird wahrscheinlich nicht zu dem Ufer seiner Zeit als derselbe zurückkehren, als der er es verlassen hat.« Diese Äußerung gibt einen deutlichen Hinweis darauf, wie das Werk von Leo Strauss zu verstehen ist. Es wird nicht aus einem antiquarischen, gelehrten oder akademischen Interesse gespeist. Seine Schriften sind nicht als philosophiegeschichtliche Werke zu lesen, die einzelne politische Philosophen in eine überlagernde ideengeschichtliche Entwicklung einordnen wollen. Die Fragestellung von Leo Strauss ist keine historische, sie ist eine philosophische, indem sie die Absicht des Autors selbst in ihr Zentrum stellt und mit dem Autor eine Auseinandersetzung über dessen eigene philosophische Frage führt. Nur durch die philosophische Arbeit an der Sache ist eine Wiederbelebung der politischen Philosophie möglich. Die Beschäftigung mit der politischen Philosophie bei Leo Strauss muss darauf ausgerichtet sein, das Problem der Philosophie wieder zu verstehen und in eins damit ihren politischen Horizont wiederzugewinnen.[9]

## Das Werk und seine Rezeption

Äußerlich präsentiert sich das Werk von Leo Strauss in etwas mehr als 160 bisher bekannten Publikationen, von denen etwa dreißig Bücher sind.[10] Das Werk hat eine außerordentliche Spannweite. Es beginnt 1921 mit der Dissertation über *Das Erkenntnisproblem in der philosophischen Lehre Fr. H. Jacobis* und konzentriert sich zunächst auf jüdische Themen und das »jüdische Problem«. *Die Religionskritik Spinozas als Grundlage seiner Bibelwissenschaft* war die erste Schrift in Buchform. Sie entstand zwischen 1925 und 1928 an der Akademie für die Wissenschaft des Judentums und erschien 1930. Spinoza hatte versucht, die Philosophie gegenüber der jüdischen Orthodoxie und dem mittelalterlichen jüdischen Rationalismus, insofern dieser meinte, Philosophie und Offenbarung miteinander versöhnen zu können, aber auch gegenüber weltlichen Bedrohungen zu verteidigen. Strauss hielt Spinozas Kritik nicht für überzeugend und die Orthodoxie nicht für widerlegt. Er sah sich also gezwungen, auf Maimonides und seine Vorläufer zurückzugehen und zu prüfen, in welcher Weise dort die Vereinbarkeit von Philosophie und Religion, die Spinoza kritisierte, begründet worden war. Im Zusammenhang dieser Studien entdeckte Strauss die Doppelgesichtigkeit dieser Texte, die vermittelst der seit der Aufklärung in Vergessenheit geratenen Kunst des esoterischen Schreibens zwei Lehren mitteilen, deren eine, exoterische, den Konformitätserfordernissen ihrer Zeit entspricht, während die andere, esoterische, sich verdeckt an diejenigen richtet, die sie lesen können. Diese Entdeckung, oder besser Wiederentdeckung, machte Strauss berühmt. Sie hat provozierende Konsequenzen, denn wenn Strauss' Hermeneutik die angemessene sein sollte, steht die in der Philosophiegeschichte des 19. und 20. Jahrhunderts versteinerte Interpretation insgesamt infrage. Strauss' Entdeckung erweiterte seine Problemstellung und bestimmte den Zugang 1935 in *Philosophie und Gesetz*, dessen Einleitung einige Probleme der *Religionskritik Spinozas* in ein anderes Licht rückt. Nach und nach erschloss er sich durch die sorgfältige Lektüre der hebräischen und arabischen Originale ein tieferes Verständnis der Texte, das nicht nur inhaltlich von Relevanz war, sondern eine politische Bedeutung hatte. Was war der Grund für die esoterische Janusköpfigkeit der großen philosophischen Texte? Weshalb teilt die Philosophie ihre Erkenntnisse verdeckt mit? In dieser Frage liegt der Keim für das Lebenswerk von Leo Strauss. Ihm wurde fragwürdig, ob man aus unserer heutigen Perspektive, vom Standpunkt der historischen Forschung und der positiven Wissenschaft aus, überhaupt ein angemessenes Verständnis der Überlieferung und der von ihr behandelten Sache entwickeln könne. Er musste folglich die Voraussetzungen des modernen Standpunktes klären und mit den Voraussetzungen beispielsweise des Maimonides vergleichen. Strauss stand, nachdem er sich von seiner zweifelnden und zweifelhaften Anhängerschaft an die Marburger Schule des Neukantianismus mit der Promotion bei Cassirer befreit hatte, stark unter dem Eindruck von Heidegger und Nietzsche. Es lässt sich biografisch ziemlich genau festmachen, dass etwa im Jahr 1929 in dieser Hinsicht eine Umorientierung stattfand, die ihren ersten literarischen Ausdruck 1932 in den *Anmerkungen zu Carl Schmitt, Der Begriff des Politischen* fand. Von diesem Punkt an entfaltete sich ein erstaunlich homogenes Werk, ein großes Buch, dessen Kapitel aus vielen einzelnen Büchern und Schriften bestehen und dessen Absicht und Inhalt wohl nur aus dem Ganzen zu erschließen sein werden. Eine einzige Frage, die Frage nach der Begründung der Philosophie, trägt das Werk. Die Verständigung über das fundamentale Problem, die Selbsterkenntnis des Philosophen und die Verteidigung des philosophischen Lebens, führt zu der Einsicht, dass sich die Philosophie gegenüber den ursprünglichen Tatsachen »Religion« und »Politik« nur als politische Philosophie rechtfertigen kann. In der Konsequenz, die bisher kaum wahrgenommen wurde, ist politische Philosophie die im Wortsinn Erste Philosophie, und sie hat einen ganz anderen Gehalt als den, sich mit politischen Gegenständen zu befassen. Unter diesen Umständen stimmt es nachdenklich, dass in der gegenwärtigen akademischen Welt die politische Philosophie nur eine Nebenrolle spielt und sie sich dabei fast ausschließlich auf die Begründung politischer Institutionen und »ethischer« Konzepte konzentriert.

Im Werk von Leo Strauss kann man mit Allan Bloom drei Entwicklungsphasen unterscheiden, die keine voneinander unabhängigen Perioden, sondern Stadien eines sich vertiefenden Prozesses sind. Die erste Phase nennt Bloom die »vor-Straussische«. Sie reicht bis 1936, dem Erscheinungsjahr von *The Political Philosophy of Thomas Hobbes* und umfasst unter anderem die oben erwähnten Schriften. In der zweiten Phase sichert Strauss die Grundlagen des esoterischen Charakters der voraufklärerischen Philosophie, er entwickelt seine Hermeneutik und schöpft den politischen und philosophischen Gehalt aus den sich ihm neu erschließenden Texten. Strauss veröffentlicht zwölf Jahre lang kein Buch, es erscheinen zahlreiche Besprechungen und verschiedene Aufsätze, die eine Auswahl seiner Studien zu Maimonides und Alfarabi, Isaac Abravanel, Xenophon und zur politischen Dimension der Kunst des Schreibens dokumentieren.[11] Die Beschäftigung mit Xenophon ist eines der besten Beispiele dafür, wie ertragreich die Entdeckung esoterischen Schreibens für die Interpretation vormoderner Schriften sein konnte. Xenophon wurde seit dem 19. Jahrhundert kaum noch beachtet, weil man ihn im Vergleich zu Platon für einen, gelinde gesagt, bescheidenen Geist gehalten hatte.[12] Der Aufsatz *The Spirit of Sparta or the Taste of Xenophon* von 1939 und 1948 die eindringliche Interpretation von Xenophons *Hieron* in *On Tyranny* machen die philosophische Bedeutung dieses der Geschichte überantworteten Denkers wieder sichtbar. Diese Schriften zeigen die Interpretationstechniken für philosophische Texte, die sich den Zugang zum Wesentlichen nicht durch die Vorurteile einer unreflektierten historischen Denkweise verbauen, in der Anwendung. An dieses bedeutende Buch knüpfte die Debatte mit Alexandre Kojève über das Verhältnis des Philosophen zur Macht an. Sie ist in der deutschen Ausgabe von 1963 dokumentiert. 1952 erscheint *Persecution and the Art of Writing,* ein Buch, das verschiedene Aufsätze zum Problem des esoterischen Schreibens und zur Interpretation solcher Texte zusammenfasst. 1953 folgt *Natural Right and History,* eine erweiterte Version der Charles R. Walgreen Foundation Lectures, die Strauss im Oktober 1949 an der University of Chicago gehalten hatte. Es wird von vielen als ein Hauptwerk angesehen und ist die bekannteste Schrift. Das Buch ist wegen seiner Vielschichtigkeit kaum auf eine These zu reduzieren. Es überblickt die Gesamtheit der Geschichte der Philosophie, ohne selbst ein geschichtliches Buch zu sein. Es ist eine philosophische Analyse modernen Denkens, an dessen vorläufigem Ende die Philosophie durch die Geschichte ersetzt wird. Strauss beschreibt die Neutralisierung des Politischen, in dessen Zusammenhang die Philosophie zu begründen wäre. Er beginnt bei den vorherrschenden Überzeugungen der Gegenwart, um dialektisch den Kern der klassischen Philosophie freizulegen. Am 29. April 1953 schreibt Leo Strauss an Eric Voegelin: »I begin *lentissime* to write a small book on Machiavelli.«[13] Fünf Jahre später erscheint dann Strauss' umfangreichstes Werk, die *Thoughts on Machiavelli*. Es ist seine letzte große Monografie über die moderne Philosophie, deren Prinzipien er hier freilegt, und seine intensivste philosophische Auseinandersetzung mit der Offenbarungsreligion. Für Bloom markiert es den Beginn der dritten Phase. Danach wendet sich Strauss fast ausschließlich der klassischen Philosophie zu, um das »Problem des Sokrates«, das Problem der Philosophie im Ganzen, besser zu verstehen. Von nun an veröffentlicht er in vergleichsweise rascher Folge Untersuchungen zu Platon, Aristoteles und Thukydides *(The City and Man*, 1964), eine Interpretation des Gesamtwerks von Aristophanes *(Socrates and Aristophanes*, 1966), Analysen der sokratischen Schriften Xenophons *(Xenophon's Socratic Discourse*, 1970, und *Xenophon's Socrates*, 1972) sowie eine Auslegung von Platons politischstem Werk, den *Nomoi (The Argument and Action of Plato's Laws*, postum 1975). Diese Schriften sind ungewöhnlich und wenig akademisch. Sie entfernen sich in ihrer schlichten Darstellungsform so sehr vom »wissenschaftlich« Gewohnten, dass man sie für nacherzählende Referate halten könnte, wenn man unvorbereitet auf sie stößt. Parallel zu den Texten gelesen, die sie auslegen, eröffnen sie einen Dialog über die Sache der politischen Philosophie und schicken den Leser auf eine Reise, von der Strauss selbst nicht zurückkehren sollte.

In Amerika ist Leo Strauss eine politische und philosophische Herausforderung. Seine Theorie des esoterischen Schreibens, seine entschiedene Kritik an der zeitgenössischen Politikwissenschaft und ihrer angeblich wertfreien Objektivität, seine Fähigkeit, in den USA als deutscher Emigrant eine überaus einflussreiche, sich über Generationen fortsetzende Schule zu inspirieren, seine scheinbare Parteinahme für eine »klassische« Rechtfertigung der liberalen Demokratie, all das hat zu zahlreichen Kontroversen geführt. Das einflussreichste Vermächtnis von Leo Strauss aber ist sein vielseitiger Angriff auf die Unzulänglichkeiten der Moderne.[14] Die Beunruhigung, die davon ausgeht und weit über die akademische Welt hinaus in die amerikanische Öffentlichkeit hineinreicht, lässt sich in Deutschland nicht leicht nachvollziehen, weil das Selbstverständnis der amerikanischen Demokratie viel stärker als das der deutschen auf den Ideen der Aufklärung und auf wissenschaftlichem Fortschrittsoptimismus beruht. Die Rezeption von Strauss ist in Amerika, so sagt Robert B. Pippin, noch faszinierender und verwirrender geworden, als sein Zweifel an der Selbstzufriedenheit der nachaufklärerischen »Kultur«, an den »Wohltaten« der technischen Zivilisation, an der öffentlichen Neutralität gegenüber der Religion und dem Vertrauen auf die Macht des Egoismus bei der Formierung eines Regimes plötzlich in einem neuen Gewände wieder auf der Bühne erschien und die Agenda der sogenannten »Neoaristoteliker«, der Vertreter der »kritischen Theorie«, der »Kommunitaristen« und »Postmodernisten« bestimmte. Das beherrschende Thema der politischen Theorie in den USA und Kanada ist das wiederentdeckte »Problem der Moderne«, das zentrale Problem der politischen Philosophie von Leo Strauss. Die große Wirkung, die zu Lebzeiten von ihm ausging, verstärkt sich weiter. Im Zentrum der Debatte zwischen Liberalismus und Kommunitarismus steht, zumindest der Sache nach, Leo Strauss. Sie bietet den aufnahmefähigen Rahmen für ein neues Verständnis seiner Position. Inzwischen befassen sich mehrere hundert Schriften mit der Deutung seines Werkes. Sie sind schwierig zu klassifizieren, denn es gibt kaum etwas, was man Leo Strauss nicht vorgeworfen oder zugutegehalten hätte.[15] Die Gegner, und das lässt sich nur aus dem politischen Horizont begreifen, halten ihn für einen Feind der Aufklärung und der Moderne, für einen Antiegalitaristen, einen Antidemokraten und den Anführer eines sektiererischen Kults, vor dem zu warnen, und mehr noch, dem Widerstand zu leisten ist. Erst jüngst hat George Kateb von der Princeton University auf einer vom Deutschen Historischen Institut in Washington D.C. veranstalteten und publizierten Tagung geäußert: »The influence of Hannah Arendt and Leo Strauss on political theory in the United States has been considerable. I have no wish to deny that the great power of their work earned them their standing. Still, their influence is, to some nontrivial extent, worrisome. The nub of the matter is, that both radiate disapproval of modern democracy. [...] My hope is to suggest that anyone committed to modern democracy should resist the influence of both these German-American philosophers while not being totally impervious to it.«[16] In einer rein politischen Sichtweise ist dieser Aufruf zum »Widerstand« vielleicht die Folge eines verletzten »nationalen« Stolzes, wenn die »europäische Theorie« gegenüber der »amerikanischen Praxis« anmaßend wirkt.[17] Diesem Extrem mag auf der anderen Seite eine glühende Strauss-Verehrung entsprechen, die in ihm den neuen Sokrates erkennen will, den Kreuzfahrer gegen die Unmenschlichkeit, und welche die Inspiration und glückspendende Kraft herausstreicht, die im persönlichen Umgang von ihm ausstrahlte. Von all dem, womit Strauss in Verbindung gebracht wird, ist er nur das eine: ein politischer Philosoph. Die Polarität der Rezeption in Amerika bestätigt seine Überlegungen zum Verhältnis von Philosophie und Gesellschaft auf ihre Weise. Die Strauss-Rezeption in Amerika wird in erster Linie von jenen getragen, die bei ihm studiert oder mit ihm zusammengearbeitet haben, inzwischen auch von deren ehemaligen Studenten und Mitarbeitern. Man kann beispielsweise die Autoren der von Leo Strauss und Joseph Cropsey herausgegebenen *History of Political Philosophy* und der von Cropsey besorgten Festschrift für Strauss, *Ancients and Moderns,* zu diesem Kreis zählen.[18] Das sind unter anderen Allan Bloom, Seth Benardete, Laurence Berns, Christopher Bruell, Victor Gourevitch, Hilail Gildin, John Gunnel, Harry Jaffa, Richard Kennington, Ralph Lerner, Thomas Pangle, Stanley Rosen und Nathan Tarcov. Sie und viele andere sind über zahlreiche Universitäten der USA und Kanadas verstreut. Andere sind in der Administration oder in der Politik an hoher Stelle beratend tätig. Stephen Toulmin soll gesagt haben, im Planungsstab des State Department würden manche das Werk von Leo Strauss besser verstehen als das Geschäft der internationalen Politik. Der Mittelpunkt dieses Kreises ist Joseph Cropsey an der University of Chicago. Er stand Strauss offenbar nahe und verwaltet den literarischen Nachlass, der sich in Chicago befindet. Ein Teil der Aufgabe besteht darin, das Werk zu pflegen. Das geschieht etwa durch die Herausgabe von Sammelbänden mit wichtigen Vorträgen und Aufsätzen von Strauss, wobei dieser im Falle der *Studies in Platonic Political Philosophy* den Titel und die Anordnung der Schriften noch selbst konzipiert hatte. Die Zeitschrift *Interpretation* bietet ein Forum für die Diskussion der Strauss'schen Philosophie und publiziert in lockerer Folge die Originaltexte von zum Teil bisher unbekannten Vorträgen und ähnlichem Material. Eine weitere Aufgabe ist die Klärung des Verhältnisses zu anderen Denkern, zu Alexandre Kojève, Gerhard Krüger, Helmut Kuhn, Karl Löwith, Carl Schmitt und Eric Voegelin, aber auch zu Hannah Arendt oder der Frankfurter Schule.[19] Dazu gehört die Veröffentlichung von Korrespondenzen. Kein geringes Problem ist dabei die Entzifferung der äußerst komplizierten Handschrift von Leo Strauss, der zeit seines Lebens, wann er nur konnte, in Deutsch korrespondierte. Neben der Pflege seines Werkes ist dessen Fortsetzung ein Anliegen der stillschweigenden Rezeption durch solche Autoren, die weniger über Strauss gesagt als von ihm gelernt haben. Es geht dabei darum, die Geschichte der politischen Philosophie unter dem Strauss'schen Interpretationsansatz neu zu lesen und in sorgfältigen Editionen und Übersetzungen zugänglich zu machen. Der Bandbreite sind in diesem Punkt keine Grenzen gesetzt, Xenophon[20] und Maimonides[21] kommen hier ebenso zum Zuge wie Shakespeare[22] oder Swift[23], Platon[24], Homer und Montesquieu[25] oder Rousseau[26].

Strauss' Schriften behandeln die gesamte Geschichte der Philosophie von den Vorsokratikern bis zu Heidegger und darüber hinaus, ohne jemals generalistisch zu sein. Die Erforschung und Diskussion dieses Werkes ist entsprechend vielschichtig und lässt sich auch nicht im Ansatz zusammenfassen. Auf einige Probleme, welche die leitende philosophische Fragestellung und ihre Voraussetzungen betreffen, kann man allerdings hinweisen. Dabei handelt es sich einerseits um die wissenschaftstheoretische Kritik an den zeitgenössischen positivistischen Sozialwissenschaften, die sich gegen den naiven Positivismus der Forschungspraxis und Max Webers Unterscheidung von Tatsachen und Werten richtet.[27] Die andere Linie der Kritik, die wichtigere, richtet sich gegen eine bestimmte Form historischen Denkens von der Französischen Revolution über Nietzsche zu Heidegger.[28] Neben der Wissenschaftstheorie ist die spezifische Form der Strauss'schen Hermeneutik Gegenstand der Diskussion. Paul A. Cantor versucht, seinen Ansatz auf die Literaturwissenschaft zu übertragen und dem dominierenden dekonstruktivistischen Modell entgegenzustellen.[29] Grundlegend sind die Untersuchungen zum Verhältnis zwischen Philosophie, Politik und Religion.[30] In dem oben geschilderten politischen Zusammenhang wird das Verhältnis von Strauss zur liberalen Demokratie, zu den amerikanischen Gründungsvätern und den Federalists diskutiert. Die hierüber geführte Auseinandersetzung ist in den Sammelbänden gut dokumentiert, die im Literaturverzeichnis aufgelistet sind. Die »Strauss-Schule« ist keinesfalls eine einheitliche »Bewegung«. Die Gemeinschaft in der Hochschätzung seiner philosophischen

Intention kann die Differenzen im Urteil über Strauss nicht verdecken. Am bekanntesten ist die Kontroverse zwischen Harry Jaffa und Thomas Pangle im Anschluss an dessen Einleitung zu den *Studies in Platonic Political Philosophy*.[31] Sie behandelte Grundfragen des Strauss-Verständnisses, ob er die Wiederherstellung der biblischen und philosophischen Moral beabsichtige, was die Bedeutung der »sokratischen Wende« in der Philosophie sei und wie man das Verhältnis zwischen Philosophie und Religion zu bestimmen habe. Eine andere Debatte über die amerikanische Gründung schloss sich unmittelbar an. Im Hintergrund lauert die Frage, ob Strauss Sokrates oder Nietzsche näherstand, eine denkbar weitgespannte Alternative. Pangle steht in dem »Verdacht«, für Nietzsche zu optieren, was Stanley Rosen in *Hermeneutics as Politics* ausdrücklich für sich reklamiert.[32] Die »internen« Auseinandersetzungen werden begleitet von einem Sperrfeuer von von außen kommender Kritik. Das ist angesichts der geschilderten Polarisierung der politischen Einstellung gegenüber Strauss und des mystifizierten Einflusses der »Strauss-Schule« in Amerika auch nicht verwunderlich. Die Kritik kommt einesteils aus den Reihen der positivistisch orientierten Sozialwissenschaft, die den philosophischen Ansatz als unwissenschaftlich ablehnen. Sie wurde schon früh von John H. Schaar und Sheldon S. Wolin in scharfer Form vorgetragen, was Leo Strauss veranlasst hat, und das ist ein einmaliger Vorgang, mit einer Gegenkritik zu antworten. Von philosophischer Seite wurde die Interpretationsmethode gerügt, beispielsweise von Terence Irwin, Trevor J. Saunders, J.W. Yolton, M.F. Burnyeat oder John Pocock. Sie halten die Schriften für oberflächlich oder unhistorisch.[33] Dies kann hier im Einzelnen nicht ausgeführt werden, ist aber in Shadia B. Drurys Buch *The Political Ideas of Leo Strauss* leicht zugänglich. Drurys Arbeiten sind in Deutschland bekannt geworden, zumal sie eine der wenigen ist, die sich, mit charakteristischen Ausnahmen, einer Deutung des Gesamtwerkes stellt.[34] Ihre aus verschiedenen Aufsätzen zusammengewachsene Darstellung ist eine der extremsten Interpretationen, sie macht aus Strauss einen nietzscheanisierenden Machiavelli. Pippin hält das Buch für ein »calamitous overstatement« und bemängelt, dass bestimmte Perspektiven, unter ihnen die entscheidende Perspektive auf die »Natur« und auf das Spätwerk, ausgeblendet wurden.[35] Drury arbeitet durch und durch rhetorisch, indem sie bestimmte Elemente der Philosophie von Strauss zusammenträgt und zusammenwebt, bis das genaue Gegenteil der philosophischen Intention herauskommt.[36] Im selben Sinne noch aufschlussreicher ist der Versuch von Stephen Holmes, Strauss politisch zu »verstehen«.[37] »Literatur« dieser Art ist durchaus lehrreich, weil sie unzweideutig vor Augen führt, dass die ernsthafte und auf Textkenntnis beruhende Interpretation für eine seriöse politische Theorie unverzichtbar ist. Eine gesicherte Interpretation ist die Voraussetzung jeder Beurteilung und politischen Einordnung.

Die Rezeption in Deutschland, dem Land, dem Leo Strauss seine geistige »Prägung« verdankt, ist leichter zu überblicken. Die philosophische Zunft nimmt ihn mit wenigen Ausnahmen nicht zur Kenntnis. Dabei handelt es sich meist um Zeitgenossen, die Strauss persönlich aus den Studienjahren kannten und schätzten, wie Gerhard Krüger oder Karl Löwith. Hans-Georg Gadamer, der mit ihm aus dem Umkreis Heideggers bekannt war und ihm lebenslang verbunden blieb, befasste sich mit Strauss' philosophischer Hermeneutik.[38] Helmut Kuhn erkannte früh die Bedeutung von *Naturrecht und Geschichte*, hielt Strauss aber für einen Aristoteliker, was diesen veranlasste, ausdrücklich zu widersprechen.[39] Von der folgenden Generation ist Wolfgang Wieland zu nennen, dessen Platon-Buch Züge der Interpretationskunst eines Leo Strauss trägt.[40] Eine breitere Rezeption setzte von der Seite der Politikwissenschaft ein, die nach dem Krieg neu begründet wurde. In dieser Situation wurde Leo Strauss neben Hannah Arendt und Eric Voegelin, der nach der Rückkehr aus dem amerikanischen Exil selbst zehn Jahre in München lehrte, um anschließend Deutschland wieder zu verlassen, zur Bezugsfigur für eine Reihe von Politikwissenschaftlern, die nicht marxistisch orientiert waren und sich auch nicht mit der faden und ertraglosen behavioristischen Welle zufriedengaben, die aus Amerika herüberschwappen wollte. So findet sich heute kaum ein Handbuch, in dem nicht der *Name* »Leo Strauss« im Zusammenhang mit der »normativ-ontologischen Schule« fällt. Der Grund, warum Strauss anfangs eine Orientierung war, könnte sein, dass er die klassische politische Philosophie ins Spiel brachte, die, weil sie in irgendeiner Weise Politik mit Ethik verbindet, für einen Neuanfang nach dem politischen Desaster in Deutschland geeignet schien. In welcher Weise er allerdings die Antike rezipierte, wurde wenig verstanden. Eine Interpretation der aristotelischen politischen Philosophie konnte die Politikwissenschaft auch bald von der »Ritter-Schule« beziehen, die eine »Rehabilitierung der *praktischen* Philosophie« betrieb und an Einfluss gewann. Aus Einfluss kann gelegentlich Vereinnahmung werden, wenn beispielsweise noch 1988 Manfred Riedel »den neuhumanistisch geprägten Aristotelismus von J. Ritter und L. Strauss« in einem Atemzug nennt.[41] Es war unabhängig davon Wilhelm Hennis, damals noch in Hamburg, der sich dafür einsetzte, dass Schriften von Leo Strauss, den er 1952 in Chicago kennengelernt hatte, in deutscher Sprache zugänglich wurden. So erschien, nach der von anderer Seite betreuten deutschen Übersetzung von *Natural Right and History* 1956, im Jahr 1963 das Buch *Über Tyrannis,* das eine von Ernst Cahn angefertigte Übersetzung von Xenophons *Hieron,* Strauss' Interpretation dieses Dialogs aus dem Jahr 1948 und die sich daran anschließende, wichtige Debatte mit Alexandre Kojève enthält. 1965 folgte, mit einem erweiterten Vorwort versehen, *Hobbes' politische Wissenschaft,* ursprünglich 1936 in England publiziert, wobei im Anhang *Anmerkungen zu Carl Schmitt, Der Begriff des Politischen* neu zugänglich gemacht wurden. Auf Vorschlag von Wilhelm Hennis und Wolfgang Wieland wurden Strauss die Ehrendoktorwürde der Universität Hamburg sowie das Große Verdienstkreuz der Bundesrepublik Deutschland verliehen. Gleichzeitig bot man ihm eine Professur in Hamburg an, wie man ja auch in anderen Fällen schon vor 1968 um die Rückberufung der großen emigrierten Wissenschaftler bemüht war, man denke etwa an Eric Voegelin in München, an Otto Kirchheimer, der Angebote von Frankfurt und Freiburg erhielt, Franz Neumanns Verbindung nach Berlin oder Carl J. Friedrichs Berufung nach Heidelberg. Hennis' anfänglicher, scheinbar ungeteilter Respekt vor Leo Strauss wandelte sich später in Skepsis, zumindest was dessen Kritik an Max Weber betrifft, die zusammen mit Eric Voegelins harscher Zurückweisung von Webers Position Aufmerksamkeit erregte.[42] Allmählich verwandelte sich die Ruhe, mit der man Strauss' Denken in Deutschland begleitete, in Stille. Inzwischen keimt bei der jüngeren Generation wieder ein Interesse. Henning Ottmann und Karl Graf Ballestrem haben in ihrem Band über die *Politische Philosophie des 20. Jahrhunderts* einen von Alfons Söllner verfassten Artikel über Leo Strauss aufgenommen.[43] Herfried Münklers Darstellung der Philosophie von Thomas Hobbes sucht ihren Ansatz bei der Kontroverse zwischen Carl Schmitt und Leo Strauss und zieht Strauss' Hobbes-Studien heran. In seinem Umkreis hat Matthias Bohlender jüngst die rhetorischen Elemente der »politischen Philosophien des Leo Strauss« untersucht.[44] Für Leo Strauss interessiert man sich auch in der Voegelin-Forschung. Jürgen Gebhardt hat Schlüsselelemente des philosophischen Projekts von Leo Strauss herausgearbeitet.[45] Dietmar Herz, der die Publikationen des Münchner Voegelin-Archivs mitbetreut, erkennt den Rang von Strauss als politischem Philosophen an, glaubt aber unter dem Eindruck von Shadia B. Drury und unter Ausklammerung der sokratischen Philosophie, Strauss wolle eine »machiavellistische« Position begründen. Die zur Zeit wichtigste Bemühung um das Werk von Leo Strauss unternimmt Heinrich Meier. Er hat 1988 den »Dialog« mit Carl Schmitt über den »Begriff des Politischen« offengelegt und ebenso sorgfältig dokumentiert wie analysiert. 1994 folgte eine aus Strauss'scher Perspektive geführte Auseinandersetzung mit der Lehre Carl Schmitts, die sie pointiert als politische Theologie von der politischen Philosophie abgrenzt. 1996 publizierte er unter dem Titel *Die Denkbewegung von Leo Strauss* einen Vortrag, den er an verschiedenen Universitäten in den USA und Deutschland gehalten hatte, in Verbindung mit der bisher vollständigsten Bibliografie der Schriften von Strauss.[46] Der Essay begleitet den im Herbst 1996 erschienenen ersten Band der von Meier herausgegebenen, zunächst auf sechs Bände angelegten *Gesammelten Schriften.* Diese Ausgabe macht wichtige frühe Publikationen wieder zugänglich, bringt deutsche Erstübersetzungen und liefert bisher unbekanntes Material aus dem Nachlass. Meier leistet damit die zweifellos wichtigste Arbeit für die weitere Strauss-Rezeption im deutschsprachigen Raum. Die große öffentliche Resonanz, welche der erste Band hervorgerufen hat, deutet darauf hin, dass eine breitere, sachliche Diskussion seiner politischen Philosophie nun diejenige Anerkennung zukommen lässt, die ihr seit jeher gebührt. Dabei kann es sich durchaus als Vorteil erweisen, dass Strauss in Deutschland bislang wenig beachtet wurde. Die nachwachsende Generation wendet sich Strauss unvoreingenommen zu; von abgesteckten Positionen im wissenschaftlichen Stellungskrieg und von ideologischen Grabenkämpfen nicht belastet, liest sie seine Schriften neu. Ein weiterer Faktor macht sich positiv bemerkbar, das veränderte wissenschaftliche und historische Umfeld. Die Politikwissenschaft hat sich von den ideologischen Auseinandersetzungen und dem Denken in »Schulen«, das sie bis in die achtziger Jahre hinein geprägt hat, weitgehend befreit. Der Liberalismus kann sich nach dem Ende des Ost-West-Konflikts nicht mehr durch die Frontstellung zum Sozialismus definieren. Man ist in eine Phase der Selbstbesinnung eingetreten. Die Voraussetzungen, Ziele und Möglichkeiten des liberalen Modells müssen unvoreingenommen überprüft werden, und zwar nicht nur von den osteuropäischen Gesellschaften, die sich zur liberalen Demokratie befreit haben und jetzt mit den Schwierigkeiten umzugehen lernen, die diese zwangsläufig mit sich bringt. Leo Strauss kann hier wichtige Anregungen geben.

Eine »Einführung« in die Philosophie von Leo Strauss kann es nicht geben. Sein Werk entzieht sich wie kein zweites der vereinfachenden Darstellung oder der verkürzenden Herausarbeitung zentraler Ideen. Wie kein anderes verweigert es sich der Popularität. Kein Text über Leo Strauss kann die Lektüre seiner Schriften ersetzen und das Schwere leicht machen. Die folgenden Kapitel enthalten deshalb keine Deutung, ja nicht einmal eine Beschreibung der Philosophie von Leo Strauss. Sie unternehmen allein den Versuch, den Wegmarken seiner Denkbewegung folgend, in das Problem einzuführen, dem sich die Strauss'schen Schriften stellen. Wer mit einer Vorstellung von dem Problem, wie zutreffend diese auch immer sein mag, die Lektüre von Strauss beginnt, wird seine Absicht klarer erkennen. Beginnen wir also mit dem Geringsten, was möglich ist, mit einer Einführung in das Problem der politischen Philosophie.

## 2. Die Krise der Moderne als Krise der Philosophie

Die Meinungen, die das Selbstverständnis der Öffentlichkeit prägen, sind der natürliche Ausgangspunkt der politischen Philosophie. Ihre erste Aufgabe ist eine diagnostische, sie muss feststellen, welche die vorherrschenden Meinungen sind, sie auf ihren philosophisch bedeutsamen Kern zurückführen und sich ihrer Voraussetzungen versichern. Leo Strauss erkannte bald, dass so einfach die Dinge nicht lagen. Denn zu den vorherrschenden Meinungen zählte im 20. Jahrhundert die Überzeugung, dass Philosophie weder möglich noch notwendig sei. Ihr universaler Erkenntnisanspruch wurde in seinen beiden fundamentalen Voraussetzungen bestritten. Der Historismus behauptete, die Philosophie müsse vom Gedanken der Universalität Abschied nehmen, weil die »historische Erfahrung« die geschichtliche Relativität allen menschlichen Denkens offenbart habe. Das Dogma der modernen positivistischen Wissenschaft hatte andererseits die Ansicht popularisiert, nur die wissenschaftliche Erkenntnis objektiv festgestellter Tatsachen sei Erkenntnis im strengen Sinne. Strauss stand vor dem Befund, dass die Tradition der politischen Philosophie abgebrochen war. Man hielt sie für eine Folge mehr oder weniger brillanter Irrtümer, die das erbauliche Material für die Philosophiegeschichte als die letzte »philosophische« Disziplin lieferte. Die diagnostische Aufgabe, der sich Strauss gegenübersah, veränderte sich dadurch zu einer Besinnung der

Philosophie auf ihre eigenen Voraussetzungen. Wie war es zum Abbruch der philosophischen Tradition gekommen? Mit welchem Recht wollten der Historismus und der Positivismus der Philosophie die Grundlage entziehen? Strauss nahm die herkulische Herausforderung an und begann, das Projekt der Moderne neu aufzurollen, um aus dem Anfang die Gegenwart zu verstehen.

## Von Machiavelli zu Nietzsche: Das Projekt der Moderne

Ein Widerspruch ist die Grundlage der westlichen Tradition. Sie verdankt ihre Vitalität der unaufhebbaren Spannung zwischen Athen und Jerusalem. Sowohl die griechische Philosophie als auch der Glaube an die biblische Offenbarung beanspruchen, die dringendste Frage des Menschen – »Wie soll ich leben?« – beantworten zu können. Während die Philosophie das Gute durch die ungeleitete menschliche Vernunft erkennen will, verpflichtet der Glaube den Menschen zu gehorsamer Liebe gegenüber dem biblischen Gesetz. Beide Antworten schließen einander wechselseitig aus. Es hat immer wieder Versuche gegeben, die heterogenen Elemente miteinander zu versöhnen und »den Bogen abzuspannen«, doch kann es eine Synthese von Philosophie und Religion ebenso wenig geben wie eine Synthese von Philosophie und Geschichte. Ein Kompromiss zwischen Philosophie und Religion wäre nur durch einseitige Unterordnung und durch die Preisgabe des wesentlichen Anspruchs einer der beiden rivalisierenden Mächte möglich. Die Philosophie würde zur Magd der Theologie herabsinken oder umgekehrt. Die westliche Tradition lebt zu einem großen Teil von den verschiedenen Versuchen, sich vor dem Gegner zu rechtfertigen oder die Ansprüche des Gegners zu bestreiten. Ohne den Antagonismus der fundamentalen Alternative kann es die westliche Tradition so wenig geben wie eine Gesellschaft ohne Widersprüche. Konformismus wirkt zerstörerisch.[47]

Der Spannungsbogen zwischen Philosophie und Religion scheint unterdessen zerbrochen zu sein. Eine Zeit lang sah es für einige Beobachter so aus, als sei die Philosophie aus dem Streit zwischen Orthodoxie und Aufklärung als Siegerin hervorgegangen, wenigstens in jenen Systemen, in denen die atheistische Gesellschaft Wirklichkeit geworden war. Diese Gesellschaften haben ihre »Philosophien« inzwischen mit sich ins Grab genommen. Die liberale ökonomisch-technische Zivilisation, die den säkularen Kampf der Systeme überlebt hat, bestreitet ihrerseits den Erkenntnisanspruch der Philosophie im Namen der Wissenschaft. Philosophische Einsicht stehe auf einer Stufe mit allen anderen möglichen Überzeugungen und Einstellungen. Erkenntnis, die sich nicht wissenschaftlich ausweisen könne, sei Ideologie. Der moderne Rationalismus hat es der Philosophie schwergemacht, ihre bloße Möglichkeit zu rechtfertigen. So befindet sich die liberale westliche Tradition in einer Krise, sie steht in der Gefahr einer vollständigen Desintegration und kann an ihren eigenen Zweck, die universale Gesellschaft freier und gleicher Menschen, nicht mehr glauben machen. Strauss erinnert zu Beginn von *Naturrecht und Geschichte* an die amerikanische Unabhängigkeitserklärung, in der die religiösen und naturrechtlichen Grundlagen des amerikanischen Systems als »von selbst einleuchtende Wahrheiten« bezeichnet werden, und weist darauf hin, dass man diese »Wahrheiten« unter dem Einfluss des deutschen Denkens in Amerika heute allenfalls noch für ein Ideal oder einen Mythos hält. Ein anderer Ausdruck der modernen Krise ist das Versagen von Politik und Gesellschaft im Angesicht der Vernichtung der Menschlichkeit durch die Tyranneien des 20. Jahrhunderts. Die Moderne kennt ihre Prinzipien nicht mehr, ihre geistigen Grundlagen sind fragwürdig geworden. Der Streit zwischen Athen und Jerusalem scheint verstummt. Der Sieg der »Philosophie« über die Autorität des Glaubens war ein zweifelhafter Erfolg, wenn er um den Preis ihres Verschwindens erkauft werden musste. Die politische Krise der Moderne ist eine Folge der Krise der westlichen Tradition.[48]

Es ist eine weit gehende, aber hochinteressante These, die Krise der Moderne als Krise der Philosophie zu identifizieren. Sie beinhaltet die stillschweigende Folgerung, dass die Überwindung der Krise nur durch die vollständige Rehabilitierung und Wiedereinsetzung der politischen Philosophie, die ursprünglich mit politischer Wissenschaft identisch war, möglich ist. Diese Konsequenz ist selbst ein Argument für die Rechtfertigung ihrer Notwendigkeit, die Strauss'sche Pathologie ist schon im Ansatz Therapie. Um die Anlage des Werkes von Leo Strauss zu verstehen, muss man überlegen, welche Schritte zum Erreichen dieses Zieles notwendig sind. Die primäre Aufgabe ist eine Untersuchung der Bewegung, die zur Verwerfung der Möglichkeit der politischen Philosophie geführt hat. Prozesse kann man nur aus ihren Prinzipien verstehen. Das verlangt, zum Beginn der modernen politischen Wissenschaft zurückzukehren, die als das Instrument einer neuen Gesinnung das Ergebnis mehrfacher, komplizierter Transformationen grundlegender Einstellungen ist. Die Wissenschaft ist keine autonome, aus sich selbst gerechtfertigte Instanz. Sie ist abhängig von den Zwecksetzungen derjenigen, die sich ihrer bedienen. Man muss also die Prinzipien der modernen Haltung selbst herausarbeiten, philosophisch analysieren und in ihnen das positivistische und historistische Selbstverständnis sichtbar machen, das zur Zerstörung des Rationalismus und zur Verwerfung der Möglichkeit der Philosophie geführt hat. Leo Strauss hat im Verlauf seiner Arbeit erkannt, dass eine Untersuchung der Anfangsgründe der modernen Haltung nur gelingen kann, wenn man die Reflexion um eine entscheidende Dimension erweitert. Die Analyse des modernen Denkens kann nicht ausschließlich vom Standpunkt der Moderne aus vorgenommen werden. Wer sie als eine Modifikation oder Transformation vormodernen Denkens begreift, muss zuvor die modifizierte Tradition so verstanden haben, wie sie sich selbst verstand. Um die Prinzipien der modernen politischen Wissenschaft angemessen auffassen zu können, muss man zuvor die Prinzipien der politischen Wissenschaft überhaupt kennen. Es ist deshalb aus systematischen Gründen notwendig, den historischen Rahmen der Moderne in Richtung auf den Ursprung der politischen Wissenschaft hin zu überschreiten. Man muss sich mit dem Problem des Sokrates befassen.

»Die positivistische politische Wissenschaft ist nicht direkt aus dem Verständnis des Bürgers von den politischen Dingen entstanden. Die positivistische politische Wissenschaft kam dank einer sehr komplexen Transformation der modernen politischen Philosophie ins Dasein, und die moderne politische Philosophie entstand ihrerseits dank einer sehr komplexen Transformation der klassischen politischen Philosophie. Ein angemessenes Verständnis der positivistischen politischen Wissenschaft, insofern es sich von einem bloßen Gebrauchen dieser Wissenschaft unterscheidet, ist nicht möglich außer durch ein Studium der politischen Schriften von Platon und Aristoteles, denn diese Schriften sind die bedeutendsten Dokumente der Entstehung der politischen Wissenschaft aus dem vorwissenschaftlichen Verstehen der politischen Dinge.«

Strauss erkannte eine weitere Notwendigkeit. Wer die Prinzipien des Selbstverständnisses der gegenwärtigen politischen Wissenschaft erkennen möchte, muss auf den derivativen Charakter ihrer Sprache und ihrer Methoden reflektieren, muss »die wesentliche Genese der Perspektive des politischen Wissenschaftlers aus der Perspektive des Bürgers verstehen«. Auch dies verlangt einen Rückgang auf das ursprüngliche Wissenschaftsverständnis der klassischen Tradition. Mit anderen Worten, weder die historische noch die positivistische Methodologie ist geeignet für die Lösung der Krise der Moderne. Strauss demonstriert, wie eine rein historische Untersuchung der Ursprünge der politischen Wissenschaft gezwungenermaßen bei Hippodamos von Milet enden und ihren Gegenstand damit verfehlen müsste. Er zeigt darüber hinaus die Unfähigkeit der positivistischen Sozialwissenschaft, von ihrem wissenschaftstheoretischen Standpunkt aus auch nur Rechenschaft über ihre eigene Notwendigkeit abzulegen. Die charakteristische Beschränkung der modernen Sozialwissenschaft, die eine Funktion der charakteristischen Beschränkung der modernen Gesinnung ist, muss aus wissenschaftlichen Gründen selbst überschritten werden. Man muss deshalb eine neue Vision vom Ganzen entwickeln, welche die partikularen Horizonte der modernen Sozialwissenschaft, ihrer Methodologie und der historischen Anschauung, die ihr zugrunde liegt, überwindet, wenn man der Krise der Moderne Herr werden will. Es besteht eine wissenschaftliche Notwendigkeit an klassischer politischer Philosophie.[49]

Die vorherrschenden zeitgenössischen Denkschulen sind nach Strauss der Historismus und der Positivismus. Sie sind eine Funktion des modernen Projekts und bestreiten die Möglichkeit der Philosophie. Leo Strauss hat in verschiedenen Untersuchungen gezeigt, dass die Moderne ein moralisches Fundament hat und zugleich auf eine moralische Reduktion zielt. Einer Auseinandersetzung mit dem Historismus und dem Positivismus sollte deshalb eine Verständigung über die Entstehung, die Eigenart und die Entwicklung der Moderne vorangehen. Dazu schien es Strauss von Beginn an notwendig, die »querelle des anciens et des modernes« wiederaufzunehmen. Dieser Streit war eine literarische Kontroverse zwischen den Verfechtern der antiken Dichtung Griechenlands und Roms, deren Klassizität als ein nicht zu übertreffender Maßstab verteidigt werden sollte, und den selbstbewussten Schriftstellern, die im Frankreich des 17. und 18. Jahrhunderts vermeinten, eine neue Ära klassischer Literatur zu etablieren. Es war vor allem die letzte Auseinandersetzung zwischen der Tradition und der Moderne, die, wenn auch nicht bis zu ihrem Ende, in einem ungeschichtlichen Bewusstsein geführt wurde. Die »Wiederaufnahme« der »querelle« durch Leo Strauss zu Beginn der dreißiger Jahre kennzeichnet die Auflehnung gegen das vorherrschende historische Bewusstsein, das einen wirklichen Streit um die Sache mit Positionen, die in der Vergangenheit formuliert wurden, gar nicht mehr zulässt. Es geht Strauss nicht um die »Rückkehr« zu vormodernen Positionen, sondern um eine fundamentale Auseinandersetzung in der Gegenwart, die sich die Bedingungen nicht vom Gegner und den Vorurteilen, auf die er sich stützt, aufzwingen lassen will. Der Disput, den Strauss initiiert, gerät inhaltlich zu einer Kontroverse zwischen der klassischen Philosophie und der philosophisch sterilisierten, vom historischen und positivistischen Denken geprägten modernen Wissenschaft, die sich auf den Trümmern Europas mit dem strahlenden Glanz von technischer Naturbeherrschung und ökonomischer Wohlfahrt umgibt. Dabei verteilt Strauss die Beweislast neu und macht klar, dass die Verfechter der modernen Grundsätze selbst auf einer Auseinandersetzung mit nichtmodernen Prinzipien bestehen müssen. Sie können sich nicht auf eine reine Verteidigungsposition zurückziehen. Sie müssen, wenn sie ihren eigenen Prinzipien treu bleiben wollen, zu denen die Forderung nach Befreiung von Vorurteilen und die Aufforderung zu radikalem Zweifel gehören, die Fähigkeit entwickeln, ihre Grundsätze dauernd aus kritischer Distanz, und das heißt aus der Perspektive ihrer Gegner, zu überprüfen. Andernfalls würden sie sich dem Verdacht aussetzen, verhüllte Interessen zu vertreten und dogmatisch an einer etablierten Position festzuhalten. Die fortdauernde freie und unparteiliche Überprüfung unserer Grundanschauungen ist nach den modernen Leitideen notwendig. Die Wiederaufnahme des Streites blieb kein den Schriften von Leo Strauss immanentes Motiv. Er schlug sich äußerlich nieder in der Debatte mit Alexandre Kojève, der 1950 in einem Aufsatz über

*Tyrannis und Weisheit*, der ursprünglich *L'action politique des philosophes* hieß, auf Strauss' ungewöhnliche Interpretation von Xenophons Dialog *Hieron* geantwortet hatte.[50]

Um den Streit zu verstehen, den Leo Strauss wiederaufnimmt, ist es notwendig, seine Abgrenzung von Antike und Moderne nachzuzeichnen. Die Unterteilung der Geschichte in Moderne und Vormoderne setzt einen scheinbar simplifizierenden Epochendualismus mit einer Zeitscheide im 16. Jahrhundert voraus. Strauss ist sich absolut des Umstandes bewusst, dass diese beiden Großepochen keineswegs homogene historische Entwicklungsphasen sind, sondern dass sie erstens in sich differenziert und zweitens füreinander durchlässig sind. In der Antike gab es »Moderne«, wie es in der Moderne lebendige »antike« Traditionen gibt. Deshalb ist es wichtig, dass die Unterscheidung von Antike und Moderne nicht nur kein chronologisches Kriterium, sondern auch keine chronologische Bedeutung hat. Ein Phänomen ist nicht deshalb modern, weil es, sagen wir, zwischen 1532 und heute auftaucht. Wenn es darum geht, die Prinzipien der Moderne kritisch zu überprüfen, dann ist die Moderne auf eine Weise abzugrenzen, wie es dem Selbstverständnis ihrer Protagonisten entspricht. So gehörte es zum Selbstverständnis Machiavellis, einen radikalen Bruch mit den Prinzipien der Tradition vollzogen zu haben, auch wenn er seinen Anspruch auf Originalität weniger freimütig erhob, als es nach ihm Thomas Hobbes tun sollte. Genau dieser Anspruch wird zu dem entscheidenden Kriterium, die Moderne zu bestimmen. Modernität ist eine Haltung, um nicht zu sagen eine Gesinnung, die sich zunächst in der negativen Absicht ausdrückt, klassische Philosophie in all ihren Formen zurückzuweisen. Das ist auch der Grund, weshalb das Mittelalter im Strauss'schen Dualismus nicht auftaucht. Ob Machiavelli, Bodin oder Hobbes, alle wenden sich gegen die klassischen Prinzipien und nicht primär gegen das mittelalterliche Denken, das im Gegenteil eine grundsätzliche Gemeinsamkeit mit der Moderne hat, nämlich von der biblischen Lehre beeinflusst zu sein, wenn auch in ganz anderer Weise als diese. Die Übereinstimmung der klassischen politischen Philosophie bestand in der Überzeugung, dass das Ziel des politischen Lebens die Tugend ist, wobei die aristokratische Republik oder das gemischte Regime diejenige Ordnung ist, die der Tugend am meisten dient. Die Zurückweisung des klassischen Schemas als unrealistisch ist das der Moderne zugrunde liegende negative Prinzip.[51]

Welche aber sind die positiven Merkmale der Moderne? Leo Strauss hat im Zusammenhang ihrer Charakterisierung von den »drei Wellen der Moderne« gesprochen, wie es der Titel des kleinen Aufsatzes, *The Three Waves of Modernity,* der postum 1975 erschien, andeutet und es die Anlage von *Naturrecht und Geschichte* nachvollziehbar macht. Mit ihnen verbinden sich die Namen Machiavellis und Hobbes' für das erste, Rousseaus für das zweite und Nietzsches für das dritte Stadium. Diese Namen stehen jedoch nicht für einen primär chronologisch zu verstehenden Ablauf, sie markieren spezifische Merkmale der Moderne, die bei ihnen besonders klar ausgeprägt sind. Man kann sie als Prämissen und Konsequenzen begreifen, die im Ergebnis zur Krise der Philosophie als der Krise der Moderne geführt haben. Einige Schwerpunkte seien hier summarisch skizziert. 1. Die moderne politische Philosophie begrenzt ihren Gesichtskreis auf die Interessen der Gesellschaft. Sie gibt die Absicht auf die Erkenntnis vom Ganzen zugunsten der »Eroberung der Natur durch den Menschen um der Erleichterung der Lage des Menschen willen« auf. Platonisch gesprochen, begibt sie sich in die Höhle der geschichtlichen Welt und beschränkt sich auf die Belange und die praktischen Probleme ihrer Bewohner. Die Dimension der menschlichen Vollkommenheit, welche die Dimension außerhalb der Höhle umschloss, wird aufgegeben. Dadurch rückt der Mensch isoliert ins Zentrum des modernen Denkens. Der anthropozentrische Grundzug der Moderne wird in der Gegenüberstellung mit dem kosmozentrischen Charakter der Antike und dem theozentrischen Denken des Mittelalters deutlich. Die politische Philosophie stellt sich in den Dienst der weltlichen Macht, um im Gegenzug die Gewährleistung ihrer Sicherheit zu erhalten. 2. Die Beschränkung des Erkenntnisinteresses und die Absicht der Realisierung pragmatischer Lösungen setzen eine Beschränkung der moralischen Standards voraus. Die Moderne begreift den Menschen nicht mehr aus der Perspektive dessen, was er sein kann oder soll, sie nimmt ihn so, wie er ist. Die normativen Ansprüche der klassischen Moral stehen ihrer praktischen Absicht ebenso im Wege wie das Christentum, das die Menschen durch das Sündenbewusstsein schwach und abhängig gemacht hatte. Die Herabsetzung der moralischen Standards machte gravierende Veränderungen im Bauplan der klassischen Philosophie und entscheidende Modifikationen im Tugendverständnis unumgänglich. Durch die Beschränkung auf die praktischen Probleme der geschichtlichen Höhle durfte die Tugend nicht mehr als ein übergeschichtlicher Standard aufgefasst werden, an dem sich die Gesellschaft ausrichten sollte. Die gesellschaftlichen Standards dienten nun umgekehrt als Maßstab dessen, was man unter Tugend zu verstehen habe. Gerecht ist, was die Gesellschaft als gerecht akzeptiert und was ihr nützt. Die moralische Dimension der Tugend wurde unter diesem Gesichtspunkt zugunsten der bürgerlichen Tugend suspendiert. Der Patriotismus, die Ergebenheit an die kollektive Selbstsucht, rückte ins Zentrum der Aufmerksamkeit. Gleichzeitig emanzipierten sich die Selbstsucht und die Leidenschaften gegenüber der Tugend. Sie wurden ihrerseits nicht mehr durch die Tugend begrenzt und ausgeglichen, sondern avancierten als Ehrgeiz und Ruhmsucht zu ihrem integralen Bestandteil. Im Zusammenhang damit steht ein Motivationsproblem, insofern sich Leidenschaften, Selbstsucht und Rechtsansprüche leichter für die praktische Durchsetzung von Interessen instrumentalisieren lassen als der Appell an moralische Tugend, die Eingliederung in eine natürliche Ordnung und die Erfüllung von Pflichten. Die ethische Haltung der Moderne ist der Hedonismus, die Identifizierung des Guten mit dem Angenehmen. Die Besonderheit liegt darin, den Hedonismus zur Grundlage einer politischen Konzeption zu machen. Der klassische Hedonismus verstand sich als apolitisch, als eine individuelle Haltung am Rande der politischen Gesellschaft, die für ihre Funktionsfähigkeit anderer Prinzipien bedurfte. Der politische Hedonismus der Moderne wurde zu einer Lehre, die mehr als jede andere die Verhältnisse revolutionierte. 3. Die Folge der politischen und moralischen Neuorientierung war eine grundsätzliche Neubestimmung des Verhältnisses zur Natur. Die anthropozentrische Auffassung der Wirklichkeit verbietet es, den Menschen als Teil einer natürlichen Ordnung oder als in den Rahmen der Schöpfung eingegliederte Kreatur zu verstehen. Der Blick auf das Ganze wählt umgekehrt die menschliche Perspektive, genauer gesagt die Perspektive des menschlichen Bewusstseins als des Aufbau- und Konstruktionsprinzips der Welt. Die Subjektivität ist die Quelle aller »Kultur«, die ihre Grundlage in der Natur verliert. Die Veränderung des Verhältnisses zur Natur hat verschiedene Aspekte. 3.1. Durch die Anpassung an die kontingenten Zwecke der Gesellschaft geht die Bindung an die natürlichen Zwecke verloren. 3.2. Die Natur ist nicht die bleibende, zu bewahrende Grundlage des menschlichen Lebens, sondern ein feindlicher Zustand, der durch die Zivilisation überwunden werden muss. Die modernen Vertragstheorien gehen von der Konstruktion eines Naturzustandes aus, in dem selbstsüchtige Individuen, mit fundamentalen Rechten ausgestattet, in einem wechselseitigen Bedrohungsverhältnis nebeneinander leben. Dieser Zustand ist auf seine eigene Negation hin angelegt. 3.3. Nicht nur die menschliche Natur, aufgefasst als ein ursprünglicher Zustand der Gefährdung, auch die äußere Natur stellt ein Hindernis für die pragmatische Absicht des modernen Projekts dar. Natur und Zufall sind dem Menschen feindlich und müssen beherrschbar werden. Das moderne Projekt der Zivilisation ist eine Revolte gegen die Natur. 4. Um das Projekt der Moderne verwirklichen zu können, bedurfte es einer Neuorientierung der Wissenschaft, der es nicht auf das Verstehen der Natur ankommen durfte, die man vielmehr als Instrument der Machtentfaltung einsetzen konnte. Sie hat den radikalen Bruch mit den Prinzipien der klassischen Wissenschaft zur Voraussetzung. Dabei reicht es keineswegs aus, darauf hinzuweisen, dass die Wissenschaft des 17. Jahrhunderts Finalursachen zurückgewiesen habe und das teleologische Denken nicht erst seit Ockham in Verruf geraten war. Denn Finalursachen hatten auch die antiken Materialisten geleugnet, jedoch ohne in Abrede zu stellen, dass das gute Leben ein Leben gemäß der Natur sei. Dies ist es, was die moderne Wissenschaft bezweifelt. Ihre Wendung gegen die Natur beruht weniger auf einer wissenschaftlich-methodischen Entdeckung als auf einer moralischen Entscheidung. Insgesamt macht es die Natur dem Menschen nicht einfach, sein Leben zu fristen. Die Bewegung der Moderne beruht auf dem konsequenten Entschluss, den Menschen durch seine eigene Anstrengung von der Versklavung durch die Natur zu befreien. Die Forderung nach Beherrschung der Natur verleiht diesem Entschluss Ausdruck. Die Natur wird als Feind betrachtet, und die Wissenschaft ist die Waffe, mit der man sie niederhalten und dienstbar machen kann. Angesichts dieses Szenarios sucht der Mensch einen Archimedischen Punkt außerhalb des Natürlichen, was zum Synonym für das Nicht-Menschliche wird. Im gleichen Zuge verändert sich die Funktion der Erkenntnis. Sie ist nicht mehr interesselose Betrachtung des Ganzen, als dessen Teil sich der Mensch versteht, sondern ein Instrument, das im Reich der blinden und gleichgültigen Notwendigkeit Überlebensmechanismen produziert. Hobbes entschied sich deshalb für eine konstruktivistische Methode, die strikte Neutralität in dem Konflikt zwischen Spiritualismus und Materialismus hält. Die moderne Wissenschaft ist konstruktivistisch aufgebaut, weil sie glaubt, nur dem vertrauen zu können, was sie vollständig beherrscht. Im logischen Bereich sind nur solche Begriffe als verlässliche Erkenntnisinstrumente zugelassen, die man deshalb kontrollieren kann, weil man sie selbst konstruiert hat. Der begriffliche Apparat der modernen Wissenschaft wurde in einem abstrakten, »leeren« Horizont entwickelt, er entstammt nicht der Fülle vorwissenschaftlicher Erfahrung. Die Moderne ist unter diesem erkenntnistheoretischen Gesichtspunkt eine Verbindung von extremem Skeptizismus gegenüber der Durchlässigkeit des Universums für die Vernunft und extremem Dogmatismus hinsichtlich des Geltungsanspruchs konstruktivistischer, wissenschaftlicher »Wahrheit«. Diese Mischung führte zunächst zu einem neuen Glauben an die unendliche Fortschrittsfähigkeit der menschlichen Erkenntnis als eines Systems oder einer Ansammlung von bestätigten Hypothesen, die endlos der Revision ausgesetzt bleiben. 5. Untrennbar mit dem Fortschrittsoptimismus verbunden war eine bestimmte Auffassung von »Aufklärung«, wonach die Popularisierung und Verbreitung philosophischer und naturwissenschaftlicher Erkenntnisse die Menschen von Vorurteilen befreien und den Verheißungen der Moderne zugänglich machen könnten. Dem wissenschaftlichen Fortschritt sollte der soziale auf dem Fuße folgen, weshalb eine Harmonie zwischen Wissenschaft und Gesellschaft möglich wäre. 6. Die Wendung gegen die Natur und zu einem Typus von Wissenschaft, der auf Naturbeherrschung ausgelegt ist, wird begleitet von einer Wendung zur Geschichte, die wiederum verschiedene Aspekte umfasst. 6.1. Die Verwerfung natürlicher Zwecke impliziert die Leugnung natürlicher Ziele menschlicher Vollkommenheit. Der Mensch verlässt den umfassenden Rahmen der natürlichen Ordnung und wird freigesetzt für eine unendliche Anpassungsfähigkeit. Die Ausrichtung auf die wirksame Gestaltung der menschlichen Verhältnisse schließt eine wirksame Anpassung der menschlichen Natur an diese Verhältnisse mit ein. Die menschliche Natur wird schließlich auf die bloße Anpassungsfähigkeit, die Perfektibilität, reduziert. 6.2. Durch die Freistellung des Menschen aus dem natürlichen Zusammenhang tritt die Dimension der Geschichte als das Reich der Freiheit dem Reich der natürlichen Notwendigkeit entgegen. 6.3. Die Neuorientierung der modernen Gesinnung führte zu einer historischen Dynamisierung des menschlichen Selbstverständnisses. Die Erfolge der Naturwissenschaften machten Hoffnung, in der technischen Beherrschung der Natur unendlichen Fortschritt erzielen zu können. Die Übertragung dieser Prinzipien auf den Bereich des Politischen führte zu dem Glauben an einen analogen sozialen Fortschritt und zu der Hoffnung, das menschliche Problem mit politischen Mitteln lösen zu können. Durch die Begrenzung der Perspektive auf die geschichtliche Höhle trat die Frage nach dem richtigen Leben hinter das Interesse an Fortschritt zurück. 6.4. Die Historisierung des Denkens führte zu einer Abhängigkeit neuer Art, welche die Stelle der Gebundenheit durch die natürliche Ordnung einnahm. Die menschliche Freiheit wird durch ihre früheren Äußerungen und durch das Kontinuum ihrer geschichtlichen Tätigkeit relativiert. 7. Rousseau trat der Entwicklung, die zur Aufklärung geführt hatte, kritisch entgegen. Er bemängelte die Unnatürlichkeit des Lebens des modernen Bourgeois und verachtete die Popularisierung der Philosophie, die ihre Zerstörung zur Folge hatte. So stellte er sich im Namen der Natur und der Tugend der Entwicklung entgegen. Zugleich aber akzeptierte er bestimmte Voraussetzungen der Moderne wie beispielsweise die Zuordnung der Tugend zur Demokratie, die Hochschätzung des Instinktes und die Konzeption der theoretischen Wissenschaft. Zwar wollte er das Ideal der klassischen Philosophie gegen die Aufklärung verteidigen, doch machten die modernen Elemente in seiner Philosophie die Lösung des Konflikts zwischen der Polis und der Natur, zwischen Philosophie und Gesellschaft, zwischen der politischen Gleichheit und der natürlichen Ungleichheit unmöglich. Er übernahm und radikalisierte die moderne Annahme vom Naturzustand und wollte zwischen ihm und der Zivilisation mit den Mitteln der modernen theoretischen Wissenschaft vermitteln. Er dachte sich den erforderlichen Übergang als eine geschichtliche Entwicklung vom im Prinzip animalischen Urmenschen bis hin zum Bürger. Die Freiheit wurde zu einer leeren Vervollkommnungsfähigkeit uminterpretiert, so dass die Eigenschaften des zivilisatorischen Zustands als geschichtlich erworben und von dem Entwicklungsprozess abhängig gedacht wurden. Dadurch aber wurde der Mensch selbst zum Produkt einer geschichtlichen Entwicklung umgedeutet, und die Verschiedenheit zwischen Mensch und Tier wurde auf einen graduellen Unterschied reduziert. Die Krise, die Rousseaus Kritik impliziert, gab der Moderne zugleich eine neue Richtung und Dynamik. 8. Friedrich Nietzsche erkannte das Problem der Moderne und spitzte es zu. Strauss bekannte sich in seinen Jugendjahren zu Nietzsche, das heißt nach seiner Promotion und dem Ausklingen seiner Verbindung zum Marburger Neukantianismus: »[...] ich kann nur sagen, dass mich Nietzsche zwischen meinem 22. und 30. Jahr so beherrscht und bezaubert hat, dass ich ihm alles, was ich von ihm verstand, [...] aufs Wort glaubte.« Erst allmählich kam Strauss der Verdacht, dass mit Nietzsche etwas »nicht stimmt«. Die Bewegung der Moderne strebte nach Nietzsche auf einen Menschentypus zu, der, von allen Konflikten und Leiden befreit, ein inhaltsleeres, unpolitisches Leben führt. Nietzsche hielt es durchaus für möglich, dass die Bewegung ihr Ziel erreichen könnte. Der Preis, den die Menschheit dafür würde zahlen müssen, wäre nichts Geringeres als der Verlust ihrer Menschlichkeit, die Erniedrigung zu einer Masse von ihrer Begrenztheit, ihrer Vornehmheit und ihrer Größe beraubten Wesen. Nietzsche sah das moderne Europa am Scheideweg, am Punkt der größten Gefahr. Er beanspruchte, auf dem Kulminationspunkt der Geschichte ihr Rätsel gelöst zu haben. Durch die Klarheit seiner Vision werde das Ganze der Geschichte einschließlich der Gegenwart und der Zukunft begreifbar. Um die Irrtümer und die Dekadenz der Menschheit durch den Rationalismus auf der Spitze der Modernität zu bekämpfen, müsse man die

Antike wiederholen. Die Wurzel des Übels sah Nietzsche in dem Optimismus des vernunftgläubigen Zeitalters, das menschliche Problem lösen zu können. Den Ursprung dieser Entwicklung lokalisierte er aber nicht in der Verkehrung der klassischen Rationalität durch die Moderne, sondern beim ersten Aufscheinen des theoretischen Menschen in Sokrates. Strauss verstand Nietzsche allerdings dahingehend, dass dieser trotz oder gerade wegen seiner Rückkehr zur Antike in der Polemik gegen die Moderne selbst ein Moderner geblieben war. Das Bewusstsein von der kommenden Krise schien ihm nach einer kraftvollen, aktiven Gegenposition zu verlangen. Nietzsches »aktiver Pessimismus« suchte die Überwindung der Krise in ihrer Radikalisierung. Er ging Schopenhauers pessimistischer Weltverneinung auf den Grund, um diesen noch zu durchstoßen und zu einer Denkweise zu gelangen, die alle Weltverneinung übertreffen sollte. Strauss untersucht diese Tendenz in dem außergewöhnlich konzentrierten, durch seine Stellung innerhalb der *Studies in Platonic Political Philosophy* hervorgehobenen Aufsatz *Note on the Plan of Nietzsche's »Beyond Good and Evil«.* Am Grunde der tödlichen Wahrheit von Gottes Tod zeigt sich ihr Gegenteil. Strauss gelangt zu Nietzsches Theologie und ihrer »entschieden nicht-theistischen Rechtfertigung Gottes« durch den Willen zur Macht. In der Annäherung des Denkens an »das religiöse Wesen« wendet sich Nietzsche von den klassischen Philosophen ab. Der Wille zur Macht nimmt die Stelle des Eros ein. »Die fundamentale Alternative ist die der Herrschaft der Philosophie über die Religion oder der Herrschaft der Religion über die Philosophie; sie ist nicht, wie für Plato oder Aristoteles, die des philosophischen und des politischen Lebens; für Nietzsche, im Unterschied zu den Klassikern, gehört die Politik von vornherein zu einer niedrigeren Ebene als entweder die Philosophie oder die Religion.« Strauss wandte sich von Nietzsche ab, dessen Diagnose unübertroffen, dessen Therapie verhängnisvoll war. Nach Strauss hatte Sokrates eine Annahme gemacht, die zu machen Nietzsche versäumte. Sokrates trat für einen Rationalismus ein, der tatsächlich optimistisch stimmen konnte, weil er in ein teleologisches Verständnis vom Ganzen eingebettet war. Sokrates war der Erste, der das menschliche Handeln zum zentralen Thema der Philosophie machte, der die Dinge im Lichte von Zwecken untersuchte und auf diese Weise die Überordnung des Guten anerkannte. Er verstand, Weisheit mit Mäßigung zu vereinen.[52]

## Die Krise der Philosophie: Historismus und Positivismus

Martin Heidegger und Max Weber, der eine Philosoph, der andere Sozialwissenschaftler, stehen beide in der Nachfolge Nietzsches. Sie sind die maßgeblichen Repräsentanten der historistischen und positivistischen Denkweise im 20. Jahrhundert, der die politische Philosophie den Verlust ihrer Glaubwürdigkeit verdankt. Die »Historisierung der Philosophie« im 19. Jahrhundert, »die vermeintliche Erkenntnis, daß Wahrheit eine Funktion von Zeit ist oder daß jede Philosophie zu einer bestimmten Zeit oder einem bestimmten Ort gehört«, ergibt sich folgerichtig aus der eigentümlich modernen Neigung, alles in Begriffen der Entstehung, vor allem der Entstehung dank der menschlichen Kreativität erfassen zu wollen. Die Historisierung der Philosophie erfuhr nach Strauss eine Radikalisierung in Heideggers Existentialismus. Sobald nicht mehr nur die Erscheinungen, die Handlungen der Menschen in der Zeit, als historische Erscheinungen verstanden werden, sondern die Prinzipien des Verstehens selbst, die Vernunft als ganze, als abhängig von dem Ort und von der Zeit, zu der man sich ihrer bedient, hat alles Handeln und Denken »keinen anderen Grund als die grundlose menschliche Entscheidung oder schicksalhafte Fügung«. Der Historismus ist, so verstanden, die Abschaffung des Wissens zugunsten der Weltanschauung, der Ideologie und der positiven Wissenschaft. »Der Positivismus kann als die Anschauung beschrieben werden, gemäß welcher nur wissenschaftliches Wissen wirkliches Wissen ist.« Das wissenschaftliche Wissen ist seinem Selbstverständnis zufolge ein Wissen von konkreten Gegebenheiten, die in methodisch gesicherten Verfahren in den kognitiven Stand einer »Tatsache« erhoben werden. Der Positivismus schließt, so verstanden, die Berücksichtigung vorwissenschaftlichen Wissens ebenso aus wie die Fähigkeit, Werturteile, welcher Art auch immer, für gültig oder ungültig zu erklären. Leo Strauss spricht von »Historismus« und »Positivismus« als »Bewegungen«, die einen spezifisch modernen philosophischen Gedanken repräsentieren, der das Denken gefährdet. Die klassische politische Philosophie erklärt demgegenüber »most certainly« vernünftige Werturteile für gültig und beansprucht, dass ihre Urteile wahr seien. Sie wurde deshalb von den modernen Bewegungen als radikal unwissenschaftlich und radikal unhistorisch verworfen.[53]

Die Geschichte der Moderne ist die Geschichte des Verschwindens der politischen Philosophie. Das hatte nicht nur »kulturelle« Verschiebungen wie die Hinwendung zum historischen und positivistischen Denken zur Folge, sondern handfeste politische Konsequenzen. Wenn die politische Philosophie aus der Konkurrenz um die Antwort auf die alles entscheidende Frage nach dem richtigen Leben und der richtigen gesellschaftlichen Ordnung ausgeschieden ist, dann dominieren andere Mächte den Kampf und entscheiden ihn ohne den mäßigenden Einfluss der menschlichen Vernunft. Die Ausblendung des moralischen Horizonts durch den modernen Realismus reduzierte in der Konsequenz den philosophischen Diskurs auf neutrale Bereiche, in denen die Philosophie nicht mehr mit religiösen und politischen Autoritäten um die fundamentalen Probleme stritt, sondern sich mit neuen Mächten über die Relevanz ihrer Themen, Methoden und Funktionen im Angesicht des »geschichtlichen Bewußtseins« und der »wissenschaftlichen Objektivität« auseinanderzusetzen hatte. Es ist kein Wunder, dass im Zeichen einer politischen Stillstellung der Philosophie der Nationalsozialismus Nietzsche umschließen konnte und Martin Heidegger dieser Bewegung innere Wahrheit und Größe bescheinigte. In einer Welt ohne Philosophie steht Glaube gegen Glaube, und keine Wissenschaft vermag objektiv zwischen den Göttern zu entscheiden. Politische Philosophie wird nach wie vor unter methodologischen Vorwänden an den Rand der politischen Wissenschaften gedrängt. Während Philosophie ursprünglich mit Wissenschaft identisch war und das allumfassende Studium menschlicher Angelegenheiten verkörperte, ist sie heute in Teile zerfallen, die sich alle gerieren, als seien sie Teile eines Wurms. Man führte zuerst die Unterscheidung zwischen Philosophie und Wissenschaft ein, um dann zum Zwecke einer Delegitimierung der Philosophie eine deutliche Trennlinie zwischen einer nicht-wissenschaftlichen Philosophie und einer nicht-philosophischen Wissenschaft zu ziehen. Große Bereiche der ehemals einheitlichen politischen Philosophie haben sich darüber hinaus verselbständigt und als Einzeldisziplinen wie »Wirtschaft«, »Soziologie« oder »Sozialpsychologie« etabliert. Die politische Philosophie selbst ist als eine scheinbar abgeschlossene Folge von mehr oder weniger brillanten Irrtümern zum bloßen Gegenstand historischer Forschung abgesunken. »Geschichte« und »Wissenschaft« sind die beiden großen Mächte der modernen Welt, die schließlich erfolgreich die Möglichkeit politischer Philosophie in Zweifel gezogen haben. Die kritische Prüfung der modernen Prinzipien aus einer nicht-modernen Perspektive erfordert deshalb, die Möglichkeit von Philosophie zu rechtfertigen. Neben kleineren Arbeiten stellt sich Strauss diese Aufgabe in den beiden ersten Kapiteln von *Naturrecht und Geschichte*.[54]

Leo Strauss nennt eine bestimmte philosophische Bewegung, welche die Verwerfung der politischen Philosophie unter Berufung auf die historische Begrenztheit der menschlichen Vernunft betreibt, »Historismus«. Ein Hauptargument der historischen Denkweise ist die »historische Erfahrung« von der Konventionalität der unterschiedlichen Gesellschaftsordnungen, von der sie auf die Unmöglichkeit außerhalb der Geschichte stehender naturrechtlicher Normen schließt. Der klassische Konventionalismus hatte demgegenüber in seiner Unterscheidung von Natur und Gesetz, von Physis und Nomos, die Idee der Philosophie bestätigt gesehen. »Die modernen Gegner des Naturrechts verwerfen gerade diese Idee. Nach ihnen ist alles menschliche Denken historisch und daher unfähig, jemals irgend etwas Ewiges zu erfassen. Während bei den Alten das Philosophieren gleichbedeutend war mit dem Verlassen der Höhle, gehört es bei unseren Zeitgenossen im Wesentlichen einer ›historischen Welt‹, einer ›Kultur‹, ›Zivilisation‹ oder ›Weltanschauung‹ an, d.h. dem, was Platon die Höhle nannte. Wir wollen diese Anschauung ›Historismus‹ nennen.« Philosophische Erkenntnis steht und fällt mit dem Aufstieg aus der Platonischen Höhle und mithin ihrer Unterscheidung von historischem Denken. Philosophie kann der Sache nach keine historische Disziplin sein, so sie überhaupt eine »Disziplin« ist. Die Behauptung von der geschichtlichen Begrenztheit des menschlichen Denkens führt nach Strauss zu der Annahme, dass es »sich auf spezifische Erlebnisse und Erfahrungen gründet, die nicht mit menschlichem Denken an sich gegeben sind«. Diese Annahme versetzt die historistische Position automatisch in Opposition zur Philosophie, deren Aufgabe es sein muss, mit den Mitteln der auf sich selbst gestellten menschlichen Vernunft Erkenntnis zu gewinnen. Der Erkenntnisanspruch der Philosophie verlangt die Annahme eines absoluten oder natürlichen Horizonts. Selbst wenn eine universale Erkenntnis der Totalität der Dinge und der menschlichen Angelegenheiten nicht möglich sein sollte, muss angenommen werden, begrenzte Einsichten in die Ordnung der Dinge erlangen zu können. Der absolute Horizont menschlicher Erkenntnis ist für Strauss ein problematischer Horizont, mit dem die Einsicht in einen Kanon von fundamentalen Problemen und grundlegenden Alternativen verbunden ist, die unabhängig von allem sonstigen historischen Wandel immer die gleichen bleiben. Weil der Historismus die Voraussetzung von der Überzeitlichkeit bestimmter Erkenntnisse leugnet und die Verschmelzung von philosophischen und historischen Fragen in der »Geschichte der Philosophie« als philosophischer Disziplin fordert, formuliert er die dringendste Frage für die gegenwärtige Philosophie. Ist die Philosophie als solche durch den Historismus bedroht, so ist es das Naturrecht im Besonderen, das im Namen der Geschichte angegriffen wird. Naturrecht setzt die Möglichkeit von Philosophie im vollen und ursprünglichen Sinn des Wortes und die Fähigkeit des menschlichen Denkens zur Erlangung einer echten, allgemein- und endgültigen Erkenntnis innerhalb einer begrenzten Sphäre voraus.[55]

Der Angriff der Moderne auf die Philosophie im Namen der Geschichte wird für Strauss auf zwei Ebenen zum Problem, die man deutlich voneinander unterscheiden muss. Man kann sie als den »einfachen« und den »radikalen Historismus« kennzeichnen. Zu den Grundannahmen der historischen Denkweise gehört die Anschauung, dass die geschichtlich auftretenden Erscheinungen Individuen sind, die vom Prozess ihrer Entwicklung abhängen und nur in Relation zu ihrem historischen Horizont gelten. Strauss ordnet dem einfachen Historismus Behauptungen zu, die vorläufig drei thematische Bereiche betreffen. Das ist einmal der zur Naturrechtslehre sich polemisch verhaltende inhaltliche Bereich, das betrifft zweitens Fragen des Gegenstands und der Interpretation der politischen Philosophie sowie drittens die pragmatische Ausrichtung philosophischen und historischen Denkens. 1. Im Sinne des modernen Kulturverständnisses steht die Geschichte als eine eigene Dimension der Realität der Natur gegenüber. Sie ist das Reich der menschlichen Freiheit im Gegensatz zu dem Reich notwendiger kausaler

Zusammenhänge. Die Freiheit ist als vernünftige Autonomie der natürlichen, kausalen Bestimmtheit des Menschen übergeordnet. Im souveränen, schöpferischen Handeln schafft sich der Mensch seine eigene »Natur« und Welt und damit seine eigene Wahrheit. Der Mensch wird zum alles bestimmenden Subjekt und als solches zum Zentrum der »Kultur« und der »Zivilisation«, in der es ihm gelingt, sich von seiner ursprünglichen, natürlichen Bindung zu emanzipieren. Nichts in der Welt hätte Wert, was nicht durch die Berührung des Menschen wertvoll geworden wäre. Die Eigentumstheorie John Lockes, die das liberale Verständnis bis heute prägt, beruht auf der Voraussetzung, dass die Natur nichts anderes ist als ein wertloses Material, das erst dank seiner Bearbeitung durch den Menschen kostbar wird. Die Abwendung der Philosophie vom Menschen und seiner Selbsterkenntnis, ihre Zuwendung zur Geschichte als dem Material einer auf Wirkung bedachten Wissenschaft ist Ausdruck der Abwendung des Menschen von seiner Natur zur »Natur« als dem Material einer technisch-ökonomischen Nutzenmaximierung. Das fundamentale politische Verhältnis zwischen Freiheit und Herrschaft wird dadurch neu abgesteckt. Die Auffassung von der Geschichte als dem der Natur entgegengesetzten Reich der Freiheit impliziert eine Veränderung im Verständnis von den Grenzen des menschlichen Denkens und Handelns. Der schöpferischen Subjektivität sind keine natürlichen Grenzen gesetzt, die sie nicht durch den unendlichen historischen Fortschritt der Zivilisation immer wieder überwinden könnte. Die einzige Begrenzung der handelnden Subjektivität liegt in ihrer Geschichte selbst. Sie ist gebunden durch ihre vormaligen Produkte, durch die »Kultur«, die sie geschaffen hat. Handeln und Denken sind in sich selbst befangen. Ihre Grenze ist ihre geschichtliche Struktur und nicht, wie man in der Antike angenommen hatte, die überzeitliche Ordnung der Natur. Die geschichtliche Begrenzung des Denkens und Handelns zeigt sich politisch an der disparaten Vielfalt konkreter politischer Konstellationen und

der entsprechenden Vielfalt von Ordnungs- und Rechtsvorstellungen, die einander wechselseitig ausschließen. Die Vielfältigkeit der Ordnungsvorstellungen ist in synchroner Perspektive »kulturell« und in diachroner Perspektive durch die geschichtliche Abfolge der schlechthin individuellen Phänomene bedingt. Die Beobachtung von Vielfalt wird zu einer »historischen Erfahrung« und schließlich zu einem »historischen Beweis« von der Unmöglichkeit der politischen Philosophie oder des Naturrechts stilisiert. Konkreten Ausdruck findet diese Form der historischen Denkweise in der Behauptung der zeitgenössischen politischen Wissenschaft, es mit einer politischen Situation zu tun zu haben, die keinen anwendbaren Präzedenzfall kennt. Kein Denken der Vergangenheit und insbesondere keine Form des klassischen Naturrechts könne einen erheblichen Beitrag zur aktuellen politischen Wissenschaft leisten, weil es das Niveau der gegenwärtigen politischen Situation gar nicht erreiche.
2. Im Hinblick auf ihre Methode unterscheidet sich die historisch informierte Wissenschaft vom Ansatz der Philosophie. »Die philosophischen Fragen nach der Natur der politischen Dinge und der besten oder gerechten politischen Ordnung unterscheiden sich grundsätzlich von historischen Fragen, die immer Individuen betreffen.« Die historische Denkweise geht allerdings davon aus, dass »die fundamentale Unterscheidung zwischen philosophischen und historischen Fragen in letzter Analyse nicht aufrechterhalten werden kann«. Der Wahrheitsanspruch der Philosophie beruhe auf einem fundamentalen Irrtum. Gerade im Bereich des Politischen könne man nicht von universalen Strukturen sprechen, sondern dürfe die Intention des Forschens allein auf die individuellen Erscheinungen richten, die zu bestimmten Zeiten auftreten, sich wandeln und wieder vergehen. Deshalb sei die Konsequenz zu ziehen, die Rede von der »Natur« der politischen Dinge, die in Wahrheit Produkte der menschlichen Freiheit wären, zu ersetzen durch die Rede von der Politik unserer modernen »Zivilisation«. Durchdach-

tere Formen erkennen immerhin an, dass man über den modernen Staat nicht sprechen kann, wenn man nicht zuvor eine Vorstellung von der Natur des Staates überhaupt entwickelt hat. So wird gelegentlich zugegeben, dass zwar die universalen Fragen der Philosophie nicht aufgegeben werden könnten, wohl aber ihr universaler Erkenntnisanspruch. Denn nicht nur seien die politischen Dinge, nach denen gefragt wird, sondern auch jede Antwort auf derartige Fragen in der Realität abhängig von der besonderen Situation, in der sie gegeben wird. Eine »Vorstellung von der Natur des Staates« beinhalte also keine sachhaltige Aussage, sondern diene ausschließlich als heuristisches Argument. Keine genaue Formulierung der universalen Fragen, geschweige denn deren Behandlung oder Beantwortung, könne universale Gültigkeit für sich reklamieren. Unabhängig von allen sachlichen Erwägungen sei die historische Anschauung schon deshalb jeder traditionellen Philosophie überlegen, weil dieser die Einsicht in die Geschichtlichkeit der Vernunft fehle. Die Prämisse vom historischen Fortschritt hat die Konsequenz, dass es unmöglich scheint, zu früheren Lehren zurückzukehren, weil es unmöglich ist, deren historische Bedingungen wiederherzustellen. Die Übersetzung einer klassischen Lehre beispielsweise in die geschichtliche Gegenwart sei nicht durchführbar, weil sie notwendigerweise zu gravierenden Modifikationen dieser Lehre führen würde. 3. Die »Entdeckung der Geschichte« spiegelt das Verhältnis der Moderne zur Zeitstruktur sowie zur Leistungsfähigkeit der menschlichen Vernunft wider und ist ein Reflex ihrer moralisch-politischen Grundlage. Die historische Denkweise leugnet die Überzeitlichkeit vernünftiger Erkenntnisse und damit zugleich die Möglichkeit der Wiederholung als geschichtlich aufgefasster Formen des Denkens. Darin deutet sich der ihr einzig verbleibende, auf die Zukunft gerichtete pragmatische Horizont an. In *Naturrecht und Geschichte* zeigt Strauss, wie die »historische Schule« in Reaktion auf die »abstrakten Prinzipien« der Französischen Revolution entstand. Sie hatte sich gegen alle überweltlichen Normierungen gewandt, weil diese den Menschen gezwungenermaßen der traditionellen gesellschaftlichen Ordnung entfremden mussten. Von den universalen Prinzipien, mit denen sich die Philosophie beschäftigt, geht eine revolutionäre Kraft aus. Der Vergleich bestehender politischer Ordnungen mit der auf universalen Prinzipien aufbauenden idealen Ordnung fällt in der Regel zuungunsten des Hier und Jetzt aus. Die Historisierung des Denkens beabsichtigt unter anderem, die politische Sprengkraft naturrechtlichen Denkens zu eliminieren und die Ordnung der menschlichen Verhältnisse im Hier und Jetzt aus dem Hier und Jetzt abzuleiten. Der Mensch sollte in seiner Welt heimisch werden, und zwar jede Nation in ihrer eigenen. Die historistische Anschauung hat politische Konsequenzen. Mit Blick auf die Relativität aller geschichtlichen Erscheinungen und die Dynamik des historischen Wandels fragt das historische Denken nicht mehr nach der wahren politischen Ordnung, sondern nach der für die Zukunft wünschbaren. Jede Generation soll die Vergangenheit auf der Grundlage ihrer eigenen Erfahrungen und ihrer eigenen Hoffnungen für die Zukunft neu interpretieren. Der Philosophie wird dabei eine aktive Rolle zugedacht. Ihre Aufgabe ist nicht die Kontemplation oder moralische Vervollkommnung, sie muss die Welt verändern. Sie soll die Barrieren aus dem Weg räumen, welche die Gegenwart von einer besseren Zukunft trennen, und die politische Führung auf dem Weg dorthin übernehmen oder begleiten. Die Wahrheit wird durch ein praktisches Projekt ersetzt und die Philosophie auf eine bisher einzigartige Weise politisiert.[56]

Die Kritik am Historismus wird von Leo Strauss nicht systematisch vorgetragen, sie ist vielmehr in unterschiedliche polemische Kontexte eingebettet. In einem bestimmten Zusammenhang treibt Strauss die Kritik gerade nur so weit vor, wie es in der gegebenen Situation erforderlich scheint, um den Fortgang der Argumentation zu ermöglichen. Auch ihre Formulierung richtet sich immer an dem rhetorischen Zusammenhang aus, gegen den sie im konkreten Fall vorgebracht wird. Die Auseinandersetzung mit dem einfachen Historismus gilt dem Nachweis, dass sich die universale Frage der politischen Philosophie nicht in eine historische Frage auflösen und dass sich die kontemplative Frage nach der besten politischen Ordnung nicht einfach durch die Frage nach einer wünschbaren, zukünftigen Ordnung ersetzen lässt. Strauss möchte zeigen, dass ein unveränderlicher Denkrahmen die philosophische Selbstvergewisserung des Menschen durch die Kontinuität eines Systems von Grundthemen und Grundproblemen absteckt. Seine Kritik konzentriert sich in erster Näherung auf drei thematische Schwerpunkte. Erstens wendet er die sachliche These des Historismus auf diesen selbst an, um die innere Widersprüchlichkeit der sogenannten »historischen Erfahrung« offenzulegen. Das zweite Zentrum ist eine Darstellung der Unangemessenheit rein historisierender Interpretationsmethoden gegenüber philosophischen Texten. Schließlich versucht er drittens eine Kritik aus den Konsequenzen. Die Kritik am einfachen Historismus bleibt dem philosophischen Problem, um das es Strauss geht, relativ äußerlich. Sie operiert selbst auf einer historisch angelegten Basis, wenn sie auf die historische Bedingtheit der »Entdeckung der Geschichte« hinweist. Die Darlegung von Selbstwidersprüchen zäumt das Problem von einem logischen Ende her auf, und die Kritik aus den Konsequenzen stellt das historische Denken wiederum in einen Zeitbezug, der seinen Mangel offenbaren soll. Bei genauerem Hinsehen zeigt sich, dass es sich gar nicht um eine von außen kommende Widerlegung des historischen Denkens handelt, sondern um eine Gedankenfolge, die der Historismus selbst anstellen muss, wenn er sich radikal ernst nimmt. Sie ist die Leiter, mit der man auf die Ebene des radikalen Historismus als eines philosophischen Entwurfs gelangen kann. Strauss sucht unter dem Stichwort vom »radikalen Historismus« die Auseinandersetzung mit Martin Heidegger, der das philosophische Problem bis zu seinem Abgrund durchdacht hat.

Strauss hielt Heidegger, den er erstmals 1922 hörte, für den größten Denker des 20. Jahrhunderts, für eine Erscheinung, wie es sie seit Hegel nicht mehr gegeben hat. Die philosophische Hochschätzung Heideggers findet in Strauss' Werk scheinbar kaum den angemessenen Niederschlag, denn er wird nur selten und wie im Vorübergehen erwähnt. Ein Hinweis auf die Bedeutung, die Leo Strauss Heideggers Philosophie beimisst, ist die Komposition der *Studies in Platonic Political Philosophy,* einer von Strauss noch selbst konzipierten Zusammenstellung kleinerer Schriften, die jedoch erst zehn Jahre nach seinem Tod erschien. Sie beginnt mit einer gedrängt und dicht geschriebenen Kritik an Heideggers Existentialismus. Heidegger ist der natürliche Ausgangspunkt einer platonischen politischen Philosophie in der gegenwärtigen Zeit. Man muss damit rechnen, dass Heideggers Denken auch in anderen Zusammenhängen der namentlich nicht gekennzeichnete Bezugspunkt der Auseinandersetzung ist. Nur ist das schwer zu erkennen. Die wenigen Bemerkungen, die Strauss zu Heidegger äußert, reichen nicht aus, seine Interpretation der gesamten Heidegger'schen Philosophie auch nur im Ansatz nachzuzeichnen. Sie sind zugeschnitten auf den Zweck, dem sie dienen, nämlich den Ausgangspunkt der politischen Philosophie bei der in der gegenwärtigen Zeit vorherrschenden Meinung zu suchen. Vielleicht ist es nicht falsch, zu dem Verständnisproblem anzumerken, was Strauss über sein eigenes Verstehen von Heidegger sagte: »Je mehr ich verstehe, worauf Heidegger abzielt, desto mehr sehe ich, wie viel mir noch entgeht. Das Dümmste, was ich tun könnte, wäre, meine Augen zu verschließen oder sein Werk zu verwerfen.« Das hat auch einen politischen Grund. Die Bekenntnisse, die Heidegger 1933 und 1953 zum Nationalsozialismus abgab, sind für Strauss nicht nur Äußerlichkeiten, die sich der kleinbürgerlichen Alltagsmentalität eines in fernen Höhen schweifenden Geistes verdanken. Sie stehen für ihn in enger Beziehung zum Kern von Heideggers Denken. Dabei ist, und das zu bemerken ist der entscheidende Punkt, in Heideggers Denken kein Raum für politische Philosophie oder Ethik. Warum nicht? Strauss geht auf Husserl zurück, der den Neukantianismus kritisiert hatte, weil dieser mit dem Dach, Husserl selbst aber mit dem Fundament der Philosophie begonnen habe. Das bedeutet, der Neukantianismus betrachtete die Analyse des wissenschaftlichen Denkens als seine einzige Aufgabe. Husserl dagegen hatte erkannt, dass dem wissenschaftlichen Denken das natürliche Verstehen von der Welt vorausgesetzt, dass es von diesem abgeleitet ist. Das normale Weltverständnis, und das war für Husserl die Welt, wie sie uns in der sinnlichen Wahrnehmung gegeben ist, musste demnach zuerst philosophisch erfassbar werden. »Heidegger ging viel weiter als Husserl in dieselbe Richtung: das primäre Thema ist nicht das Objekt der Wahrnehmung, sondern das ganze Ding, wie es als Teil des individuellen menschlichen Zusammenhangs erfahren wird, die individuelle Welt, zu der es gehört.« Nun sind die individuellen Welten, in denen Dinge erfahren werden, sehr unterschiedlich. Eine Kuh kann wissenschaftlich im Licht ihrer primären und sekundären Qualitäten aufgefasst werden, sie kann Teil einer bäuerlich geprägten Landschaft sein, man kann sie aber auch, wie ein Hindu, durch ihre Heiligkeit erfahren. »Das impliziert, daß man nicht länger von unserem ›natürlichen‹ Verstehen der Welt sprechen kann; jedes Verstehen der Welt ist ›historisch‹.« Für Heidegger bedeutete das, hinter die *eine* menschliche Vernunft zu der Vielfalt der gewachsenen Sprachen zurückzukehren und wieder »bodenständig« zu werden. Die philosophische Aufgabe, die damit verbunden ist, erfordert, die universale Struktur, die hinter allen historischen Welten steht, zu erkennen. Der radikale Historismus in der Gestalt der Heidegger'schen Philosophie zeichnet sich durch die Einsicht aus, dass die universale Struktur hinter den historischen Welten selbst die »historische Erfahrung« bewahren muss. Die Endgültigkeit der Einsicht in das geschichtliche Schicksal der Menschheit muss eine innergeschichtliche Endgültigkeit sein. Heidegger, so

Strauss, ging deshalb davon aus, dass die finale Einsicht nur einem Denken möglich ist, das sich selbst als geschichtlich weiß. Der Aufstieg aus den Platonischen Höhlen steht nicht zu allen Zeiten offen. Wie es sich wirklich verhält, zeigt sich in einer fundamentalen Erfahrung, deren Bedingung und Quelle das »geschichtliche Bewußtsein« ist. Nur deshalb kann sie gleichzeitig eine objektive Wahrheit ausdrücken und trotzdem zeitgebunden sein. Die entscheidende Wahrheit ist keine Erkenntnis im üblichen Sinne, sie ist nicht prinzipiell allen Menschen immer mit den Mitteln der erkennenden Vernunft zugänglich. Sie offenbart sich vielmehr durch eine Fügung des Schicksals. Der radikale Historismus kann sich nur dann als eine absolute Einsicht begreifen, wenn er dafür offenbleibt, in der Zukunft durch einen anderen Erfahrungshorizont abgelöst zu werden. Seine Mediatisierung wäre seine wirkliche Bestätigung. Gegenüber allen anderen Horizonten markiert die historische Erfahrung einen absoluten Moment in der Geschichte, in der sich das historische Schicksal dem Menschen offenbart. Dieser Moment wird vom radikalen Historismus nicht so aufgefasst wie von Hegel, der seine eigene Philosophie als den Ziel- und Endpunkt der Geschichte begriff, in dem sich alle Vergangenheit vollendet. Hegels System stellte die »Versöhnung« der »Entdeckung der Geschichte« mit der Philosophie in ihrer ursprünglichen Bedeutung dar. Er glaubte zeigen zu können, dass die Geschichte ein rationaler Prozess sei. Die Selbstentfaltung des Geistes in der Geschichte sei theoretisch in seinem System und praktisch im Staat nach der Französischen Revolution zum Abschluss gekommen. Er konstatierte das Ende der Geschichte, die äußerlich zwar weiterliefe, aber ohne konsistente innere Entwicklung. Nachdem sie ihren Höhepunkt überschritten hat, kann sie nur noch Verfallsgeschichte im Sinne Oswald Spenglers sein. Heidegger wendet sich von der Vorstellung ab, in der Geschichte walte Vernunft. Der radikale Historismus ist überzeugt, dass alles frühere Denken in der entscheidenden Hinsicht mangelhaft war, sich seines wesentlich historischen Schicksals nicht bewusst gewesen zu sein. Die historistische Einsicht konnte sich dem Menschen nur in der Epoche des historischen Denkens offenbaren. Eine Rückkehr vor diese Einsicht ist allerdings nicht möglich. Die Konsequenzen dieses Denkens für die Philosophie sind fundamental. Nicht nur ihre universalen Fragen sind geschichtlich begrenzt, die Idee der Philosophie selbst ist eine kontingente Idee, sie ist wesentlich bezogen auf einen bestimmten historischen Typus, etwa die Griechen und deren geistige Erben. Der klassische Rationalismus konnte die Platonische Höhle niemals verlassen, weil die Wahrheit, die er außerhalb wähnte, selbst noch Teil der Höhle war. Die Idee der Philosophie, die Idee einer Vernunft, die durch eigene Tätigkeit zu einer universalen Erkenntnis gelangen kann, war nur eine Täuschung am Horizont der geschichtlichen Welt. Kein Horizont kann durch vernünftiges Denken als gültig erwiesen werden. Philosophie ist eine absurde Idee. Sie will die unverbürgten Meinungen über das Ganze durch ein Wissen vom Ganzen ersetzen und beruht doch selbst nur auf einem unverbürgten geschichtlichen Horizont über die Erkennbarkeit und Permanenz des Seins. Für Strauss stellt sich deshalb die Aufgabe, nicht dem geschichtlichen Horizont einen anderen entgegenzusetzen, sondern die ursprüngliche Vision vom Ganzen ins Auge zu fassen.[57]

Im Existentialismus hat politische Philosophie keinen Raum. Wo Husserl das Fundament der Wissenschaft legen wollte, zeigte sich Heidegger ein Abgrund, der Abgrund der menschlichen Freiheit. In Heideggers Vision hat das Schicksal den Menschen in eine geschichtliche Welt geworfen, die er entweder akzeptiert oder nicht. Er kann sich ihr beugen, er kann in Pessimismus verfallen, er kann den durch nichts zu begründenden Optimismus einer wissenschaftlichen Zivilisation teilen oder sich selbst einen neuen Horizont entwerfen. Das hängt einzig davon ab, wie er sich entscheidet. Zu den Hoffnungen des klassischen Rationalismus zurückzukehren hieße, die Augen vor der geschichtlichen Wahrheit zu verschließen. Heidegger steht Nietzsches Sichtweise nahe, wonach Sokrates und Platon am Anfang der rationalistischen Selbsttäuschung stehen, die zum Verfall und zur Krise im 20. Jahrhundert geführt habe. Die Rettung, die sich im Moment der Einsicht in das Schicksal der Menschen nahelegt, ist darin zu finden, wieder »Vorsokratiker« zu werden. Strauss hat das religiöse Wesen in der Philosophie Nietzsches betont. Er ist der Ansicht, dass wie Nietzsche auch Heidegger gedachte, das Vakuum, das durch die geschichtliche Relativität der Vernunft entsteht, durch innerweltliche Götter aufzufüllen, die aus dem eigenen Geist geboren werden. Die Existenz muss aus sich selbst heraus verständlich sein und nicht aus einem ihr äußerlichen Wesentlichen. Die Rettung aus der Krise liegt in der Entschlossenheit zu einer neuen Eigentlichkeit. Hierin, glaubt Strauss möglicherweise, liege die philosophische Verbindung zum Nationalsozialismus, die Heidegger als die bodenständige Bewegung begriffen haben könnte, in der ihm eine geistige Führungsfunktion möglich wäre. Die klassische Frage nach dem *richtigen* Leben hat in diesem Zusammenhang keinen Platz, schon gar nicht, wenn sie im Horizont der Annahme einer durch Vernunft geordneten Natur gestellt wird. Es macht nach dem Heidegger'schen Konzept keinen Sinn, um die Idee des Guten und das Rechte zu streiten, den Konflikt zu suchen und mit den Mitteln der Argumentation, das heißt durch die Angabe von Gründen, entscheiden zu wollen. Es ist sinnvoller, mit dem Willen zur Macht die Götter zur Herrschaft zu führen. Wenn man einer Bewegung unterlegen und von ihr abhängig ist, wie von der technischen Zivilisation mit ihren Geräten, die uns umstellen, dann beginne man keinen Streit in der trügerischen Hoffnung, etwas aufhalten zu können, sondern wende sich ab in der Haltung der Gelassenheit. »Gelassenheit«, so könnte man mit Strauss antworten, verhindert nicht, von einer Bewegung vereinnahmt zu werden oder ihr zu erliegen. Der existentialistische Historismus hat die Geschichte, die ursprünglich politische Geschichte war und von der politischen Philosophie »entdeckt« wurde, zu einem Gemisch von Relativität und Eigentlichkeit neutralisiert. Die sich radikal geschichtlich verstehende Existenz darf die Frage nach dem Richtigen nicht stellen und um das Eine, was nottut, nicht streiten; politische Philosophie darf es nicht geben. In einem Horizont, in dem nicht nur die Handlungen der Menschen einen geschichtlichen Ablauf konstituieren, sondern die Vernunft selbst, die dieses Handeln leitet und versteht, geschichtlich ist, sind unveränderliche Grundprobleme, die mit der Natur des Menschen gegeben wären, undenkbar. Die Horizonte selbst, die Visionen vom Ganzen, die jede Erkenntnis leiten, verändern sich und können so gegensätzlich sein wie die absurde Idee der klassischen Philosophie und die existentielle Erfahrung der Geschichtlichkeit des Daseins.

Die Herausforderung der Philosophie durch den radikalen Historismus ist ein Anlass für das gesamte philosophische Unternehmen von Leo Strauss. Es geht ihm weniger darum, Argumente gegen den Historismus mitzuteilen, als den Streit um das Wesentliche, den Streit zwischen Antike und Moderne, wieder aufzunehmen. Die Philosophie wird in dieser Situation zu einer unvoreingenommenen Prüfung ihrer elementarsten Voraussetzungen gezwungen. Die Rückkehr zu den fundamentalen Fragestellungen nicht-historischer Philosophie dient deshalb keinem akademischen oder historischen Interesse, sondern einer unbedingten philosophischen Notwendigkeit. Strauss bezweifelt, dass die »historische Erfahrung« so fundamental ist, wie sie sich gibt. Er stellt ihr die Evidenz jener einfachen Erfahrungen von Richtig und Falsch, die am Grunde der philosophischen Behauptung des Naturrechts liegen, an die Seite; »alle politischen Philosophen sind zum Nachdenken darüber gezwungen, ob und inwieweit die Forderungen der Gerechtigkeit eine von menschlichen Verfügungen unabhängige Grundlage haben«. Die einfache Erfahrung von der ewigen Gegenwart des moralischen Problems mag unter dem Einfluss des Historismus getrübt worden sein, auslöschen kann er sie nicht. Die »Rückkehr« zum klassischen Naturrecht dient in erster Linie dem Nachweis, dass die grundlegenden Probleme, wie das der Gerechtigkeit, nach wie vor als Probleme erkennbar sind. Bereits in diesem Schritt »befreit sich der menschliche Geist selbst aus seinen historischen Beschränkungen«. Das Werk von Leo Strauss stellt dem radikalen Historismus keine abstrakte »Idee der Philosophie« entgegen, es führt vielmehr eine praktische Rechtfertigung der Philosophie im sokratischen Sinn vor. In seinem ganzen Umfang verfolgt es die Fragen »Wie soll ich leben?« und »Warum Philosophie?«; und es legt die grundsätzlichen Alternativen, die mit der menschlichen Natur gegeben sind, frei. Strauss sucht wie Husserl und Heidegger das Fundament, auf dem das Haus der modernen Zivilisation errichtet worden ist. Er findet es nicht in dem abgeschlossenen Kokon der menschlichen »Kultur«, in der sinnlichen Wahrnehmung oder einer angeblich endgültigen »geschichtlichen Erfahrung«. Die menschliche »Kultur« kann sich nicht selbst begründen. Ihr Fundament muss dort zu finden sein, wo die klassische politische Philosophie tatsächlich den Bau begonnen hatte, am Schnittpunkt zwischen Mensch und Natur. Die Rechtfertigung der Möglichkeit von politischer Philosophie gegenüber dem Historismus liegt im philosophischen Handeln. Es ist inhaltlich auf eine »Destruktion« der Philosophie ausgerichtet. Insofern sind die Interpretationen der politischen Philosophie, die Strauss' Werk dominieren, insgesamt als ausgeführte Historismuskritik zu lesen. Möglicherweise ist die von Strauss angesprochene Notwendigkeit, die elementarsten Prämissen der Philosophie unvoreingenommen zu überprüfen, wenn Philosophie und ihr nachgeordnet das Naturrecht mit einem legitimen Erkenntnisanspruch auftreten wollen, auf sein eigenes Werk zu beziehen. Die Untersuchungen zur klassischen Philosophie sind Teil der Auseinandersetzung zwischen Historismus und nicht-historischer Philosophie, deren reinste Form die klassische Philosophie ist.[58]

Historismus und Positivismus sind Kontrahenten im Kampf um die Vorherrschaft über das Bewusstsein des 20. Jahrhunderts. Sie berühren sich in ihrer Beziehung zu Nietzsche, aus dessen Vision sie entgegengesetzte Konsequenzen gezogen haben. Die beiden Denkschulen haben das fundamentale Problem der modernen Sozialwissenschaft am deutlichsten zutage treten lassen, das in ihrer Unfähigkeit besteht, »mit Klarheit und Gewißheit Rechenschaft über ihre eigenen Grundlagen zu geben«. Wenn die Wissenschaft ihre Möglichkeit und Notwendigkeit nicht mehr mit eigenen Mitteln rechtfertigen kann, wenn sie stattdessen auf dogmatischen Prämissen fußt, dann wird die Idee der Wissenschaft insgesamt zweifelhaft. Die philosophische Auseinandersetzung, in die Leo Strauss die dogmatische Wissenschaft der Moderne führt, dient dem defensiven Offenhalten der Möglichkeit rechtfertigungsfähiger Philosophie. Die inhaltliche Stoßrichtung der Auseinandersetzung mit dem Positivismus ist jedoch eine andere als die der Historismuskritik. Gegen den Historismus gilt es den universalen Horizont der Philosophie zu verteidigen und zu zeigen, dass es unveränderliche Grundprobleme gibt und der Mensch fähig ist, diese zu erfassen. »Die Möglichkeit der Philosophie ist jedoch nur die notwendige und nicht die zureichende Bedingung des Naturrechts.« Die Möglichkeit des Naturrechts verlangt darüber hinaus, dass die permanenten Grundprobleme mit den Mitteln der menschlichen Vernunft auch lösbar sind. Genau dies bestreitet der Positivismus mit der Behauptung, nur Tatsachenfragen seien wissenschaftlichen oder rationalen Lösungen zugänglich. Bei den politischen Grundproblemen gehe es aber nicht um Tatsachen, sondern um Wertentscheidungen, um die Abwägung zwischen guten und schlechten Alternativen. Vor dem Gerichtshof der menschlichen Vernunft könne nur verhandelt werden, welche Mittel bestimmten Zwecken dienen, nicht aber, welche Zwecke anderen Zwecken vorzuziehen seien. Alle Zwecke seien der Vernunft gleich viel wert. Die positivistische Unterscheidung zwischen Tatsachen und Werten hat gravierende politische Folgen. Die Verwerfung der Möglichkeit, dass die Vernunft zwischen legitimen und nichtlegitimen Zwecken unterscheiden könne, führt auf direktem Weg zur Leugnung eines Gemeinguts. Ohne die Voraussetzung eines Gemeinguts aber kann keine Gesellschaft als eine handlungsfähige Ganzheit verstanden werden. Sie wäre dann nur eine Art Pool, in dem Individuen oder Gruppen handeln, die Resultante partikularer Handlungen. Die bürgerliche Gesellschaft, die über das Handeln ihrer Regierung definiert wird, könnte schließlich nur von der Gesellschaft abgeleitet gedacht werden. Entsprechendes gilt für die politische Wissenschaft: Sie wäre ein Annex der Soziologie. Politische Philosophie hat nach Strauss keinen praktischen Wert, wenn sie nicht imstande ist, die grundlegende Alternative, »die Frage nach dem letzten Ziel weisen Handelns zu beantworten. Sie müßte die kritische Entscheidung der blinden Wahl anvertrauen.« Das würde bedeuten, letztlich alles Handeln als irrationales Verhalten zu betrachten. Gegen eine solche Annahme spricht die gesamte Tradition von Platon bis Hegel. In der Auseinandersetzung mit dem Positivismus wählt Strauss Max Weber zum Gegner, der sich am intensivsten mit dem Grundproblem der Sozialwissenschaft auseinandergesetzt habe. Dabei kommt es in der Darstellung von Webers Position auf ihre philosophische Relevanz im Hinblick auf die Lösungskompetenz der politischen Wissenschaft an.[59]

Der sozialwissenschaftliche Positivismus hat nach Strauss im letzten Jahrzehnt des 19. Jahrhunderts durch die Verordnung, dass eine fundamentale Differenz zwischen Tatsachen und Werten bestehe und die Wissenschaft nur Tatsachen-, nicht aber mehr Werturteile fällen könne, seine endgültige Form erreicht. Diese Position hat ihren prominentesten Ausdruck in Max Webers »philosophischer Methodologie« gefunden. Max Weber hatte auf den jungen Leo Strauss einen enormen Eindruck gemacht. Er hielt ihn geradezu für »die Inkarnation des Geistes der Wissenschaft«, jedenfalls bis zu dem Zeitpunkt, als ihm Max Weber durch die Begegnung mit Heidegger im Vergleich zu diesem wie »ein Waisenknabe« vorkam. Das trübte den Respekt vor Webers ungeheurem Werk allerdings nur wenig: »Was auch immer seine Irrtümer gewesen sein mögen, er ist der größte Sozialwissenschaftler unseres Jahrhunderts.« Der Respekt vor Weber blieb Strauss vor allem deshalb erhalten, weil Weber über genügend Weitsicht und Souveränität verfügt habe, um in seiner sozialwissenschaftlichen Praxis nicht so zu verfahren, wie es seine Theorie eigentlich verlangt hätte. Strauss widmet Weber ein eigenes Kapitel in *Naturrecht und Geschichte*, im positivismuskritischen Abschnitt von *What is Political Philosophy?* ist er ein ständiger Bezugspunkt. Er wird deshalb zum Gegenstand einer »kritischen Analyse«, weil seine Unterscheidung von Tatsachen- und Werturteilen eine Position formuliert, die das Naturrecht ablehnt und eine rationale Selbstbegründung der politischen Philosophie unmöglich macht. Der Gedanke des Naturrechts beruht auf der Annahme, dass das politische Grundproblem einer endgültigen Lösung fähig ist, welche die politische Philosophie vermittelst der menschlichen Vernunft finden kann. Die wertfreie moderne Sozialwissenschaft geht demgegenüber davon aus, »daß es eine Vielfalt von unveränderlichen Rechts- oder Tugendprinzipien gibt, die einander widersprechen und deren keines als dem anderen überlegen erwiesen werden kann«. Sie erkennt damit, anders als der radikale Historismus, durchaus die Existenz von grundsätzlichen und unveränderlichen Alternativen an, leugnet aber, diese mit wissenschaftlichen Mitteln auflösen zu können. Es bleibt deshalb eine Mehrzahl von einander ausschließenden Prinzipien übrig, die sich wechselseitig relativieren, weil nicht objektiv entschieden werden kann, welches von ihnen das bessere ist. Das Naturrecht ist folglich zu verwerfen, weil es Werturteile einschließt. Naturrechtliche Lehren setzen voraus, dass der Konflikt zwischen den grundlegenden politischen Alternativen lösbar ist. Eine solche Lösung kann nicht mit den Mitteln moderner Sozialwissenschaft herbeigeführt werden, weshalb sie die Naturrechtslehre als unwissenschaftlich zurückweist. Um die Möglichkeit des Naturrechts aufzuzeigen, sieht sich Strauss genötigt, den Angriff, den Webers Position für das Naturrecht bedeutet, deutlich zu formulieren, seine Gründe darzustellen und in die Auseinandersetzung mit den Erfordernissen der Wissenschaft zu führen.[60]

Strauss geht es nicht darum, Max Weber mit wenigen Worten zu widerlegen, wo es viel wichtiger ist, ihn zunächst einmal zu verstehen. Der Verlauf der Argumentation soll zeigen, worin das Grundproblem der modernen Sozialwissenschaften besteht, mit dem sich niemand so intensiv und weitsichtig beschäftigt hat wie eben Max Weber. Die Diskussion in *Naturrecht und Geschichte* unterliegt demnach Beschränkungen, sie versteht sich als »eine kritische Analyse« der Sichtweise Max Webers. Strauss bemüht sich, in wiederholten Durchgängen Webers Position zu formulieren und auf ihren Kern hinzuführen. Er muss zeigen, weshalb seine Formulierung adäquat und weshalb in ihr der Kern der Kritik am Naturrecht zu finden ist. Dazu gehört, daß Strauss Weber vom Historismus absondert, obgleich dieser sich selbst als einen Sprössling der »historischen Schule« betrachtet hat. Das entscheidende Merkmal findet Strauss in der Anerkennung zeitloser Werte durch Weber. Der habe dabei nie erklärt, was er unter »Wert« verstehe, so dass man kaum mehr sagen könne, als dass Werte sowohl die Objekte einer Vorzugswahl als auch die Prinzipien der Vorzugswahl bezeichnen. Ex negativo kennzeichnend ist die absolute Heterogenität von Werten und Tatsachen. Strauss argumentiert weiter, dass für Weber nicht die Ungleichartigkeit von Sein und Sollen die wertneutrale Basis der Sozialwissenschaft gewesen sei, sondern die Unmöglichkeit echter Erkenntnis des Seinsollenden. Ein wahres Wertsystem habe für ihn nicht existiert. Vielmehr sei er von der Annahme einer Vielzahl miteinander unversöhnlicher Werte ausgegangen, deren Konflikt mit den Mitteln menschlicher Vernunft nicht gelöst werden könnte. Webers These führt nach Strauss zu der normativen Konsequenz des Nihilismus, der Ansicht, »daß die Vernunft außerstande ist, zwischen dem Bösen, Gemeinen oder Unsinnigen und deren Gegenteil zu entscheiden«. Doch geht Strauss weiter, oder je nach Perspektive einen Schritt zurück, indem er Webers Position genauer als einen »edlen Nihilismus« charakterisiert. Dafür gibt er den sachlichen Grund an, dass Webers Nihilismus nicht auf einer ursprünglichen Gleichgültigkeit gegenüber allem Edlen beruhe, sondern auf einer vermeintlichen oder wirklichen Einsicht in den grundlosen Charakter von allem, was für »edel« gehalten wird. Neben seinem sachlichen Gehalt zeigt eine systematische Notwendigkeit diesen Kunstgriff an. Strauss will deutlich machen, dass seine Begegnung mit Weber sich nicht auf den methodologischen Rahmen beschränkt, der Webers selbstgesteckter Rahmen sein könnte. Das ist im Sinne der relevanten hermeneutischen Prinzipien plausibel, da Weber selbst in der Praxis diesen Rahmen überschreitet. Indem Strauss Webers Nihilismus als »edel« bezeichnet, fällt er ein Werturteil. Dadurch hat er seinerseits den Boden des Nihilismus verlassen. Er lässt sich nicht auf die Bedingungen der positivistischen Methodologie ein, weil ein Bezugssystem einschließlich seiner Voraussetzungen nur von einer distanzierten, kritischen Position aus angemessen analysiert werden kann. Seine Kritik, das macht er auf diese offene und praktische Weise deutlich, steht auf dem Boden einer Wissenschaft, die beansprucht, mit Werturteilen umgehen zu können. Die moderne Sozialwissenschaft ist eine diesseitige Wissenschaft, die »menschliches Wissen vom menschlichen Leben« anstrebt und nach rationalen Lösungen sozialer Probleme sucht. Die menschlichen Lösungen können vom Standpunkt der Offenbarungsreligion bezweifelt werden, aber die Sozialwissenschaft kann davon keine Notiz nehmen, weil derartige Fragen auf Voraussetzungen beruhen, die der ungeleiteten Vernunft nicht zugänglich sind. Die Offenbarung überschreitet nicht nur die menschliche Rationalität und definiert mithin ihre Grenzen, sie bestreitet zugleich ihren Erkenntnisanspruch, »wenn echte Einsichten der Sozialwissenschaft auf der Grundlage der Offenbarung bezweifelt werden können«. Die Konsequenz, die Max Weber zog, war die Überzeugung, dass aufgrund der Unwiderlegbarkeit des Offenbarungsglaubens auch die Voraussetzungen der diesseitigen Wissenschaft auf einem Glauben an die Richtigkeit des Unglaubens beruhen. Die Wissenschaft kann das erreichen, was mit den Mitteln der menschlichen Vernunft erkannt werden kann, sie kann aber nicht mehr mit den eigenen Mitteln die Frage beantworten, »ob die Suche nach erkennbarer Wahrheit gut« oder ob nicht vielmehr das Leben des Glaubens besser sei. Die positivistische Begrenzung der Wissenschaft auf die Bereitstellung von Mitteln zu gegebenen Zwecken gibt in der Verbindung mit der weiterhin geteilten Überzeugung, dass das Suchen nach der Wahrheit in sich wertvoll sei, zu, »daß man eine Wahl trifft, die keinen guten oder ausreichenden Grund mehr hat. Man erkennt damit das Prinzip an, daß Bevorzugungen keine guten oder ausreichenden Gründe benötigen.« Webers Konzeption folgt nach Strauss einem moralischen Motiv, sie wird letztlich durch eine axiologische, nicht durch eine logische oder methodologische These bestimmt. Max Weber entschied sich für die Klarheit über die Probleme und die Situation des Menschen, er entschied sich für die Freiheit durch eigene Erkenntnis, so begrenzt sie sein mochte. Er lehnte es ab, »das Opfer des Intellekts« zu bringen. Er lehnte es aber auch ab, Universalität für die menschliche Wahrheit zu beanspruchen. Dies ist der Punkt, an dem Weber dem geschichtlichen Einfluss unterliegt. Was er als die Situation des Menschen erkannte, war womöglich die Situation des gegenwärtigen Menschen und seiner besonderen, historisch gebundenen Auffassung von der Freiheit von Illusionen, die früher oder später durch eine andere Epoche überholt werden könnte. »Was Freiheit von Illusionen zu sein beansprucht, ist ebensosehr und ebensowenig Illusion wie die Religionen, die in der Vergangenheit vorherrschten und in Zukunft vorherrschen können. Wir sind ungläubig, weil uns das Schicksal dazu zwingt, und aus keinem anderen Grunde. Weber lehnte es ab, das Opfer des Intellekts zu bringen.« »Er verzweifelte am modernen diesseitigen irreligiösen Experiment, und doch blieb er ihm zugetan, weil es sein Schicksal war, an eine Wissenschaft zu glauben, wie er sie verstand. Das Ergebnis dieses Konflikts, den er nicht lösen konnte, war sein Glaube, daß der Kampf zwischen den Werten durch den menschlichen Intellekt nicht gelöst werden könne.« Die Situation des Menschen, wie Weber sie sah, ist eine tragische Situation.[61]

Die Größe Max Webers liegt darin, die grundsätzliche Aporie der modernen Sozialwissenschaft erkannt und sich doch zum Glauben an die Kraft der menschlichen Vernunft bekannt zu haben. Die Größe von Leo Strauss beruht darauf, sich nicht bei dem tragischen Schicksal der Selbstzerstörung des modernen Rationalismus zu beruhigen und sich der Herausforderung radikalen Fragens im Interesse des wahrhaft menschlichen Lebens zu stellen. Im Unterschied zu Weber ist die Aporie nicht der End-, sondern der Ausgangspunkt seiner Argumentation. Er erkannte, dass eine Reflexion auf die Voraussetzungen der modernen Sozialwissenschaft verlangt, eine Position jenseits der methodologischen Prämissen einzunehmen und das Projekt der Moderne von seiner philosophischen Intention her neu aufzurollen, weil der methodologische Positivismus ein Derivat der philosophischen Neuorientierung seit der Frühen Neuzeit ist. Dieser Ansatz impliziert, dass eine sachkundige Orientierung über die Krise der modernen Sozialwissenschaft nur auf der Ebene der politischen Philosophie gelingen kann. Das Grundproblem, das sich in der Aporie der modernen Wissenschaft äußert, ist ein philosophisches Problem. Wer sich ihm ernsthaft stellt, muss es philosophisch behandeln. Auf eine gewisse Weise ist dadurch die Frage nach der Möglichkeit und der Notwendigkeit der politischen Philosophie beantwortet. Die politische Philosophie ist für eine solche Sozialwissenschaft unverzichtbar, deren Selbstverständnis ein anderes ist als das des Dogmatismus und des Konformismus. Insofern unter diesem Aspekt die Detailkritik am Positivismus nicht mehr entscheidend ist, muss es hier genügen, die Hauptpunkte, die Strauss namhaft macht, kurz zu erwähnen. Strauss reflektiert zunächst auf die praktischen Konsequenzen, die sich daraus ergeben, dass eine radikal wertfreie Wissenschaft keine Antwort auf die Frage geben kann, ob sie selbst gut sei. Wo Präferenzen grundsätzlich fragwürdig sind, kann man mit gleichem Recht und gleicher Vernunft die Wissenschaft favorisieren und sie als störend oder subversiv unterdrücken. Der Sozialwissenschaftler wird nicht darum herumkommen, zur Rechtfertigung seiner eigenen Tätigkeit ein Werturteil zu fällen. Und die meisten Sozialwissenschaftler entscheiden sich für die Liebe zur Integrität, zur Wahrheit und ebenso zur Demokratie. Da sie aber nicht mit den Mitteln ihrer eigenen Wissenschaft begründen können, wie sie zu dieser Entscheidung kommen, bleibt nur anzunehmen, sie folgten der gesellschaftlichen Konvention. So begünstigt die positivistische Sozialwissenschaft offenbar weniger den Nihilismus als Konformismus und Philistertum. Strauss führt weiterhin wissenschaftstheoretische Gründe ins Feld, die zeigen, warum eine streng wertfreie Sozialwissenschaft unmöglich ist. Dies ist zum einen ein sprachliches Problem, weil die Sprache der modernen Sozialwissenschaft zahlreiche versteckte Werturteile enthält, und zum anderen ein Problem der Abgrenzung und kompetenten Auffassung gesellschaftlicher und politischer Dinge, die in ihrer Eigenart nicht logisch und deskriptiv erfassbar sind. Der wissenschaftstheoretischen Kritik stellt Strauss die erkenntnistheoretische an die Seite. Tatsächlich ist niemals »bewiesen« worden, dass Wertkonflikte nicht mit den Mitteln der menschlichen Vernunft entschieden werden können. Das würde in der Tat ein Unternehmen vom Format der *Kritik der reinen Vernunft* erforderlich machen, ein Unternehmen, das in der modernen Sozialwissenschaft auch nicht im Ansatz erkennbar ist. Solange das erkenntnistheoretische Problem nicht gelöst ist, sollte man sich den Blick auf die wirklich wichtigen Probleme nicht durch axiologischen Konformismus verstellen. Strauss' Kritik am Positivismus ist derjenigen am einfachen Historismus ähnlich. Er zeigt sogar, wie der Positivismus in den Historismus umschlägt, und benutzt die Argumentation wiederum als die Leiter, mit der man auf die Ebene des radikalen Historismus gelangt, der die einzig angemessene Herausforderung der politischen Philosophie formuliert. Der radikale Historismus zieht die Konsequenzen, die sich unter der Prämisse der »geschichtlichen Erfahrung« aus den Defiziten des Positivismus ergeben, und lässt die Unterscheidung zwischen Tatsachen und Werten fallen, er leugnet den autoritativen Charakter der modernen Wissenschaft, er weigert sich, den historischen Prozess als vernunftgesteuerten Fortschritt anzusehen, und er leugnet schließlich die Relevanz der Evolutionstheorie. Sein eigenes Defizit gegenüber der politischen Philosophie liegt vor allem darin, die Frage nach *der* guten Gesellschaft nicht zu stellen, weil das menschliche Denken und die menschliche Gesellschaft wesentlich historisch seien. Die Ereignisse von 1933 aber sollten gezeigt haben, »daß der Mensch die Frage nach der guten Gesellschaft nicht aufgeben kann und daß er sich nicht selbst von der Verantwortung befreien kann, sie zu beantworten, indem er der Geschichte oder einer anderen Macht nachgibt, die nicht die seiner eigenen Vernunft ist«. An die Herausarbeitung der Position von Max Weber schließt Strauss einen kurzen Abschnitt an, der das Fundamentalproblem in einem neuen Zugang formuliert. Dies geschieht ohne jeglichen Hinweis auf Max Weber und unter Verzicht auf jede Terminologie, die dem modernen methodologischen Paradigma zuzuordnen wäre. Es ist eine Neuformulierung aus der Perspektive der Philosophie. Sie hat eine tieferliegende Aporie zum Ergebnis als diejenige, die Max Weber für sich realisiert hatte. Während er »das Opfer des Intellekts« in tragischer Anerkennung des historischen Schicksals ablehnte, zeigt sich nun, »daß das Opfer des Intellekts, welches von der Wissenschaft oder Philosophie verabscheut wird, geradezu die Grundlage der Wissenschaft oder Philosophie ist«. Nach dieser Feststellung sucht Strauss einen neuen, das Weber-Kapitel von *Naturrecht und Geschichte* abschließenden Ansatz, indem er sich »aus diesen furchtbaren Tiefen zu einer Oberflächlichkeit« zurückwendet, die, auf der Oberfläche unscheinbar, die Richtung andeutet, in der die Aporie zu lösen wäre. Strauss wirft noch einmal die Frage nach dem Verhältnis zwischen einer wissenschaftlichen Untersuchung und der Wirklichkeit auf, die, in gewisser Weise bei Hobbes und Rousseau vorformuliert, das Ausgangsproblem Husserls und Heideggers war. Wissenschaft ist eine Transformation des natürlichen Verständnisses von Wirklichkeit. »Es ist daher unmöglich, die Bedeutung der Wissenschaft ohne eine vorhergehende Analyse der Wirklichkeit, wie sie an sich ist, d.h. vor ihrer Umwandlung durch die Wissenschaft, klarzustellen.« Weber stand in der Tradition des Neukantianismus, der das Material der Wissenschaft in einem heterogenen Kontinuum, in einem unstrukturierten, sinnlosen und chaotischen Ablauf atomarer Ereignisse suchte. Diese Sicht der Wirklichkeit beruht auf einer erst wieder neu verständlich zu machenden substantiellen Veränderung des natürlichen Verstehens, wodurch das wissenschaftliche Verstehen davon abgebracht wurde, eine »Reflexion über die menschliche Erfahrung vom Menschen« zu sein. Das »Material« der Wissenschaft in einem chaotisch-abstrakten Ereigniskontinuum zu lokalisieren ist das Ergebnis einer langen konstruktivistischen Tradition, die sich ihrer Voraussetzungen nicht mehr bewusst ist. Es widerspricht jeder menschlichen Selbsterfahrung, die als die natürliche vorwissenschaftliche Erfahrung von Welt der Ausgangspunkt einer aussagekräftigen Sozialwissenschaft sein muss, die das wissenschaftliche Verstehen als Vervollkommnung des natürlichen Verstehens begreift. »Da das natürliche Verstehen die Voraussetzung für das wissenschaftliche Verstehen ist, erfordert die

Analyse der Wissenschaft und der Welt zuvor eine Analyse des natürlichen Verstehens, der natürlichen Welt oder der Welt des *common sense.* Die natürliche Welt, die Welt, in der wir leben und handeln, ist nicht Gegenstand oder Produkt einer theoretischen Haltung; sie ist nicht eine Welt bloßer Gegenstände, die wir uninteressiert betrachten, sondern eine Welt von ›Dingen‹ oder ›Angelegenheiten‹, mit denen wir umgehen.« Unsere heutige, von moderner Technik und Zivilisation geprägte Alltagswelt ist allerdings durchaus ein Produkt des modernen wissenschaftlichen Bewusstseins. Um die radikal vorwissenschaftliche Welt erfassen zu können, ist es deshalb notwendig, an den Anfang der Wissenschaft zurückzukehren, in dem das ursprüngliche natürliche Verstehen der Wirklichkeit reflektiert und aufgehoben ist. Die Aporie der modernen Sozialwissenschaft erfordert den Rückgang auf die klassische politische Philosophie.[62]

# 3. Politik und politische Philosophie

## Der Begriff des Politischen

Die politische Philosophie steht nicht allein ihrer Gefährdung durch »Geschichte« und »Wissenschaft« oder der Leugnung ihrer Notwendigkeit durch die Theologie gegenüber. Sie scheint auch das Politische nicht mehr vorzufinden, das unter den Neutralisierungstendenzen des modernen Liberalismus vergessen worden ist. Es war Carl Schmitt, welcher der Negation des Politischen durch den Liberalismus seine politische Position entgegenstellte. Und es war nicht zufällig Leo Strauss, der in einer philosophischen Kritik an Carl Schmitt den Zugang zum Politischen neu eröffnete. Für das Verständnis seines Begriffs des Politischen wie für die Ausrichtung seines ganzen philosophischen Projektes ist die ungewöhnliche, relativ frühe und kleine Schrift von besonderem Gewicht, welche die Kritik an Carl Schmitt enthält, die *Anmerkungen zu Carl Schmitt, Der Begriff des Politischen* von 1932. Sie markiert einen Durchbruch in der philosophischen Arbeit von Leo Strauss. In dem Vorwort zur amerikanischen Ausgabe der *Religionskritik Spinozas* weist er am Ende seines Lebens selbst noch einmal auf die Bedeutung dieser frühen Schrift hin. Dort heißt es, die *Religionskritik Spinozas* würde noch auf der durch ein kräftiges Vorurteil genährten Prämisse beruhen, dass eine Rückkehr zur vormodernen Philosophie unmöglich sei. Die Abkehr von dieser unbegründeten Überzeugung habe ihren ersten Ausdruck in den *Anmerkungen* gefunden.

Die Rückkehr zu vormodernem Denken schien ihm jetzt nicht länger unmöglich, sondern im Gegenteil unumgänglich. Die Liberalismuskritik Carl Schmitts war der Systematik liberalen Denkens verhaftet geblieben. Das ist ein Kernpunkt der Strauss'-schen Einwände. Eine tragfähige Anerkennung des Politischen verlange stattdessen, die Systematik liberalen Denkens durch ein anderes System zu ersetzen. Um die verborgenen Voraussetzungen liberalen Denkens erkennen zu können, sei es notwendig, »einen Horizont jenseits des Liberalismus zu gewinnen«. Strauss zielt darauf ab, jenen vormodernen Horizont wiederzugewinnen, innerhalb dessen Thomas Hobbes die Grundlegung des Liberalismus vollzogen hatte. Es ist der Horizont der sokratischen Frage und des klassischen naturrechtlichen Denkens. Das Aufsuchen dieses Horizonts bedeutet zum einen eine Radikalisierung und die philosophische Vollendung der Liberalismuskritik Schmitts, es bedeutet zugleich ein Wiederverstehen des Politischen und der politischen Philosophie.[63]

Der Liberalismus, »die Bewegung, in welcher der moderne Geist seine größte Wirksamkeit gewonnen hat«, ist keine Herausforderung an sich. Er ist ein Teilphänomen des großen Projekts der Moderne, die sich in der Terminologie Carl Schmitts als das »Zeitalter der Neutralisierungen und Entpolitisierungen« darstellt. Die Entpolitisierung des menschlichen Lebens war »nicht nur das zufällige oder auch notwendige Resultat der modernen Entwicklung, sondern ihr ursprüngliches und eigentliches Ziel«. Strauss betont, dass die Rede von der Entpolitisierung und Neutralisierung des Lebens durch den modernen Liberalismus nicht bedeutet, dass es heute weniger Politik gäbe oder man weniger miteinander stritte. Nur worüber in den liberalen Demokratien des 20. Jahrhunderts gestritten wird und mit welchen Mitteln dies geschieht, das sei etwas grundlegend anderes als in den großen Auseinandersetzungen der Tradition. Die Menschen befassen sich mit dem, was sie für maßgeblich halten. Das war, vereinfacht gesagt, im 16. Jahrhundert die Theologie, im 17. die Metaphysik, im 18. die Moral, im 19. die Wirtschaft und im 20. Jahrhundert die Technik. Die Absicht des modernen Projekts lässt sich an der Tendenz ablesen, die diese Abfolge von maßgeblichen Sachgebieten verfolgt. Die Tendenz geht in Richtung auf eine grundsätzliche Neutralisierung der menschlichen Konflikte. Das Gewicht der fundamentalen Zwecke des menschlichen Lebens tritt hinter der Verständigung über die Mittel zur Erreichung individueller Zwecke zurück. Man sucht einen Boden zu gewinnen, der leibliche Sicherheit, methodisch gesicherte Evidenz, Verständigung und Frieden um jeden Preis ermöglicht. Die Suche nach sozialem Frieden ist selbstverständlich so legitim wie die Suche nach Seelenfrieden in der epikureischen Philosophie, sie ist sogar notwendig, sobald der Konflikt um die richtige Lebensweise nicht als ein Konflikt zwischen denkenden Wesen, also mit den Mitteln der Argumentation ausgetragen wird, sondern als Kampf zwischen Machtansprüchen zur Anwendung von Gewalt führt. Die Frage ist nur, was verloren geht, wenn die legitime und notwendige Bemühung um Frieden »um jeden Preis« erfolgt. Die Moderne versteht den Frieden so, »daß um seinetwillen die Zivilisation, die Unterwerfung, die Verbesserung der Natur, insbesondere der menschlichen Natur, notwendig wird«. Die grundsätzliche Ausblendung fundamentaler Fragen und der mit ihnen verbundenen Alternativen und Konflikte führt zu einer einseitigen Einschränkung des Menschen auf äußerliche Interessen wie Sicherheit und Wohlstand. Insofern der in diesem Sinne aus seinen Voraussetzungen verstandene moderne Liberalismus die Menschlichkeit des Menschen im Kern bedroht, wird die Liberalität der klassischen Philosophie zum kritischen Maßstab der Moderne. Die historische Erfahrung hat die Gefährlichkeit der Entpolitisierung und Neutralisierung des Liberalismus gezeigt.

Wo die unaufhebbaren Konflikte um die fundamentalen Zwecke des menschlichen Lebens ausgeblendet werden und die Zwecksetzung der rationalen Prüfung entzogen wird, dort schlagen sich irrationale Zwecke im Namen des Schicksals, des Volkes oder der blinden Entscheidung Bahn. Leo Strauss hat seine *Anmerkungen zu Carl Schmitt* 1932 im Horizont der geistigen Neuorientierung nach dem Ersten Weltkrieg geschrieben. Wie rasch der Untergang der ungefestigten liberalen Demokratie in Deutschland seine Kritik bestätigen sollte, war zu diesem Zeitpunkt noch nicht abzusehen. Carl Schmitt hat im geistigen Klima der Weimarer Republik diesen Zusammenhang erkannt. Das begründet Strauss' Interesse an seiner Diagnose und motiviert ihn zugleich, Schmitts Optionen im Namen der politischen Philosophie zu widersprechen. Nach Schmitt ist »die spezifisch politische Unterscheidung [...] die Unterscheidung von Freund und Feind«. Er lokalisiert das Politische damit, allerdings mit charakteristischen Unterscheidungen, in jenem menschlichen Status, den Hobbes den »Naturzustand« genannt und als eine latente Disposition zum Krieg zwischen den Menschen bestimmt hatte. Gleichzeitig stellte Hobbes dem Naturzustand das Ideal der Zivilisation gegenüber, die den Frieden, wenn nicht zwischen den Nationen, so doch zwischen den Menschen einer Nation herstellen sollte. In der Hobbes'schen Konzeption des Naturzustandes ist dessen Negation bereits mit angelegt. Die Begründung des Liberalismus durch Hobbes richtet sich gegen die illiberale Natur des ursprünglichen menschlichen Status oder gegen die politische Natur des Menschen überhaupt. Der Negation des Politischen entspricht die Position der Zivilisation. Bis zu diesem Punkt, darf man sagen, kann die Strauss'sche Formulierung der Position Carl Schmitts auch als Formulierung seiner eigenen Position akzeptiert werden. Während aber Schmitt in Unklarheit über seine eigenen Voraussetzungen Hobbes zunächst nicht als seinen Antipoden erkennt, geht Strauss durch konsequentes Fragen über Schmitt hinaus. Denn es schien durchaus fraglich, ob die Hobbes'sche Konstruktion des Naturzustandes tatsächlich den Status naturalis angemessen beschreibt. Um dies zu klären, musste sich Strauss Hobbes zuwenden und untersuchen, wogegen er sich wandte und welchen Veränderungen genau er die klassische politische Philosophie unterwarf. »Eine radikale Kritik am Liberalismus ist also nur möglich auf Grund eines angemessenen Hobbes-Verständnisses.«[64]

Der liberale Kulturbegriff steht im Zentrum der Liberalismuskritik. Schmitt hat sich bewusst die Aufgabe gestellt, das Spezifische des Politischen zu bestimmen. Eine derartige Bestimmung verlangt zunächst die Angabe der übergeordneten Gattung. In der Systematik liberalen Denkens wäre die nächstliegende Antwort auf diese Frage, die Gattung, innerhalb deren das Politische zu bestimmen sei, die »Kultur«. Das Politische selbst wäre dann eine Kulturprovinz, ein neben anderen (moralischen, ästhetischen, ökonomischen) Sachgebieten autonomer Bereich menschlichen Denkens und Handelns. Sowohl Carl Schmitt als auch Leo Strauss halten eine derartige Bestimmung für verfehlt, weil sie die Fundamentalität des Politischen leugnet und der Entpolitisierung des menschlichen Lebens zuarbeitet. Die deshalb notwendig werdende Kritik des Kulturbegriffs setzt bei Strauss allerdings entschieden grundsätzlicher an als bei Schmitt. Er lässt offen, »ob man überhaupt von einem anderen als dem *modernen* Kulturbegriff in strenger Rede sprechen kann«. Das moderne Kulturverständnis begreift nicht nur die verschiedenen Sachgebiete menschlichen Denkens und Handelns im Verhältnis zueinander als autonom und selbständig, sondern hält die »Kultur« als Ganzes für eine »souveräne Schöpfung« des menschlichen Geistes. Die Anthropozentrik des modernen Denkens geht so weit, dass nicht nur die »Kultur«, sondern das menschliche Selbst als ein Produkt des menschlichen Geistes betrachtet wird. Abgesehen von einigen biologischen und psychologischen Grundmustern werden alle Formen, die dem menschlichen Wollen und Handeln vorangehen, zurückgewiesen. Der Mensch macht sich selbst zu dem, was er ist. Des Menschen bloße Menschlichkeit ist erworben. Das Politische in diesem

Sinne als ein Kulturphänomen zu verstehen würde bedeuten, es als das freie Produkt, als eine »Erfindung« des menschlichen Geistes aufzufassen, geradeso wie der neuzeitliche Staat als eine souveräne Konstruktion mechanischer Rationalität in Erscheinung tritt. Es würde weiterhin bedeuten, dass das Politische einen nur begrenzten Geltungsanspruch *neben* anderen Kulturphänomenen erheben könnte, die ihrerseits auf universale Behauptungen verzichten müssten. Dem stellt Strauss entgegen, dass »die Tatsache des Politischen« genau wie die Religion eine »ursprüngliche Tatsache« ist, die alle »Kultur« transzendiert. Ihrem Selbstverständnis nach kann die Religion nicht als eine »spontane Erzeugung« des menschlichen Geistes begriffen werden, weil sie als Offenbarungsreligion den Menschen *gegeben,* und zwar als Gesetz gegeben wurde. Sie kann sich weiterhin nicht mit dem Range einer Kulturprovinz bescheiden, weil sie gemäß ihrem Selbstverständnis die Frage nach der richtigen Lebensweise abschließend und universal gültig beantwortet hat. Der Universalitätsanspruch der Religion hat demnach den zweifachen Sinn eines universalen Anspruchs auf Wahrheit und auf Gehorsam gegenüber dem göttlichen Gesetz. In gleicher Weise ist die ursprüngliche Tatsache des Politischen kein Sekundärprodukt des menschlichen Geistes, als Tatsache ist sie gleichursprünglich mit der menschlichen Natur gegeben. Politik und Religion sind deshalb »eine Crux der Kulturphilosophie« insgesamt. Indem Strauss die Ursprünglichkeit des Politischen geltend macht, überschreitet er die herrschende Auffassung.

»Durch diese Auffassung wird in Vergessenheit gebracht, daß ›Kultur‹ immer etwas voraussetzt, das kultiviert wird: Kultur ist immer Kultur der Natur. Das bedeutet ursprünglich: die Kultur bildet die natürlichen Anlagen aus; sie ist die sorgfältige Pflege der Natur – einerlei ob des Erdbodens oder des menschlichen Geistes –; sie gehorcht eben damit den Anweisungen, welche die Natur selbst gibt. Es kann aber auch bedeuten: durch Gehorsam gegenüber der Natur die Natur besiegen (parendo vincere nach dem Wort Bacons); dann ist die Kultur nicht so sehr treue Pflege der Natur als harter und listiger Kampf wider die Natur. Ob die Kultur als Pflege der Natur oder als Kampf mit der Natur verstanden wird, hängt davon ab, wie die Natur verstanden ist: ob als vorbildliche Ordnung oder als zu beseitigende Unordnung. Wie immer aber die Kultur verstanden wird – in jedem Fall ist ›Kultur‹ Kultur der Natur. ›Kultur‹ ist so sehr Kultur der Natur, dass sie nur dann als souveräne Schöpfung des Geistes verstanden werden kann, wenn die Natur, die kultiviert wird, als Gegensatz des Geistes vorausgesetzt und vergessen worden ist. Da wir nun unter ›Kultur‹ vorzüglich die Kultur der menschlichen Natur verstehen, so ist die Voraussetzung der Kultur vorzüglich die menschliche Natur, und, da der Mensch seiner Natur nach ein animal sociale ist, so ist die der Kultur zugrundeliegende menschliche Natur das natürliche Zusammenleben der Menschen, d.h. die Art und Weise, wie sich der Mensch vor aller Kultur zu den anderen Menschen verhält. Der Terminus für das so verstandene natürliche Zusammenleben heißt: status naturalis. Man kann also sagen, das Fundament der Kultur ist der status naturalis.«

Dieser Absatz kennzeichnet die Scheidelinie zwischen klassischer und moderner politischer Philosophie, er verweist auf den Horizont, innerhalb dessen die Strauss'sche Auffassung vom Politischen anzusiedeln ist, und gibt einen Hinweis auf das Programm seiner politischen Philosophie. Die Kritik am Kulturbegriff konzentriert sich auf den Vorwurf, der moderne Rationalismus habe seine eigenen Fundamente vergessen. Die Naturvergessenheit der modernen Kultur ist mitverantwortlich für die Unmenschlichkeit der modernen Politik. Hobbes hatte den »status naturalis« durch den Status der Zivilisation negieren wollen. Das implizierte die Negation der sozialen, politischen Natur des Menschen zugunsten eines unpolitischen Individualismus, es implizierte die Aufgabe des klassischen Verständnisses von der Natur als einer vorbildlichen Ordnung und den Wandel der Haltung gegenüber der Natur im Sinne der Naturbeherrschung. Was Hobbes mit dem Ideal der Zivilisation, das »der Selbstbehauptung des Menschen gegen die übermächtige Natur« gedient hatte, noch in vollem Bewusstsein dessen, wogegen es sich richtete, in Gang setzte, entwickelte sich im Zuge der fortschreitenden Aufklärung zu dem »höheren« Ideal der Kultur. Das Gefährliche am modernen Liberalismus ist, dass er, »gefangen in einer Welt der Kultur«, »die menschliche Natur in ihrer Gefährlichkeit und Gefährdetheit« vergessen hat. Die fundamentale Freund-Feind-Alternative, in der sich das Politische zeigt, wird von Strauss, so hat es den Anschein, nun auf eine ganz andere Ebene gehoben. Sie ist nicht *innerhalb* eines wie auch immer zu deutenden Naturzustandes zu lokalisieren, sie liegt vielmehr in dem Verhältnis zwischen der »Kultur«, also allem menschlichen Denken und Handeln, und der Natur. Die entscheidende politische Frage ist die, in welches Verhältnis sich der Mensch zur Natur setzt, ob er sie freundschaftlich pflegt und ausbildet oder wie einen Feind bekämpft. Dies ist eine klare Umgewichtung mit entsprechenden Konsequenzen für den Begriff des Politischen. Der »Status naturalis« wird auf diese Weise positiv umgedeutet. Er ist nicht das, was Hobbes und die an ihn anknüpfende Tradition des Liberalismus als bedrohlich negieren, er ist nicht das Kampffeld des menschlichen Schicksals wie bei Carl Schmitt, sondern er definiert die vorbildliche Ordnung des menschlichen Zusammenlebens vor aller »Kultur«. Die Position des Politischen bedarf nach Strauss eines natürlichen Standpunkts, der durch Rückgriff auf die vormoderne Tradition wiedergewonnen werden kann. Die Behauptung, man könne in strenger Rede von keinem anderen als einem *modernen* Kulturbegriff sprechen, impliziert, dass die Vormoderne im pflegenden Gehorsam gegenüber der Natur verblieben war und in der Herausbildung ihrer Kultur den natürlichen Standpunkt gar nicht verlassen hatte. Diese Überlegung treibt Strauss zum naturrechtlichen Denken der folgenden Zeit. Politische Philosophie formuliert die Anweisungen, welche die Natur selbst gibt. Die politische Philosophie der Moderne kommt hingegen einer »Revolution gegen die Natur« gleich, die »vor allem politisches Handeln« und »einen Kampf auf Leben und Tod« notwendig macht. Es wird nun verständlich, weshalb Strauss einen politischen Terminus für eine theoretische Neuorientierung benutzt: Das Verhältnis des Menschen zur Natur ist ein fundamental politisches Verhältnis.[65]

Die Bedeutung des Abschnittes aus den *Anmerkungen zu Carl Schmitt* für das Verständnis des Politischen ist noch nicht hinreichend klar. Zunächst weist Strauss durch die Kritik der modernen Auffassung vom Politischen als einem Kulturphänomen nur darauf hin, dass Politik und Natur zusammengehören. Weil die moderne naturfeindliche Einstellung zur Ausbildung des Kulturideals, also in die falsche Richtung, geführt hat, gehört zum Politischen offenbar auch, die menschliche Natur in ihrer vernünftigen politischen Verfassung anzuerkennen, die Natur selbst als eine vorbildliche Ordnung aufzufassen und sich entsprechend in ein pflegendes Verhältnis zu ihr zu setzen. Ein klarer Begriff vom Politischen kann folglich im Umkreis der klassischen Philosophie gesucht werden, die als Erste die Bedeutung des Politischen erkannte und die politische Philosophie begründete. Zu ihren entscheidenden Erkenntnissen gehört die Einsicht, dass sich das Politische nicht als Spezies einer übergreifenden Gattung einordnen lässt. Das Politische ist *sui generis.* Es ist wesentlich verschieden von allen anderen Klassen des Seienden und lässt sich weder auf etwas Unpolitisches wie die »Kultur« reduzieren noch aus dem Subpolitischen ableiten. Darin liegt die ursprüngliche Verbindung zwischen der menschlichen Natur und dem Politischen begründet. Der Mensch selbst ist ein Wesen sui generis, ein Wesen von einer spezifisch eigenen Würde. Die besondere Würde des Menschen liegt nach klassischer Ansicht darin begründet, dass er Respekt vor sich selbst haben, aber auch Selbstverachtung empfinden kann, weil er sich dessen bewusst ist, wie er leben sollte. Im

Angesicht der Frage, wie der Mensch leben sollte, zeigt sich die notwendige Verbindung zwischen Moralität und dem Gesetz – dem spezifisch politischen Phänomen –, zwischen der Würde des Menschen und der Würde der öffentlichen Ordnung. Die Auffassung, wonach Mensch und Politik Phänomene sui generis sind, verteidigt beide in ihrem Selbstverständnis gegenüber dem reduktionistischen Ansatz der neuen politischen Wissenschaft. Sie hat keinen Begriff von wesentlichen, sondern nur einen von graduellen Unterschieden. Deshalb versucht sie, alles aus seinem Entstehungsprozess und seinen Bedingungen heraus zu verstehen. Sie erklärt den Menschen in Begriffen des Subhumanen, das Rationale in Begriffen des Subrationalen und das Politische in Begriffen des Subpolitischen. Die Position des Politischen sui generis verteidigt demgegenüber das Höhere gegen seine Vereinnahmung durch das Niedere. So wie ein wesentlicher Unterschied zwischen dem Menschlichen und dem Nichtmenschlichen, zwischen Menschen, Tieren und Göttern besteht, so besteht ein unaufhebbarer Unterschied zwischen dem Politischen und dem Subpolitischen – aber auch dem Suprapolitischen.[66]

Durch die Formulierung dieses Gedankens bei Strauss geschieht indessen noch etwas anderes. Indem er das liberale Kulturverständnis der Moderne und die damit verbundene politische Philosophie an die Natur als die vom modernen Denken vergessene Voraussetzung erinnert, stellt er die Natur zugleich jenen anderen ursprünglichen Tatsachen gegenüber, die zur Crux der Kulturphilosophie werden. Die Natur und mit ihr der menschliche Geist, insofern der Dualismus von Natur und Geist aufgehoben wird, tritt in Konkurrenz zu »Politik« und »Religion«. Wenn Strauss mit der klassischen politischen Philosophie weiterhin den Menschen seiner Natur nach als ein politisches Wesen begreift und die menschliche Natur mithin der Seinsgrund des Politischen ist, dann eröffnet sich eine Differenz zwischen dem Politischen in seiner ursprünglichen Zugehörigkeit zur Sphäre der Natur und des Geistes hier und jenen anderen Tatsachen, der »Politik« und der »Religion« dort. Was aber kann es bedeuten, eine Unvereinbarkeit zwischen dem Politischen und der »Politik« zu konstatieren? Das Politische ist ein Problem für den Menschen. Es ist offenbar die Intention von Leo Strauss, dieses Problem als ein solches herauszustellen, das weder durch die »Politik«, durch den Gehorsamsanspruch der Gesetze einer vorgegebenen gesellschaftlichen Ordnung, noch durch die »Religion«, durch den Gehorsamsanspruch des offenbarten göttlichen Gesetzes, gelöst werden kann. Strauss reklamiert die »Lösung« des politischen Problems für die Sphäre der Natur und des Geistes. Was aber ist das politische Problem?

Dem Gegensatz zwischen der Negation und der Position des Politischen liegt ein Streit über die menschliche Natur zugrunde. Im Kern geht es um die Frage, ob der Mensch gut ist oder böse. Wer den Menschen im Ursprung für vollkommen und gut hält, für den kann das Politische keine fundamentale Tatsache sein. Die These von der Güte des Menschen führt entweder zum Anarchismus oder zu der Hoffnung auf ein überpolitisches Heilsgeschehen, das die Menschen von den Folgen ihres Falles in die Bosheit befreit. Sie kann auch in die unpolitische Vereinzelung führen, in der das Individuum die Güte seiner ursprünglichen Natur für sich wiederherzustellen sucht. Die Annahme über den ursprünglichen Zustand des Menschen, ob er vollkommen war oder unvollkommen, markiert im Hinblick auf seine gegenwärtige Unvollkommenheit die Scheidelinie zwischen der Abgeleitetheit und der Natürlichkeit des Politischen wie zwischen Theologie und Philosophie. Die Ursprünglichkeit der Tatsache des Politischen hat ebenso wie die Philosophie die Unvollkommenheit oder Bosheit der menschlichen Natur zur Voraussetzung. Nur kommt alles darauf an, wie man »Bosheit« versteht, »als *menschliche Minderwertigkeit* oder als *animalische Kraft«*. Es gehört zu den Grundlagen des Liberalismus, die menschliche Bosheit als animalische Kraft zu betrachten, wie auch der unpolitische Hedonismus der Epikureer einen »Animalismus« vertritt. Der

Mensch kann nur in Anführungszeichen »böse« sein, so wie ein Tier »böse« ist, das von Hunger und Überlebensangst umgetrieben wird. Der Liberalismus setzt voraus, dass die menschliche Bosheit eine unschuldige Bosheit ist, aus der dem Menschen keine Pflichten erwachsen. Nach Strauss musste Hobbes die Sünde leugnen, »weil er keine primäre, jedem Anspruch als berechtigtem Anspruch vorangehende Verpflichtung des Menschen anerkannte, weil er den Menschen als von Natur frei, d.h. unverpflichtet verstand«. Die vertragstheoretische Begründung des modernen Staates kann keine materialen Vorgaben akzeptieren, die von der universalen Zustimmung der Vertragspartner unabhängig wären. Denn welchen Sinn hätte ein solcher Vertrag, der nur im Nachhinein Bindungen anerkennt, die im Vorhinein in der menschlichen Natur begründet wären? Im moralischen Bereich setzt der Liberalismus eben jene Neutralität bereits voraus, die er im Zuge seiner historischen Entfaltung vorantreibt. Bosheit als unschuldige Bosheit zu verstehen führt letztlich zur Auflösung der Unterscheidung von »gut« und »böse« überhaupt. In der moralisch neutralen animalischen Kraft steckt etwas, was bewundert und selbst als Güte aufgefasst werden kann. Machiavellis Begriff der Tugend zeigt, wie kalkulierte Bosheit als patriotische »virtù« ausgelegt werden kann. Mit der Bosheit verschwindet aber in letzter Konsequenz das Politische überhaupt. Denn Bosheit bedeutet Gefährlichkeit und Mangel, sie zeigt die Bedürftigkeit des Menschen, seine Herrschaftsbedürftigkeit. Für Strauss ergibt sich daher die Aufgabe, »die Auffassung der menschlichen Bosheit als animalischer und darum unschuldiger ›Bosheit‹ rückgängig zu machen und zu der Auffassung der menschlichen Bosheit als moralischer Schlechtigkeit zurückzukehren«. »Die als Herrschaftsbedürftigkeit entdeckte Gefährlichkeit des Menschen kann angemessen nur als moralische Schlechtigkeit verstanden werden. Als solche muss sie zwar anerkannt, kann sie aber nicht bejaht werden.«[67]

Der Kern der Neutralisierungen des modernen Liberalismus ist in der Neutralisierung des moralischen Problems zu suchen. Die Politik erkennt ihr Fundament nicht mehr in der Auseinandersetzung um die Frage »Wie soll ich leben?« Diese Frage wird aus der Öffentlichkeit in den privaten Bereich verwiesen, um den Streit über die Zwecke des menschlichen Lebens stillzustellen. Das ist der Preis, der für den unbedingten Willen zu Verständigung und Frieden zu zahlen ist. Die Preisgabe der politischen Auseinandersetzung um die Zwecke menschlichen Lebens bedeutet die Preisgabe der Menschlichkeit zugunsten einer sekuritätsorientierten Bürgerlichkeit.

»Verständigung ist aber grundsätzlich immer zu erzielen über die Mittel zu einem schon feststehenden Zweck, während über die Zwecke selbst immer Streit ist: wir streiten miteinander und mit uns selbst immer nur über das Gerechte und das Gute (Platon, Euthyphron 7 B-D und Phaidros 263 A). Will man daher Verständigung um jeden Preis, so gibt es keinen anderen Weg, als sich der Frage nach dem Richtigen ganz zu entschlagen und sich allein um die Mittel zu kümmern. So wird begreiflich, daß das moderne Europa, nachdem es einmal, um dem Streit über den rechten Glauben zu entgehen, auf die Suche nach einem neutralen Boden als solchem ausgegangen war, schließlich zu dem Glauben an die Technik gelangt ist. [...] Die Verständigung um jeden Preis ist nur möglich als Verständigung auf Kosten des Sinns des menschlichen Lebens; denn sie ist nur möglich, wenn der Mensch darauf verzichtet, die Frage nach dem Richtigen zu stellen; und verzichtet der Mensch auf diese Frage, so verzichtet er darauf, ein Mensch zu sein. Stellt er aber die Frage nach dem Richtigen im Ernst, so entbrennt angesichts ›der unentwirrbaren Problematik‹ dieser Frage der Streit, der Streit auf Leben und Tod: im Ernst der Frage nach dem Richtigen hat das Politische – die Freund-Feind-Gruppierung der Menschheit – seinen Rechtsgrund.«

Das Politische ist die natürliche Lebensweise des Menschen. Mit ihm verbindet sich die Frage, wie das natürliche Zusammenleben der Menschen zu ordnen ist. Es mag sein, dass sich in der Auseinandersetzung um die richtige Ordnung Freund-Feind-Konstellationen ergeben. Fasst man das Politische als eine solche Konstellation auf, dann hat dies seinen Rechtsgrund darin, dass die menschliche Frage eine ernste Frage ist. Welche Folgen hat es für die Philosophie, wenn die Ernsthaftigkeit dieses Problems anerkannt wird?[68]

Die Moderne macht die als unschuldig verstandene Bosheit nicht zur Aufgabe einer moralischen Entscheidung und der ihr entsprechenden Verantwortung, sondern überlässt sie der Heilung durch ein technisches Verhaltenstraining beziehungsweise der Kompensation durch staatliche Souveränität. Das »politische« Problem lässt sich technisch lösen, solange es sich auf die Sicherung äußerer Güter beschränkt. Die ursprüngliche Absicht ging auf die Errichtung eines Weltstaats des Bourgeois, in dem das Leben behaglich, interessant und unterhaltsam sein kann, dem aber der Ernst des Sinnes des menschlichen Lebens fehlt. In einem solchen Staat der bloßen Sekurität müssen die Menschen notwendigerweise unter dem Niveau ihrer natürlichen Möglichkeiten und Fähigkeiten bleiben. Er würde »die Menschheit auf eine Kultur- und Konsumgenossenschaft« reduzieren. Das Beharren auf Sicherheit und Komfort lehnt Strauss ab, weil das menschliche Leben nur im Geist der Skepsis, der dauernden Suche nach Wahrheit und Selbsterkenntnis lebenswert ist. Der auf Behaglichkeit bedachte Weltstaat wäre der Staat von Nietzsches letztem Menschen, der das Ende der Philosophie bedeutet. Das Philosophieren von Leo Strauss hat einen politischen Anlass. Es muss, um zur Philosophie reifen zu können, zunächst politisches Philosophieren sein. Insofern ist seine Kritik am Liberalismus keine Polemik, sondern Teil der Suche nach einem integren Wissen. Ein integres Wissen ist aber »nur vermittelst des Rückgangs auf den Ursprung, auf die ›unversehrte, nicht korrupte Natur‹ zu gewinnen«[69].

## Was ist politische Philosophie?

Die Frage »Wie soll ich leben?« ist die fundamentale menschliche Frage. Ebenso wie das Handeln des Einzelnen schließt das politische Handeln einen Gedanken vom Guten als desjenigen ein, was als Zweck erstrebt wird. Das Bewusstsein vom Guten, das den Handlungen zugrunde liegt, hat zunächst den Charakter der Meinung, die als solche immer in Zweifel gezogen werden kann. Die Meinung verweist von sich aus auf die Vorstellung von einem nicht mehr befragbaren, zuverlässigen und sicheren Wissen vom Guten, welches das Handeln im Sinne der Wahrheit anleitet. In jeder politischen Handlung liegt demnach bereits eine Ausrichtung auf das Wissen vom Guten, vom guten Leben oder von der guten Gesellschaft als dem vollständigen politischen Gut, begründet. Die Antwort auf die Frage »Wie soll ich leben?« hängt zusammen mit der Antwort auf die Frage »Warum Philosophie?« oder »Warum braucht das politische Leben Philosophie?« Philosophie ist für jeden Einzelnen und für jede Gesellschaft notwendig, solange die Frage nach dem richtigen Leben und der richtigen Ordnung nicht durch ein integres Wissen vom Guten entschieden ist. Die Voraussetzung der Philosophie ist also eine mehrfache Unvollkommenheit: die Unvollkommenheit der menschlichen Natur, die Unvollkommenheit der menschlichen Gesellschaft und die Unvollkommenheit des menschlichen Wissens. Die Selbsterkenntnis des Menschen von seiner anfänglichen Unvollkommenheit verweist, wenn er sich nicht dem Gehorsamsanspruch unbefragter politischer oder religiöser Autoritäten beugen will, auf die Notwendigkeit, allein mit den Mitteln seiner Vernunft die Unvollkommenheit zu überwinden. Die praktische Frage nach der richtigen Lebensweise ist von Beginn an eine politische Frage, weil »Leben« für den Menschen zunächst »Zusammenleben« bedeutet, also »politisch« leben. Jeder Versuch, diese Frage zu beantworten, verlangt, die Natur der politischen Dinge zu untersuchen. Damit gerät man an die Grenzen der politischen Philosophie als praktischer Disziplin und wird zu anderen Fragen geführt, »deren Zweck es nicht länger ist, Handlung anzuleiten, sondern einfach die Dinge so zu verstehen, wie sie sind«[70].

Vordergründig betrachtet, ist die politische Philosophie ein Teilgebiet der Philosophie, und zwar jener Teil, der dem menschlichen Leben hier und jetzt am nächsten kommt. Nach einer provisorischen Definition bestimmt das philosophische Element in der Verbindung »politische Philosophie« die besondere Art und Weise der Untersuchung des Politischen, das seinerseits der Untersuchung den Gegenstand und die Funktion vorgibt. Gegenstand der politischen Philosophie ist das letzte Ziel politischen Handelns, ihr Thema ist jene große Frage der Menschheit nach dem richtigen Verhältnis zwischen Freiheit und Herrschaft. Die politische Frage par excellence war für Leo Strauss, wie man Ordnung, welche keine Unterdrückung ist, mit Freiheit versöhnen könne, die kein Freibrief ist. Die einzige Antwort, welche die Antike auf diese drückende Frage gefunden hätte, sei gewesen: Erziehung, Erziehung durch die lange, niemals leichte, aber immer freudvolle Arbeit an der Philosophie. Die antike, heute fremd wirkende Antwort zeigt, dass Freiheit und Herrschaft »als Elemente oder Bedingungen der Glückseligkeit erstrebt« werden, einer Glückseligkeit, deren Kern menschliche Vortrefflichkeit ist. Sie gibt rückbezüglich einen Hinweis darauf, »daß die Politik das Feld ist, auf dem sich die menschliche Vortrefflichkeit in ihrer vollen Größe zeigen kann und von dessen angemessener Kultivierung jede Art der Vortrefflichkeit irgendwie abhängig ist«. Nicht alle Menschen werden menschliche Vortrefflichkeit in gleichem Maße erreichen können. Die natürlichen Beschränkungen der Freiheit bedürfen deshalb, um wirksam zu werden, der Anwendung von Zwang durch gerechte staatliche Gewalt. Der Kern der politischen Frage par excellence ist deshalb die Frage, was der Bürger ist. Es ist die Aufgabe der politischen Philosophie, etwas für das politische Leben Erhebliches zur Klärung dieser Frage beizutragen. Doch verlangt die Bestimmung der politischen Philosophie vorab eine Verständigung darüber, was Philosophie überhaupt ist.[71]

Der Philosophiebegriff von Leo Strauss setzt unmittelbar und einfach beim direkten Wortverständnis an. In der Korrespondenz mit Karl Löwith betont er, man könne in diesem »entscheidenden Punkt überhaupt nicht *einfach, simpel* genug« sein. Aus dem elementaren Ansatz heraus entwickelt er sodann einen anspruchsvollen Begriff von Philosophie über die vier Stufen der Artikulation des Problems der Kosmologie, der zetetischen Grundstruktur der Philosophie, ihrer Charakteristik als Lebensweise sowie ihrer politischen Dimension. Der reinen Wortbedeutung nach ist Philosophie die Liebe zur Weisheit. Die Weisheit oder die Wissenschaft von allem Seienden ist ihr Ziel. Der Philosoph strebt nach einem universalen Wissen vom Ganzen und betreibt den Versuch, Meinungen über das Ganze durch Wissen vom Ganzen zu ersetzen. Nur stellt sich die Frage, wie kann man das Ganze erkennen? Welche ist die angemessene Kosmologie? »Das Problem der Kosmologie zu artikulieren bedeutet, die Frage danach zu beantworten, was Philosophie oder was ein Philosoph ist.« Strauss schließt sich in dieser Frage Sokrates an, dem er einen gegenüber den Vorsokratikern neuen Ansatz zum Verständnis aller Dinge bescheinigt. Sokrates versuchte nicht, das Ganze kausal aus seinen Ursachen abzuleiten, er suchte nicht nach einem Mechanismus, der das Chaos in einen Kosmos verwandelt haben könnte. Sokrates suchte die Erkenntnis vom Ganzen, indem er überlegte, »was jedes einzelne Seiende ist«. Er fragte »Was ist dieses?« und »Was ist jenes?«, um den wesentlichen Anblick von allem, um die »Ideen« zu erkennen. »Das Ganze« ist eine Bezeichnung für »alle Dinge«, die göttlichen, die menschlichen und die natürlichen. »Alle Dinge« lassen sich dabei aufgrund bestimmter natürlicher Gemeinsamkeiten in Gruppen oder Klassen einteilen, die wesentlich voneinander verschiedene Teile des Ganzen sind. Die Antwort auf die Sokratische Frage »Was ist?« beschreibt den Charakter einer solchen Klasse oder eines »Stammes« von Dingen, die von Natur aus zusammengehören oder eine natürliche Gruppe bilden. »Das Ganze« ist die Totalität der »Naturen«. Für die Antike war Philosophie das Wissen von der Natur. Die Entdeckung der Natur ist ihre wesentliche Leistung. Nur die Philosophie kann Natur entdecken, und umgekehrt kann Philosophie nur als Entdeckung der Natur entstehen. So heißt es bei Strauss einmal, der erste Philosoph sei der erste Mensch gewesen, der die Natur entdeckte, und die ganze Geschichte der Philosophie sei nichts anderes als der Bericht von den stetigen Versuchen, das, was in der Entdeckung der Natur angelegt ist, voll zu erfassen. Philosophie ist demnach älter als politische Philosophie, doch liegt im Verhältnis der Philosophie und des Philosophen zur Natur bereits eine Wurzel ihrer politischen Dimension. Das Ganze ist die Gesamtheit der Teile, es ist aber zusätzlich etwas darüber hinaus, das jenseits von allem Seienden liegt. Zum Ganzen gehören auch die natürliche Gliederung der Teile und ihre Bezogenheit aufeinander, der artikulierte Ordnungszusammenhang, in dem sie stehen. Das Verständnis des Ganzen als ein Verständnis von allen seinen Teilen führt eine Gliederung und Differenzierung in den Bereich des Seienden ein. Etwas als »etwas« zu verstehen bedeutet zugleich immer, es von »etwas anderem« zu unterscheiden. Die Gliederung des Ganzen zu erkennen heißt, seine Heterogenität zu erkennen. Das Ganze ist dabei nicht nur in horizontale Gruppen, Klassen oder Arten gegliedert, sondern es besteht auch eine hierarchische Stufung zwischen göttlichen, menschlichen und natürlichen Dingen. Der ontologischen Heterogenität entspricht eine noetische Heterogenität, der Verschiedenartigkeit des Seins entspricht eine Verschiedenartigkeit auf der Ebene des Erkennens. Die Philosophie strebt nach einem Wissen, von dem sie weiß, dass es ihr nur teilweise von Teilen des Ganzen verfügbar ist. Dieses Wissen gliedert die klassische Philosophie nach Strauss in zwei Bereiche, die er das »Wissen von Homogenität« und das »Wissen von Heterogenität« nennt. Jenes ist das Wissen von homogenen Strukturen, das für die Mathematik und von dieser abgeleitet für die Naturwissenschaft und die hervorbringenden Künste charakteristisch ist. Das andere ist das Wissen von den heterogenen Zielen, über das in erster Linie der Staatsmann und der Erzieher verfügen müssen. Dieses Wissen ist dem Wissen von Homogenität überlegen, weil das Wissen von Zwecken immer Wissen von einem Ganzen ist. Die Polis ist ein solches Ganzes, vielleicht sogar das einzige, das vollständig aus seinen Zwecken erkennbar ist. Das Wissen von den menschlichen Zwecken, davon, was das menschliche Leben zu einem Ganzen macht, impliziert ein Wissen von der menschlichen Seele. Die menschliche Seele aber ist als einziger Teil des Ganzen für das Ganze offen und ihm deshalb am nächsten verwandt. Dieses Wissen ist für die klassische politische Philosophie die politische Kunst in ihrer höchsten Form. Beide Formen des Wissens, das Wissen von Homogenität und die politische Kunst, müssen wohl in einer besonderen Weise miteinander verbunden werden, wenn man zu einem umfassenden Wissen vom Ganzen gelangen möchte, das uns jedoch nicht zugänglich ist. Philosophie behauptet sich zwischen den Ansprüchen beider Formen des Wissens, insofern sie sich beiden widersetzt. Sie ist die höchste Form der Paarung von Mut und Mäßigung und bedarf hierfür des Eros. »Philosophie ist von der Gnade der Natur begnadet.« Bei der Unterscheidung von Formen des Wissens ist die notwendige Unterscheidung von theoretischem und praktischem Wissen zu berücksichtigen, eine Unterscheidung, die keinesfalls in eine Trennung auslaufen darf. Beide zusammen bilden das Ganze. So gehören auch Platons *Politikos* und die *Politeia* zusammen, die einmal eine praktische Diskussion der Theorie und zum anderen eine theoretische Untersuchung des praktischen Wissens präsentieren. Die politische Kunst vervollkommnet den Menschen, aber wahre Vervollständigung erfährt der Mensch erst in seiner Art, in der »Idee« des Menschen. Selbstgenügsam ist nur die ganze menschliche Rasse und nicht ein Teil von ihr, selbstgenügsam ist sie jedoch nur als Teil des Ganzen und nicht als Eroberer des Ganzen, der sich zuerst in ihr Zentrum und dann über die Natur stellt. Es besteht eine Parallele zwischen der Ergänzung durch die politische Kunst und der Ergänzung, der Vervollständigung, die Sokrates bewirkt, doch heißt diese Verwandtschaft vor allem, dass beides nicht miteinander identisch ist.[72]

Für das Selbstverständnis von Leo Strauss ist nun ebenso wie für das Verständnis seines philosophischen Projektes entscheidend, welchen kognitiven Status er der Philosophie beimisst. Er legt dem Philosophiebegriff ein an Platon orientiertes »wörtliches« Verständnis zugrunde. Philosophie ist die Liebe zur Weisheit, nicht aber die Weisheit selbst. Für die Philosophie ist es wesentlich, nicht Besitz der Wahrheit, sondern das Streben nach ihr zu sein. Die Jenseitigkeit des Ganzen, das zu erkennen Ziel der Philosophie ist, macht eine Garantie dafür unmöglich, jemals eine Artikulation des Ganzen als adäquat ansehen zu können. Warum aber verzichtet man dann nicht einfach darauf, ein Wissen anzustreben, über dessen Wahrheit sich niemals wird definitiv entscheiden lassen? Warum beschränkt man sich dann nicht auf eine sorgfältige Untersuchung der für uns nützlichen Teile? Der Verzicht auf universale Erkenntnis würde jede andere philosophische Erkenntnis unmöglich machen. Teile weisen über sich hinaus auf das Ganze, dem sie zugehören, und können angemessen nur als Teile des Ganzen, nicht aber als autonome Gebilde verstanden werden. Das richtige Verstehen hat ein Bewusstsein vom Ganzen zur Vorbedingung. Weil die Bedeutung jedes Teiles von der Bedeutung des Ganzen abhängt, muss jede angemessene Teilerkenntnis auf einer Hypothese über das Ganze beruhen. Politisch formuliert, stellt sich das Problem folgendermaßen dar. Man kann den Charakter der Demokratie nicht ohne ein klares Verständnis der Alternativen zur Demokratie klären. Die gegenwärtige Politikwissenschaft belässt es im Prinzip bei der Gegenüberstellung von Demokratie und Autoritarismus. Das ist jedoch eine Unterscheidung, die innerhalb des Horizonts verbleibt, der von der gegebenen politischen Ordnung und ihrem Gegenteil definiert wird. Die primären oder fundamentalen Fragen der Staatsformenlehre werden durch diesen »wissenschaftlichen« Ansatz weitgehend zugunsten eines dogmatischen Konformismus negiert. In dieser Hinsicht sind die Anhänger »wissenschaftlicher Genauigkeit« überraschend ungenau. Für die politische Wissenschaft ist insbesondere die Klärung dessen von entscheidender Bedeutung, was politische Dinge von Dingen unterscheidet, die nicht politisch sind. Diese Frage aber kann grundsätzlich nicht in dieser Weise »wissenschaftlich« abgehandelt werden. Philosophie tritt demnach nicht unmittelbar mit einem Wissensanspruch auf. Das mag auf den ersten Blick überraschen. Was leistet eine »Disziplin«, die zu keinem Wissen gelangt? Was nützt eine geistige Verhaltensweise, die ein Wissen – und zwar das bedeutsamste Wissen vom »Ganzen« – in dem Bewusstsein anstrebt, es nicht erreichen zu können? Sokrates hat diesem Wissenstyp als Erster in seiner Behauptung Ausdruck verliehen, sein einziges Wissen bestehe in der Erkenntnis seiner Unwissenheit. Die sokratische Einsicht bedeutet eine strukturelle Einsicht in das Wesen der Philosophie. Die Suche nach einem prinzipiell nicht erreichbaren Wissen hat, obwohl nicht erfüllbar, eine Konsequenz, deren Bedeutsamkeit nicht hoch genug eingeschätzt werden kann. Sollte die Philosophie auch niemals über das Stadium der Diskussion oder Disputation hinaus zur Entscheidung kommen können, allein die klare Vorstellung von einer fundamentalen Frage erfordert ein angemessenes Verständnis von der Natur ihres Gegenstandes. Ein ursprüngliches Wissen und ein gründliches Verstehen einer fundamentalen Frage sind besser als Blindheit ihr gegenüber, so sehr diese

Blindheit auch mit der Kenntnis von Antworten auf zahllose nebensächliche Fragen verbunden sein mag. Philosophie ist im Wesentlichen die Erkenntnis der Grundprobleme in ihrer Gesamtheit. Es ist bereits eine philosophische Leistung, die Grundprobleme und die mit ihnen verbundenen fundamentalen Alternativen, die Strauss als dauerhaft und dem Menschen gleichzeitig kennzeichnet, überhaupt zu entdecken. Die meisten politischen Denker der Moderne begreifen nicht einmal die Existenz jener Probleme. Wenn es Weisheit nicht gibt, wird für den Philosophen unvermeidlicherweise »die Überzeugungskraft aller denkbaren Lösungen geringer als die Evidenz der Probleme« sein. Die Rechtfertigung von Philosophie beruht darauf, weder dogmatisch noch skeptisch oder gar dezisionistisch zu sein, sondern zetetisch, suchend, was nach Strauss so viel wie »skeptisch« im ursprünglichen Sinn des Wortes heißt. Diesen Philosophiebegriff findet Strauss exemplarisch durch Alfarabi repräsentiert. »Philosophie ist so verstanden identisch mit dem wissenschaftlichen Geist ›in Aktion‹, mit *skepsis* im ursprünglichen Sinne des Wortes, das heißt mit der wirklichen Suche nach Wahrheit, welche von der Überzeugung beseelt ist, daß jene Suche allein das Leben lebenswert macht, und welche verstärkt wird durch das Mißtrauen gegenüber der natürlichen Neigung des Menschen, sich mit zufriedenstellenden, wenn auch unklaren oder unerwiesenen Überzeugungen zufriedenzugeben.« Dem Philosophen kommt es nach Alfarabi bzw. Strauss nicht auf Überzeugungen an, sondern auf den Geist, in dem sie erworben und aufrechterhalten werden und in dem man sie der Öffentlichkeit mit der gebotenen Zurückhaltung mitteilt. Die Skepsis des Philosophen gilt dabei weniger der Möglichkeit der Erkennbarkeit des Kosmos als allen dogmatischen und dezisionistischen Positionen. Der nach Wahrheit suchende Philosoph ist nicht nur der Erste, der die Natur entdeckte, er zieht auch als Erstes die Autorität der herrschenden Dogmen in Zweifel. Seine Skepsis gilt der Autorität. Die philosophische Aufklärung der fundamentalen Probleme führt möglicherweise nicht zu ihrer Lösung, vielleicht gehört es sogar zu ihrer Eigenart, nicht lösbar zu sein, doch bringt bereits die Problemerkenntnis den Menschen der Wahrheit näher. Das Wissen vom Unwissen ist nicht Unwissen. Es ist zunächst Selbsterkenntnis. Um wissen zu können, dass man nichts weiß, muss man auch wissen, was man nicht weiß. Für Sokrates war das Wissen bedeutsam, dass sich die Wahrheit oder das Ganze der Reichweite des menschlichen Verstandes entzieht. Man kann mit dieser Lage des Menschen vertraut sein, ohne ihre letzten Gründe zu kennen. Zur Lage des Menschen gehört seine Offenheit gegenüber dem Ganzen, zum Verständnis dieser Lage gehört die Suche nach der angemessenen Kosmologie.[73]

Zur Philosophie gehört ein ethisches Moment. Sie ist nicht nur ein theoretisches Verhalten, sie ist eine Lebensweise. Strauss verdeutlicht das an dem unlösbaren Konflikt zwischen Weisheit und Offenbarung. Die Tatsache der Offenbarung entzieht sich naturgemäß jeglicher Evidenz, sie hat den Rang einer unbewiesenen Möglichkeit, der gegenüber der Philosoph sein Urteil suspendieren muss. Es ist allerdings praktisch unmöglich, das Urteil gegenüber Angelegenheiten von äußerster Dringlichkeit wie der Frage der Offenbarung zu suspendieren. Die Frage von höchster Dringlichkeit ist die Frage »Wie soll ich leben?« Für Sokrates war sie dadurch beantwortet, dass er Philosoph war. Die Unwissenheit der Menschen im Hinblick auf die wichtigsten Dinge beweist, so Strauss, dass die Suche nach dem Wissen vom Wichtigsten das Wichtigste für uns ist. Die Selbsterkenntnis des Philosophen impliziert eine Antwort auf die doppelte Frage »Wie soll ich leben?« und »Warum Philosophie?« Das philosophische Leben ist das Eine, was nottut. Strauss kennzeichnet den Hinweis darauf, dass die Philosophie kein Satz von Behauptungen, keine Lehre oder gar ein System, sondern eine vom Eros getragene Lebensweise ist, als entscheidend. Die philosophische Lebensweise ist eine Folge des kognitiven Status der Philosophie. Der Philosoph ist ein in sich paradoxes Wesen, dessen Einsicht in seine Unwissenheit hinsichtlich der bedeutendsten Gegenstände ihn mit besonderer Macht dazu treibt, gerade dieses Wissen zu suchen. Würde er seine Fragen wegen der Unerreichbarkeit ihrer Beantwortung zurückstellen, würde er gleichursprünglich seinen Status als Philosoph verlieren. Die grundsätzliche Unlösbarkeit der Hauptprobleme und die Unwissenheit der Menschen im Hinblick auf die wichtigsten Fragen verlangen, das Leben der Suche nach dem höchsten Wissen zu widmen. Das philosophische Leben ist das richtige Leben. Die praktische Dimension der Philosophie als Lebensweise gleicht ihre kognitive Defizienz aus. Sie ist ewige Suche nach Wahrheit, ohne die Wahrheit in gesicherter Erkenntnis erreichen zu können. Immerhin gelangt sie zur Erkenntnis der fundamentalen Probleme im Hinblick auf das Wissen vom Ganzen und der möglichen Alternativen zu ihrer Lösung. Tatsächlich aber ist Strauss der Überzeugung, dass Philosophie im platonischen Sinne das menschliche Problem, das Problem der Glückseligkeit, nicht nur angemessen auffasst, sondern zugleich die angemessene Lösung dieses Problems selbst darstellt. Daher rührt auch Strauss' Auffassung vom platonischen Dialog als einer dichterischen Form, weil die Präsentation der Philosophie unser ganzes Sein anrühren muss. Das Wissen von der menschlichen Natur und dem Zweck des menschlichen Lebens ist ein Wissen von der menschlichen Seele. Im Bestreben, die ewige Ordnung zu begreifen, erkennt der Philosoph, dass die menschliche Seele als einziger Teil des Ganzen für dieses offen ist und er von ihr, die die ewige Ordnung reflektiert, aufsteigen muss. Die ewige Ordnung wird von den Seelen der Menschen allerdings in unterschiedlichen Graden gespiegelt. Der Philosoph ist empfänglich für die Unterschiede in den Seelen der Menschen. Er wird sich besonders jenen zuwenden, deren Seele geeignet scheint, die ewige Ordnung für sich zu gewinnen. Der Philosoph ist folglich von Natur aus Erzieher. Er liebt wohlgeratene Seelen und hat den Wunsch, potentielle Philosophen heranzubilden. Die politische Frage nach dem richtigen Verhältnis zwischen Freiheit und Herrschaft lässt sich nur durch Erziehung lösen, durch Erziehung in Philosophie und Erziehung zum philosophischen Leben. Sokrates hatte dies vollständig begriffen. Er war nicht nur der Begründer der politischen Philosophie, sondern auch der Erzieher par excellence.[74]

Das Gesagte deutet bereits auf verschiedene politische Elemente der Philosophie hin. Das Problem der Kosmologie gibt dem Philosophen den entscheidenden Anlass zur Selbsterkenntnis, er gewinnt eine Einsicht in die Grenzen seiner Vernunft. Das Problem der Kosmologie führt zur Anthropologie, zur Frage nach der Natur des Menschen, nach seinen Möglichkeiten und Fähigkeiten, seinen Grenzen und seinem Platz zwischen rein körperlichen und rein geistigen Wesen. Aus der Selbsterkenntnis des Philosophen folgt das Selbstverständnis der Philosophie als einer Zetetik, die zur Erkenntnis der Grundprobleme führt. Die Grundprobleme aber sind die »Ideen« wie die Idee der Gerechtigkeit. Sie ergeben sich aus den fundamentalen Fragen, wie es die Fragen nach dem Richtigen und der besten Lebensweise sind. Die Selbsterkenntnis des Philosophen und der Philosophie verweist den Menschen nicht nur theoretisch, sondern auch praktisch auf sich selbst. Folglich ist die Sphäre des Politischen, der menschlichen Dinge und des menschlichen Lebens, der Ausgangspunkt jeglicher Philosophie. Der Begriff der Philosophie selbst hebt die politische Philosophie als einen besonderen Teil des Ganzen heraus. Der Erkenntnisanspruch der politischen Philosophie geht jedoch weiter als derjenige der Philosophie im Allgemeinen. Der Nachweis der Möglichkeit von Philosophie besteht in dem Nachweis, dass der Mensch die Grundprobleme und die grundlegenden Alternativen, die immer die gleichen bleiben, erkennen kann. Der Nachweis der Möglichkeit von politischer Philosophie besteht dementsprechend darin, dass der Mensch die grundlegende politische Alternative durchschauen kann. »Doch ist die politische Philosophie ohne praktischen Wert, wenn sie auf das Verständnis der grundlegenden politischen Alternative beschränkt ist. Sie wäre dann nicht imstande, die Frage nach dem letzten Ziel weisen Handelns zu beantworten. Sie müßte die kritische Entscheidung der blinden Wahl anvertrauen.« Insbesondere ist die abschließende Lösung des Problems der politischen Philosophie die Voraussetzung für das Naturrecht. Das verlangt, dass die Prinzipien der Gerechtigkeit in einer ursprünglichen und universal gültigen Weise erkannt werden können, oder allgemein gesprochen :»[...] es kann kein Naturrecht geben, wenn das menschliche Denken nicht fähig ist, ein echtes, universal geltendes, letztes Wissen innerhalb einer begrenzten Sphäre oder ein Wissen von spezifischen Gegenständen zu erwerben.« Dieses Wissen besteht in der sokratischen Antwort auf die Frage nach der richtigen Lebensweise. Das wiederum hat unmittelbar politische Konsequenzen, die zu einem tieferen Verständnis des Wesens der politischen Philosophie führen. Denn Philosophie bedeutet Freiheit außerhalb der Polis, Freiheit von Autorität. Wie aber ist eine Lebensweise innerhalb eines Herrschaftsraumes möglich, die den Autoritätsanspruch nicht auf sich selbst beziehen kann? Die politische Frage, wie man Freiheit mit Herrschaft im Hinblick auf menschliche Vortrefflichkeit und Glückseligkeit verbinden kann, zeigt sich in letzter Konsequenz als die Frage nach dem Verhältnis von Philosophie und Politik.[75]

Man kann fünf Dimensionen politischer Philosophie bei Leo Strauss ausweisen. Politische Philosophie ist erstens durch ihren Gegenstandsbereich definiert. Ihr Thema ist das richtige Verhältnis von Freiheit und Herrschaft oder die Beziehung zwischen *The City and Man*, wie Leo Strauss eines seiner Bücher genannt hat, das dadurch als das unmittelbar thematische Buch seiner politischen Philosophie ausgewiesen ist. Die Klärung dieses Verhältnisses bedarf natürlich der Klärung vieler zugehöriger Gegenstände wie Gerechtigkeit und Recht, Pflicht und Gesetz, der natürlichen Beziehungen der Menschen zueinander, der Freiheit des Menschen und ihrer natürlichen Beschränkung. Diese Fragen lassen sich allerdings nur beantworten durch die Beantwortung anderer Fragen wie der nach der Natur des Menschen überhaupt, nach seinen Zwecken, Vermögen und Bedürfnissen. Um aber die Eigenart der menschlichen Natur erforschen zu können, muss man auch die Natur des Nichtmenschlichen, der Tiere und Götter ins Auge fassen. Der Gegenstandsbereich der politischen Philosophie zwingt den Philosophen zum Aufstieg über die Sphäre des Politischen hinaus. Die Erkenntnis des Teils setzt eine Erkenntnis vom Ganzen voraus.[76]

Die politische Philosophie hat zweitens eine heuristische Funktion für die Philosophie insgesamt, weil die Erkenntnis der menschlichen Dinge den privilegierten Zugang zur Erkenntnis des Ganzen ermöglicht. Das bestimmende Merkmal des Ganzen ist nach Strauss seine noetische Heterogenität. Es besteht aus Klassen oder Arten, deren Charakter durch Sinneswahrnehmung nicht völlig klar werden kann. Der Aufstieg zur Erkenntnis der höheren Klassen muss bei dem Offensichtlichsten und Dringendsten beginnen. Dies sind eben die menschlichen und politischen Dinge. Im Mikrokosmos Mensch findet sich das Verbindungsglied zwischen dem Niedrigeren und dem Höheren. Die menschlichen Dinge sind »von entscheidender Bedeutung für das Verstehen der Natur als eines Ganzen«. Dies ist für die Sokrates-Interpretation durch Strauss wesentlich. Die Wendung der Philosophie zum Politischen ist nur dann philosophisch relevant, wenn sich zeigt, dass das Verständnis der menschlichen, der politischen Dinge von entscheidender Wichtigkeit für das Verständnis der Natur als Ganzes ist. Die politische Wendung der sokratischen Philosophie findet ihren Niederschlag in der Einführung teleologischer Prinzipien in die Ontologie. In Analogie zum Selbstverständnis des menschlichen Handelns als zweckgebundener Aktivität wird das Gute, oder die Idee des Guten, zum universalen ontologischen Prinzip. Sokrates als den Begründer der politischen

Philosophie zu kennzeichnen kann nicht bedeuten, dass er sich von der theoretischen Kosmologie ab- und einem praktischen Gegenstandsbereich zugewandt habe. Theoretisches und praktisches Wissen sind nicht voneinander zu trennen. Die Begründung der politischen Philosophie durch Sokrates markiert einen neuen Ansatz, das Ganze mit philosophischen Mitteln zu erkennen. Xenophons *Oeconomicus* zeigt in einer komischen Antwort auf den Angriff des Komödiendichters Aristophanes gegen Sokrates, wie sich Sokrates vom Lehrer der Naturdinge und der Rhetorik, als der er bei Aristophanes erscheint, zum Schüler eines »perfect gentleman« wandelt, der ihm, ohne dass er es weiß, »die Anfangsgründe der richtigen Art des Philosophierens« beibringt. Hier liegt die philosophische Bedeutung der politischen Dimension der Philosophie begründet, die keinesfalls hinter der politischen Relevanz der Philosophie und ihrer durch das Politische bedingten Erscheinungsform in ihrem gesellschaftlichen Umfeld zurückstehen darf.[77]

Philosophie ist drittens deshalb politisch, weil sie den Ernst des menschlichen Problems erkennt. Aristophanes hat an Sokrates kritisiert, dieser sei als Philosoph unerotisch, amusisch, unpoetisch und unpolitisch, also in jeder Hinsicht eine nicht-öffentliche Person. Philosophie habe keinerlei öffentliche Relevanz oder Macht, weil sie in ihrem Bemühen, die Natur des Ganzen zu erforschen, Verachtung für die Menschen zeige und sich mit den gesellschaftlichen Belangen nicht befasse. Diese Polemik sollte natürlich den Exklusivitätsanspruch der Dichtung auf gesellschaftlichen Einfluss untermauern. Platon hat die Kritik aufgenommen und den athenischen Fremdling in den *Gesetzen* eingestehen lassen, dass die Menschheit zwar nur in ihrem geringeren Teil der Wahrheit einsichtig werden und folglich aus der Perspektive des Philosophen verächtlich erscheinen könne, dass gleichwohl die menschlichen Dinge eines »gewissen Ernstes wert« seien. Die hier angedeutete Öffnung der Philosophie für die menschlichen und politischen Dinge, die bei Sokrates gegen den Anspruch der Dichtung erstmals wirksam wird, markiert die Geburt der politischen Philosophie. Die zweifache Notwendigkeit des Aufstiegs führt rückwirkend zu einer Notwendigkeit des Abstiegs, wobei auch hier theoretische und praktische Motive nicht voneinander zu trennen sind.[78]

Die Philosophie ist viertens selbst ein politischer Faktor. Im Grunde ist bereits ihre bloße Idee etwas Politisches, weil die Philosophie mit der Entdeckung der Natur sofort in einen Gegensatz zur Autorität des Gesetzes gerät. Jeder Philosoph ist als Philosoph ein »Revolutionär«. Er muss die Identifizierung der gesellschaftlichen Ziele, der gesellschaftlich akzeptierten Vorstellungen vom Guten, mit dem Angestammten ablehnen. Das Gesetz bedarf der Legitimation, die, wenn sie keine Legitimation aus der Vernunft, also keine philosophische Legitimation ist, meist in der Ehrwürdigkeit ihres Ursprungs in der Zeit der Väter, vielleicht sogar der vorhistorischen Urväter, der Götter, gesucht wird. Die Zwangsgemeinschaft der bürgerlichen Gesellschaft verbindet sich mit der Religion in der Institution des göttlichen Gesetzes, das absoluten Gehorsam beansprucht. Der Philosoph steht außerhalb der Koalition von Politik und Religion, deren Voraussetzungen und Überzeugungen er prüft. Die politische Philosophie kann, wider die Neutralisierungsbestrebungen der Moderne, ihrem Wesen nach nicht neutral sein und ist deshalb selbst ein politischer Faktor. Das ist der entscheidende Punkt, an dem die Bedeutung des politischen Problems für die Philosophie insgesamt sichtbar wird. Es ist »das politische Problem, in dem sich doch nichts Geringeres als die Grundlegung der Philosophie, die philosophische Aufklärung der Voraussetzung des Philosophierens verbirgt«. Das philosophische Leben ist durch seinen unbedingten moralischen Wert, die Vervollkommnung der menschlichen Natur, gerechtfertigt. Es ist ein Leben, das sich in den Dienst der vernünftigen Erkenntnis stellt und keine andere Autorität als die Erkenntnis anerkennen kann. Politik und Religion, das Gesetz und Gott, können ihrerseits keine anderen Autoritäten neben sich dulden. In diesem Dilemma ist es die Aufgabe der politischen Philosophie, die Voraussetzungen und Grundlagen des philosophischen Lebens aufzuklären und es zu verteidigen. Deshalb ist die Erste Philosophie notwendigerweise politische Philosophie. Sie, und nicht etwa die Erkenntnistheorie oder die Metaphysik, legt das Fundament, auf dem das Gebäude der Vernunft errichtet werden kann. Der Philosoph stellt sich der Autorität entgegen, weil das Gemeingut als politischer Zweck einen umfassenden Charakter hat. Das Politische, dies zeigten die *Anmerkungen zu Carl Schmitt*, darf nicht als eine Kulturprovinz neben anderen, als ein Feld unter vielen verstanden werden, wenn man das Ganze der menschlichen Situation nicht aus den Augen verlieren will. Durch das Zusammenleben mit anderen wird der Mensch mit einem ausdrücklichen oder impliziten Anspruch auf Gehorsam und Loyalität konfrontiert. Politische Dinge erheben einen entsprechend ernst zu nehmenden Anspruch auf Urteil und Entscheidung, auf eine Beurteilung im Lichte moralischer Kriterien. Sie bleiben unverständlich, »wenn man sie nicht an irgendeinem Standard von Gutheit oder Gerechtigkeit mißt«. Für ein in dieser Hinsicht gültiges Urteil ist es erforderlich, über ein Wissen von den wahren Standards zu verfügen. Es ist eine philosophische Aufgabe, ein wahrhaftes Wissen von der Natur der politischen Dinge und der richtigen politischen Ordnung als dem maßgeblichen Standard anzustreben. Der politische Streit über die fundamentale Frage nach dem richtigen Leben macht den Verzicht auf Neutralität notwendig. Die Frage »Wie soll ich leben?« führt von sich aus zu der Frage »Warum Philosophie?«. Die Antwort auf diese Frage, also die Begründung der Philosophie, hat einen konkreten politischen Sinn.[79]

Im Ergebnis dieser Überlegungen gewichtet Strauss fünftens die politische Philosophie zugunsten des Politischen neu und kommt zu einer anderen Definition, der er eine »tiefere Bedeutung« zubilligt. Dabei übernimmt nun das Politische die Funktion, die Art der Behandlung der Philosophie zu bestimmen. Der Philosoph muss sich fragen, warum es für das menschliche Leben notwendig ist, Meinungen über die Natur des Ganzen durch echtes Wissen vom Ganzen zu ersetzen. Weil der Mensch ein soziales Wesen ist, muss er diese Frage auch für den größeren Zusammenhang der politischen Gemeinschaft stellen. Warum braucht das politische Leben Philosophie? Durch diese Frage verliert die Philosophie ihre politische »Unschuld« und wird politisch verantwortlich. Das hat zur Folge, dass sie ihre Rechtfertigung in Argumente kleiden muss, die sich nicht an Philosophen, sondern an Bürger richten. Die Philosophie muss sich *ad hominem* oder »dialektisch« rechtfertigen. Aus diesem Zusammenhang ergibt sich die spezifische Bedeutung der Wortverbindung »politische Philosophie«:

»Unter diesem Gesichtspunkt bezeichnet das Adjektiv ›politisch‹ in dem Ausdruck ›politische Philosophie‹ weniger einen Gegenstand als eine Art der Behandlung; unter diesem Gesichtspunkt, sage ich, bedeutet ›politische Philosophie‹ primär nicht die philosophische Behandlung von Politik, sondern die politische, oder populäre, Behandlung der Philosophie, oder die politische Einleitung in die Philosophie – den Versuch, die geeigneten Bürger, oder eher ihre geeigneten Söhne, vom politischen Leben zum philosophischen Leben zu führen. Diese tiefere Bedeutung von ›politischer Philosophie‹ stimmt gut mit ihrer gewöhnlichen Bedeutung überein, weil in beiden Fällen ›politische Philosophie‹ im Lob des philosophischen Lebens gipfelt. Auf jeden Fall muß der Philosoph die politischen Dinge genau so verstehen, wie sie im politischen Leben verstanden werden, weil er letztlich beabsichtigt, Philosophie vor dem Tribunal der politischen Gemeinschaft und daher auf der Ebene der politischen Diskussion zu rechtfertigen.«

Demnach akzentuiert Strauss in der politischen Philosophie letztlich weniger die philosophische Behandlung politischer Fragestellungen als die politische Funktion und Handhabung der

Philosophie. Diese Überlegung führt in das Zentrum seiner eigenen politischen Philosophie. Naturrecht, sokratische Rhetorik und politische Philosophie bewegen sich in demselben Spannungsfeld zwischen der unbedingten Suche nach Wahrheit und den Erfordernissen der politischen Gesellschaft, weil nicht alle Wahrheiten immer ungefährlich sind.[80]

# 4. Die Notwendigkeit der politischen Philosophie

Die Selbstbegründung der Philosophie verlangte nach einer Auseinandersetzung mit den Bewegungen des Historismus und des Positivismus. Im Ergebnis gelangt sie, um das Platonische Bild noch einmal zu bemühen, in der Höhlenwelt der Meinungen zu ihrem natürlichen Ausgangspunkt. Strauss erreicht dieses Ziel durch die Zersetzung der Geschichte, besser: der herrschenden geschichtlichen Meinungen über die Geschichte, durch die Freilegung des Bruches, den die Moderne ihrem Selbstverständnis nach gegenüber dem klassischen Standpunkt vollzogen hat. Die philosophische, nicht historisch zu verstehende Wiedergewinnung der klassischen Position konfrontiert die Philosophie mit der natürlichen Schwierigkeit, den Aufstieg aus der von Meinungen beherrschten menschlichen Welt zur Erkenntnis zu vollziehen. Strauss sieht sich jedoch einer zweiten Schwierigkeit gegenüber, der die Platonische Position in dieser Form nicht ausgesetzt war, der geschichtlichen Schwierigkeit der Offenbarung: »[...] die Tatsache, daß eine auf Offenbarung beruhende Tradition in die Welt der Philosophie eingebrochen ist, hat die *natürlichen* Schwierigkeiten des Philosophierens, die mit dem ›Höhlen‹-Dasein des Menschen gegeben sind, um die *geschichtliche* Schwierigkeit vermehrt.« Das sich durch die Tatsache der Offenbarung eröffnende Problem ist die mit unbedingtem Anspruch auf Autorität vorgetragene Verwerfung der Notwendigkeit der Philosophie durch die biblischen Schriften. Das erste biblische Gebot stellt den Menschen vor die Unterscheidung von Gehorsam und Ungehorsam. Die Philosophie steht ihrer Idee nach jedem Autoritätsanspruch entgegen, deshalb kann das philosophische Leben vom Standpunkt der Religion als ein Leben außerhalb des Gehorsams nicht geduldet werden.[81]

## Weisheit und Offenbarung

Der unüberwindliche Antagonismus zwischen menschlicher Weisheit und göttlicher Offenbarung wird von der Bibel selbst in der Eröffnung der *Genesis* gesetzt. Das erste Kapitel, so Strauss, beinhaltet aus der Perspektive des westlichen Denkens im allgemeinen eine Abwertung des primären Themas der Kosmologie, der Untersuchung des »Himmels«, während das zweite Kapitel ausdrücklich die Erkenntnis des Guten und des Bösen herabwürdigt. Bei der Verwerfung der Erkenntnis von Gutem und Bösem handelt es sich um die Herabsetzung philosophischen Wissens, das auf der Natur der Dinge beruht. Die Bibel stellt nach dieser Auffassung in ihrer Eröffnung das Hauptthema der Philosophie, die Kosmologie, und ihre Absicht, ein auf dem Verstehen der Natur der Dinge beruhendes Wissen, infrage. Demnach ist Philosophie die »Versuchung« und die Bibel die durch eine unüberbrückbare Kluft von ihr getrennte Alternative zur »Versuchung«. Die Polarität von Weisheit und Offenbarung gibt die Spannung zwischen Freiheit und Gehorsam wieder, die eine fundamental politische Spannung ist. Sie begegnet der Philosophie der Sache nach in verwandter Weise im Rahmen nicht-offenbarter Religion im Zusammenhang der klassischen politischen Philosophie. Die griechische Stadt verstand sich selbst, das ist Thukydides abzulesen, als eine heilige Stadt, deren Gesetze durch die mit religiöser Autorität ausgestattete Kraft des Angestammten Gehorsam beanspruchten. Die Philosophie entstammt der »heiligen Stadt«, strebt aber von sich aus zur »natürlichen Stadt«, deren Ordnung durch die Erkenntnis der freien menschlichen Vernunft von der Ordnung des Ganzen verbürgt ist. Die ursprüngliche philosophische Frage, ob im politischen oder nicht-politischen Bereich, ist deshalb die Frage, »quid sit deus«. Sie zerfällt in viele Einzelaspekte. Mit ihr verbinden sich die Alternativen zwischen der Kreatürlichkeit und der Ewigkeit der Welt, zwischen individueller und artbezogener Vorsehung, zwischen der Unsterblichkeit der Seele oder der nur des Intellekts, zwischen der Möglichkeit und der Wirklichkeit von Wundern. Politisch zerfällt sie in die Unterscheidung zwischen Prophetie und Philosophie oder zwischen der offenbarten und der utopischen idealen Ordnung des menschlichen Zusammenlebens. Auch die anthropologische Grundunterscheidung zwischen der anfänglichen Vollkommenheit oder Unvollkommenheit des Menschen, mithin die Frage, ob der Mensch gut oder böse sei, gehört zur Frage nach der Natur Gottes und markiert die Scheidelinie zwischen Theologie und Philosophie. Eine Wurzel des Antagonismus ist die Vorstellung von der göttlichen Allmacht, die mit jeglicher griechischen Philosophie unvereinbar ist. In allem griechischen Denken findet sich eine nicht-personale Notwendigkeit oberhalb jedes personalen Wesens, während die Bibel die erste Ursache in einer Person erkennt. Deshalb hat der biblische Gott ein unbedingtes Interesse am Menschen, was der griechischen Philosophie höchst zweifelhaft erschien. Eine Konsequenz des Antagonismus zeigt sich in der Aristotelischen Ethik, die nicht ein, sondern zwei Zentren hat. Neben der Gerechtigkeit hat als Tugend auch die Großherzigkeit einen Platz, die alle Tugenden umfasst, die den Mann erhöhen. Das hängt eng zusammen mit dem, was Strauss den »gentleman« nennt, den die Bibel zwar ebenfalls kennt, aber radikal missbilligt. Sie missbilligt ihn schon deshalb, weil er über eine gewisse materielle Grundlage verfügen muss. Zu den inhaltlichen Gegensätzen gehört auch das Element der Furcht und des Mitleids, das der griechischen Moralität fehlt. Es ist Gegenstand der Tragödie, die den Menschen davon läutern soll. Man hat der griechischen Ethik deshalb mangelnde Tiefe des Herzens vorgeworfen. Während sie mit der Bibel hinsichtlich der Bedeutung von Moralität und ihrer Unzulänglichkeit übereinstimmt, weicht die griechische Philosophie im Hinblick darauf von ihr ab, worin die Vervollständigung der Moralität zu suchen ist. Dies ist das Verstehen oder die Kontemplation. Das bedeutet freilich zugleich eine Schwächung der Majestät der moralischen Anforderungen, während die Bibel diese Majestät stärkt. Daraus ergibt sich weiterhin ein fundamentaler Unterschied im Verhältnis zum Politischen. Obwohl die Kontemplation eine transsoziale oder auch asoziale Tätigkeit ist, setzt sie die Stadt als Subsistenz voraus und heißt sie gut. Im biblischen Zusammenhang dagegen war der erste Stadtgründer ein Mörder. Die griechische Philosophie operiert schließlich nicht mit der Rückendeckung göttlicher Verheißungen. Die Erde wird von Übeln nicht befreit. Der Philosoph lebt außerhalb von Furcht und Hoffnung, was ihm eine gewisse Heiterkeit verleiht.[82]

Um den Antagonismus zu verstehen, muss man den gemeinsamen Boden aufsuchen, den die griechische Philosophie mit der Bibel teilt. Wie gelangt man dorthin? Das unterscheidende Merkmal der griechischen Philosophie ist ihre Annahme einer »Natur«, wofür das Alte Testament keinen äquivalenten Ausdruck kennt. Der gemeinsame Boden von Weisheit und Offenbarung liegt demnach jenseits der Auszeichnung der »Natur« als eines unterscheidenden Begriffs. Wovon unterscheidet die Philosophie »Natur«? Welches ist das vorphilosophische Äquivalent dessen, wofür die Philosophie den Begriff der Natur eingeführt hat? Strauss rückt in diesem Zusammenhang den Begriff des »göttlichen Gesetzes« in den Mittelpunkt der Untersuchung. Er vollzieht anhand antiker Quellen die Genese der Vorstellung vom göttlichen Gesetz aus ursprünglicheren Vorstellungen wie derjenigen des »Angestammten« nach, wobei es ihm darauf ankommt, die Unausweichlichkeit und Notwendigkeit der Entwicklung von der moralischen Unterscheidung zwischen Richtig und Falsch bis hin zur Ausprägung der religiösen Kategorie des göttlichen Gesetzes offenzulegen. Den Ursprung des vorphilosophischen Äquivalents für »Natur« lokalisiert Strauss in jenen Vorstellungen, die man »Gewohnheit« oder »Eigenart« nennt und die das charakteristische Verhalten irgendwelcher Dinge oder Klassen von Dingen bezeichnen. Bevor man die Natur entdeckte, orientierte man sich an gewohnten, typischen Verhaltensweisen. So wie es für einen Hund typisch ist, zu bellen und mit dem Schwanz zu wedeln, so ist es für einen Menschen normal, die Götter zu verehren. Was ein Wesen ist, zeigt sich in dem, was es normalerweise tut. Die Identität und Lebensordnung von Einzelnen und Gruppen orientierten sich ebenfalls an Sitte und Brauch, daran, wie man gewohnt war, sich zu verhalten. Dabei unterschied man ursprünglich noch nicht zwischen solchen Gewohnheiten, Eigenarten und Lebensweisen, die immer und überall dieselben sind, und solchen, die von Stamm zu Stamm variieren. Unter den Lebensweisen der verschiedenen Stämme ragt allerdings eine heraus, die des eigenen Stammes. Sie gilt als die Lebensweise von höchstem Rang. Sie ist die richtige unter allen Lebensweisen, was ihr Alter, ihre Verwurzelung im Unvordenklichen, verbürgt. Die legitimierende Würde des Alters und die Hervorhebung einer bestimmten Lebensordnung als der eigenen verbinden sich in der Vorstellung vom »Angestammten«. Im vorphilosophischen Leben wird das Gute mit dem Angestammten identifiziert. Der gemeinsame Grund von griechischer Philosophie und biblischer Religion ist die unreflektierte Vorstellung vom Guten in dieser Welt, die sich zu einer Vorstellung vom göttlichen Gesetz fortentwickelt. Vom angestammten Guten aus führt der richtige Weg notwendigerweise zu Gedanken über die Ahnen und die ersten Dinge schlechthin. Die Anschauungen vom Angestammten und der Überlegenheit der Ahnen werden mit mythischen und religiösen Vorstellungen verknüpft, wodurch die Ursprünge der eigenen, als richtig anerkannten Lebensweise eine göttliche Würde erhalten. Die Ordnung der richtigen Lebensweise verdichtet sich zum göttlichen Gesetz, das nicht bloß Handlungen, sondern genauso Meinungen über die göttlichen Dinge vorschreibt. Ebenso notwendig, wie sich die religiöse Autorität herausbildet, wird das göttliche Gesetz zum Problem. Es gibt so viele göttliche Gesetze wie Gruppen mit einer eigenen Lebensordnung. Sie widersprechen sich gegenseitig und schließen sich wechselseitig aus, weil jedes göttliche Gesetz universale Behauptungen über die richtige Lebensweise und ihre Grundlagen enthält. Der universale Autoritätsanspruch des göttlichen Gesetzes und seine Zurückweisung durch andere göttliche Gesetze führen unausweichlich zu dem Versuch, die Frage nach der richtigen Lebensweise unabhängig vom Angestammten mit den Mitteln der auf sich allein gestellten menschlichen Vernunft zu entscheiden.[83]

Trotz aller Gegensätze haben Religion und Philosophie dies gemeinsam, dass sie beide abschließende Rechenschaft über das Ganze abzulegen versuchen und dass beide eine solche Rechenschaft als unverzichtbar für die menschliche Lebensführung betrachten. Gemeinsam ist ihnen weiterhin, dass sie das »göttliche Gesetz« als Lebensordnung der Gesellschaft vorfinden. Die Schwierigkeit des göttlichen Gesetzes, die in der Pluralität religiös verbürgter Lebensordnungen besteht, versuchen beide jedoch in unterschiedlicher Weise zu überwinden. Die Religion glaubt an die Richtigkeit und Übergeordnetheit der eigenen Lebensordnung und stellt sie als verbindlich vor. Sie leitet vom Gesetz ihre Autorität ab »als das Recht menschlicher Wesen auf Gehorsam«. Der autoritative Anspruch auf Gehorsam leugnet die Möglichkeit, dass eine andere Lebensordnung als die eigene die richtige sein könnte. Religion bestreitet die Notwendigkeit von Philosophie und spricht ihr das Recht ab, nach einer natürlichen Lebensordnung zu suchen, welche die ursprüngliche Pluralität transzendiert. Philosophie setzt deshalb voraus, ihrerseits jede Autorität infrage zu stellen. Sie kann nicht unbefragt von einer Übereinstimmung zwischen dem Angestammten und dem Guten ausgehen, sie muss das eine vom anderen unterscheiden. Ihren wesentlichen Ansatz wählt sie beim göttlichen Gesetz und gelangt zu einem Begriff vom natürlichen Gesetz oder der natürlichen Moralität. Die Bibel dagegen wahrt den religiösen Rahmen und erklärt *das* göttliche Gesetz gegenüber der konkurrierenden Vielzahl anderer zum einzig wahren. Dazu ist es notwendig, die hergebrachte Kosmologie zu verändern und den Gott als personalen Gott zu konzipieren, als den ersten Grund, als allmächtig, nicht bezwingbar, unerkennbar und frei. Das notwendige Vertrauen der Menschen in einen solchen Gott begründet der Bund, der jedoch nicht von gleichwertigen Parteien geschlossen, sondern dem Menschen von Gott aufgezwungen wurde. Philosophie setzt den Zweifel an Autorität voraus. Die Idee der Philosophie ist eine kritische Idee, die sich seit der Antike auch in Religionskritik geäußert hat.[84]

Die klassische Religionskritik ist bei Epikur formuliert. Sie gilt den politischen Göttern, die von einer Stadt per Gesetz im Kult institutionalisiert werden, um ihre Lebensweise, das Regime und die angestammten Bräuche mit heiliger Autorität zu versehen. Insofern besteht ein Unterschied zur späteren Religionskritik vor allem des 17. Jahrhunderts, die durch Einflüsse von Averroes und Machiavelli geprägt wurde. Der Epikurismus unterscheidet sich von diesen beiden Strömungen weiterhin dadurch, dass sie im Namen des theoretischen Lebens und der »virtù« auftraten, während sein Motiv, die Ataraxie oder »Ruhe und Schreckenlosigkeit des Lebens«, »sich ursprünglich durch den Gegensatz zur Religion« bestimmt. Die Religionskritik war, wie Strauss ausführt, das unmittelbare Wollen und

Ziel der Philosophie Epikurs, um die Selbstbefreiung des Geistes von Furcht und Unruhe zu erreichen. »Epikur ist wahrlich der Klassiker der Religionskritik: seine ganze Philosophie setzt wie keine andere die Furcht vor übermenschlichen Mächten und vor dem Tod als die das Glück, die Ruhe des Menschen bedrohende Gefahr voraus; ja, diese Philosophie ist kaum etwas anderes als das klassische Mittel, die Furcht vor dem Numen und dem Tod zu beschwichtigen, indem sie sie als ›gegenstandslos‹ erweist.« Klassizität verdient er wegen der Universalität des Grundes, der ihn bestimmt, in dem »ein allgemein-menschliches, das allgemeinste, in allen Wandlungen des menschlichen Bewußtseins sich kaum verändernde Motiv für die Auflehnung gegen die Religion zum Wort« kommt. Strauss geht von der Möglichkeit aus, dass die wissenschaftliche Religionskritik nur aus »einem ursprünglichen Interesse des Herzens«, aus einem ursprünglichen Motiv als ihrem Grund verstanden werden könne. Das leitende Interesse ist, laut Strauss' Epikur-Lektüre, die Beseitigung der Furcht vor wirkenden Göttern und vor dem Tod, vor allem wenn dieser unter der Annahme der unsterblichen Seele ewige Strafen und Übel erwarten lässt. Die allgemeine Voraussetzung dieser Position ist eine hedonistische Haltung, die Gleichsetzung des Guten mit dem Angenehmen, in deren Folge die Lust zum alleinigen Maßstab hinsichtlich der Frage nach dem richtigen Leben avanciert. Das Bestreben gilt in erster Linie der Absicherung der Lust vor Störungen durch vergangene oder zukünftige Schmerzen. Wenn Strauss von »Epikureertum« spricht, dann meint er damit diese spezifische Form des Hedonismus, die nicht auf Lust schlechthin, sondern auf Sicherung der Lust bedacht ist. Er möchte darunter auch keine historisch exakt zu fixierende Lehre verstanden wissen, sondern eine allgemein-menschliche Neigung, die bei Epikur ihren klassischen philosophischen Ausdruck gefunden hat. Die Sicherung der Lust verlangt, wie angedeutet, ihren Schutz vor zukünftigen Bedrohungen. Die Erwartung ewiger, unbegrenzter Übel durch strafende Götter macht naturgemäß alle Lust zunichte. Wer wird heute noch leichten Herzens eine Lust genießen können, wenn er schon morgen in ein neues »Leben« übertritt und auf ewig die Rache der Götter zu spüren bekommt? Allein die Furcht vor dem vielleicht Kommenden, komme es oder nicht, macht jede Lust unmöglich. Man kann diesem Dilemma, so scheint es, nur durch die Beseitigung der Götter- und der Todesfurcht mittels der Wissenschaft entgehen. Der Geist kann sich von seiner Furcht selbst befreien, wenn er auf überzeugende Weise die Furchtbarkeit des vermeintlich Furchtbaren leugnet. Das ist Sinn und Zweck der Wissenschaft: »wenn uns nicht die Verdächte bezüglich der Dinge am Himmel und bezüglich des Todes beunruhigten, so bedürften wir keiner Physik«. Epikur selbst deutet an, dass die wissenschaftliche oder philosophische Zwecksetzung der Religionskritik nicht notwendigerweise das einzige Mittel ist, die Furcht vor den Göttern zu beseitigen. Sie ließe sich auch dann beruhigen, wenn man an gute Götter glaubt, die sich durch Opfer und Ehrerbietung besänftigen lassen, auf die man also einen gewissen Einfluss hat, weil sie nicht von vornherein auf unbedingte Strafgerechtigkeit festgelegt sind. Dieses Moment zeigt, so betont Strauss, daß Epikur nicht von einer ursprünglichen Feindschaft gegen die Religion geleitet war, sondern sich nur gegen eine Position wandte, welche die Furcht vor den Göttern als unausweichlich betrachtet. Wenn sich die Religionskritik in erster Linie auf das Element der Furcht bezieht und nicht auf den Götterglauben als solchen, dann wird neben der Religionskritik die Religionsanalyse bedeutsam, die von der ersten klar zu trennen ist und der Religion sogar eine in gewisser Hinsicht positive Funktion zuordnen kann. Die Religionsanalyse fragt nach den Bedingungen der Furcht. Epikur sieht sie in der Unkenntnis der Ursachen für das, was geschieht. Die Verantwortung für furchteinflößende Naturereignisse, deren Ursachen man nicht kennt, allgemein für alles Unerwartete und Auffällige schieben die Menschen den Göttern zu. »Dann ist also nur der

Wahn-Glaube an furchtbare Götter ein Erzeugnis der menschlichen Furcht, nicht der legitime Glaube an Götter überhaupt. Das Moment der Furchtbarkeit hat keinen Grund in diesem legitimen Glauben; es ist ausschließlich von der Furcht erzeugt.« Darin liegt eine Begründung der Philosophie, die dem Götterglauben nicht prinzipiell widerspricht. Wissenschaft erlöst von der Furcht, weil sie zur Kenntnis der wirklichen Ursachen führt. Sie ist insofern religionskritisch, als sie die Religion von der Furchtbarkeit der Götter, die der gegebenen und teilweise berechtigten menschlichen Furcht vor der Wirklichkeit entstammen, befreit.[85]

Die Exposition der klassischen Religionskritik bei Epikur ist für das Problem der politischen Philosophie und für die Entwicklung der modernen Wissenschaft von mehrfacher Bedeutung. Zum einen behauptet sie die Position der Philosophie gegenüber dem unbefragten Anspruch der Religion und findet unter anderem darin einen gemeinsamen Boden mit der platonischen Philosophie, so sehr diese beiden ansonsten inhaltlich auch auseinandergehen mögen. Zweitens ist die Erkenntnis bedeutsam, dass die Epikureer radikal unpolitisch sind. Ihr philosophischer Konventionalismus, dessen »einziges für uns erreichbares authentisches und umfassendes Dokument« die Dichtung *Von der Natur der Dinge* des Epikureers Lukrez ist, dem Strauss eine eindringliche Interpretation gewidmet hat, richtet sich gegen die naturrechtliche Konzeption der Gerechtigkeit sokratisch-platonischer Provenienz, aber ihr Individualismus und ihr Hedonismus vergessen zu keinem Zeitpunkt, »daß das gesellschaftliche Leben des Glaubens an Gott oder an Götter sowie deren Verehrung bedurfte«. Die Epikureer bestreiten die politische Natur des Menschen und befassen sich mit der bürgerlichen Gesellschaft nur als einem Mittel für ihre privaten, nicht politischen Zwecke. Ihr Individualismus ist unpolitisch, weil der Philosoph, das wahre Individuum, eine Existenz am Rande der Gesellschaft führt. Die politische Sphäre bleibt aus ihrer philosophischen Konzeption ausgeschlossen und wird insofern – wenn auch als eine andere Welt – anerkannt. In diesem Zusammenhang ist weiterhin der Bruch mit der klassischen politischen Philosophie durch die Moderne nur verständlich, wenn man ein genaues Bild davon hat, was sie verändert. Hobbes transformiert unter Zuhilfenahme der demokritisch-epikureischen, materialistischen Naturphilosophie die unpolitische klassische Religionskritik in einen politischen Atheismus und politischen Hedonismus. Damit wurde er zum Schöpfer »einer Lehre, die das menschliche Leben überall in einem von keiner anderen Lehre auch nur annähernd erreichten Ausmaß revolutionierte«. Das Epikureertum ist insofern der Klassiker der Religionskritik, als es »den Vordergrund der aufklärerischen Kritik« bis in die Gegenwart abgibt. Im Zeitalter der Aufklärung erfährt die epikureische Kritik allerdings »eine wesentliche Veränderung«. Die moderne Aufklärung greift nicht die Furchtbarkeit des Götterglaubens an, sie attackiert den Glauben selbst als eine betrügerische Illusion, der die Menschen davon abhält, die wirklichen, diesseitigen Güter zu genießen. Angesichts der kargen Realität im Diesseits unternimmt es die aufgeklärte Wissenschaft, praktisch zu werden, sich die Herrschaft über die Natur anzueignen und den Menschen aus seiner elenden Lage zu befreien. Diese frühe Stufe des Fortschrittsoptimismus ist überwunden und hat einer ganz anderen, radikalisierenden Tendenz Platz gemacht.

Die Religion wurde später nicht mehr angegriffen, weil sie furchtbar, vielmehr weil sie tröstlich ist. Das Ideal der Zivilisation, das menschliche Problem mit diesseitigen Mitteln zu lösen, hat sich als nicht tragfähig erwiesen. Dies führte dem Menschen seine verzweifelte Lage desto deutlicher vor Augen. Angesichts der Hoffnungslosigkeit könnten die Menschen zu den Tröstungen des Glaubens Zuflucht nehmen. Und dies ist der Punkt, auf den sich die neue »intellektuelle Redlichkeit« richtet. »Eine neue Form der Tapferkeit, welche sich jede Flucht vor dem Grauen des Lebens in tröstlichen

Wahn verbietet, welche die beredten Schilderungen des Elends des Menschen ohne Gott als einen Beweis mehr für die Güte ihrer Sache aufnimmt, stellt sich am Ende als der letzte und reinste Rechtsgrund für die Auflehnung gegen die Tradition der Offenbarung heraus.« »Dieser Atheismus mit gutem oder auch mit schlechtem Gewissen ist von dem gewissenlosen Atheismus, vor dem die Vergangenheit schauderte, eben durch seine Gewissenhaftigkeit, durch seine Moralität unterschieden: der ›Epikureer‹, der in den Verfolgungen des sechzehnten und siebzehnten Jahrhunderts zum ›Idealisten‹ wurde, statt sicher ›im Verborgenen leben‹ zu wollen, für Ehre und Wahrheit zu kämpfen und zu sterben lernte, wird schließlich zum ›Atheisten‹, der aus Gewissen den Gottesglauben verwirft.« Dies ist der Standpunkt, den Strauss 1935 in der Einleitung zu *Philosophie und Gesetz* vertritt, mit dem er verschiedene Mängel der *Religionskritik Spinozas* korrigieren möchte, die eine Folge der von der Akademie für die Wissenschaft des Judentums ausgeübten Zensur, aber ebenso der noch nicht hinreichend vorangetriebenen Einsicht in das Problem waren. Dieser Standpunkt wird dadurch bekräftigt, dass Strauss stillschweigend die entsprechenden Passagen aus der Einleitung von 1935 in das amerikanische Vorwort zur *Religionskritik Spinozas* von 1965 übernimmt. An diesem Punkt ist ein Kern der Problemstellung von Leo Strauss erreicht. Die Moderne hat ein moralisches Fundament und vertritt einen Atheismus aus Redlichkeit. »Die neue Redlichkeit ist etwas anderes als die alte Wahrheitsliebe.« Geht es darum, vom Atheismus zum Glauben zurückzufinden, oder darum, dem Atheismus aus Redlichkeit einen Atheismus aus Wahrheitsliebe gegenüberzustellen, in dem die Götter durchaus ihren Platz haben?[86]

Das theologisch-politische Problem des Judentums in der Weimarer Republik wird für Strauss zum Problem der politischen Philosophie. Die Suche nach einem tragfähigen Selbstverständnis des Judentums erweitert sich in der Untersuchung des mittelalterlichen

Rationalismus zu einem Rechtskonflikt. Strauss zentriert, anders als die Judaistik seit dem beginnenden 19. Jahrhundert, die jüdische Philosophie auf das Gesetz, mithin auf ein legalistisches Verständnis. Strauss hat sich im Anschluss an die Spinoza-Studien mit der religiösen »Aufklärung« des mittelalterlichen Rationalismus vor allem in der Lehre des Moses Maimonides befasst. Dabei ging es ihm um die Frage, wie die Notwendigkeit der Philosophie im Zusammenhang der Offenbarung verteidigt werden könnte, die für Juden und Muslims eher den Charakter eines Gesetzes als den des Glaubens hatte. Wie war es möglich, das Faktum der Offenbarung anzuerkennen und gleichzeitig am theoretischen Leben als der Bedingung menschlicher Glückseligkeit festzuhalten? Eine erste Interpretation schien die Ansicht zu bestätigen, dass dem Gesetz in seiner Beziehung zur Philosophie der Primat unbestritten blieb. Die menschliche Vernunft schien unvollkommen zu sein, nur die Welt, nicht aber das Ganze durchdringen zu können und deshalb ein Interesse an der Offenbarung zu haben, welche ihr das vermittelt, was sie aus eigener Kraft nicht zu leisten vermag. Im Hinblick auf die zeitgenössische Lage blieb dabei nicht nur das Problem bestehen, wie ein gläubiger Jude den Gehorsam gegenüber dem offenbarten Gesetz mit dem Gehorsam gegenüber den säkularen Gesetzen der liberalen Demokratie vereinbaren konnte und inwieweit letztere den Anspruch des Judentums zu schützen vermochte, sondern es eröffnete sich der weitergehende Konflikt zwischen der gesetzlichen Autorität der Religion und dem naturrechtlichen Ordnungsmodell der Philosophie überhaupt. Das Verhältnis zwischen Weisheit und Offenbarung gerät Strauss zu einem politischen Problem. Der Rahmen des mittelalterlichen jüdischen Rationalismus ist politischer Natur. Folglich ist das Politische die Arena, in der die Auseinandersetzung zwischen Vernunft und Offenbarung auszutragen ist. Ein Hinweis darauf ist die Bezeichnung der jüdischen Schriften als Werke des »Kalâm«. Nach Alfarabi ist »Kalâm« im Angesicht des Vorrangs des

Gesetzes eine politische Kunst. Vollkommen deutlich macht Strauss den politischen Zusammenhang bei der Untersuchung der Prophetologie des Maimonides. Der Philosoph ist dem Propheten im Hinblick auf die Ordnung des menschlichen Zusammenlebens, die im jüdischen Zusammenhang vom offenbarten Gesetz vorgegeben wird, unterlegen. Die Philosophie bleibt von der Autorität abhängig. Wäre die Philosophie in ihrer Erkenntnis auch frei, angesichts der praktischen Forderung nach der Regelung des Zusammenlebens und der Gründung der vollkommenen menschlichen Gesellschaft ist der Prophet dem Philosophen übergeordnet.

»Da nun die Stiftung der auf die eigentliche Vollkommenheit des Menschen ausgerichteten Gesellschaft der Zweck der Prophetie ist, so dürfen wir zusammenfassen: der Prophet muß Philosoph – Staatsmann – Seher (– Wundertäter) in einem sein, damit er der Stifter der auf die eigentliche Vollkommenheit des Menschen ausgerichteten Gesellschaft, der vollkommenen Gesellschaft sein kann. Wenn der Stifter der vollkommenen Gesellschaft ein Prophet sein muß, der Prophet aber mehr als Philosoph ist, so ist damit gesagt: die Stiftung der vollkommenen Gesellschaft ist dem Menschen, der nur Philosoph ist, nicht möglich. Daher ist auch der Philosoph auf ein von einem Propheten gegebenes Gesetz angewiesen; auch der Philosoph muß dem Propheten gehorchen; er müßte ihm auch dann gehorchen, wenn seine theoretische Einsicht nicht geringer wäre als die des Propheten; denn diese theoretische Einsicht würde ihn nicht zur Gesetzgebung befähigen; und der Mensch, als ein politisches Wesen, kann nur unter einem Gesetz leben.«

Im Gegensatz zu der üblichen Zuordnung des mittelalterlichen Rationalismus zum Aristotelismus hält Leo Strauss dessen politischen Kern für ganz und gar platonisch. Der mittelalterliche Rationalismus versteht die Offenbarung im Horizont der platonischen Politik. Das platonische Verständnis von Philosophie kann aber kaum mit einer Unterordnung unter die Autorität des göttlichen Gesetzes vereinbart werden. Die jüdische Philosophie musste deshalb stillschweigend den platonischen Rahmen verändern und kritisieren. Die philosophische Suche nach dem besten Regime war ja durch die Offenbarung faktisch beantwortet. Seine Verwirklichung bedurfte nur eines Propheten anstelle des Philosophen. Das heißt aber, dass das Zusammenfallen von Philosophie und politischer Macht nicht mehr als ausreichend für die Einrichtung des besten Regimes gedacht werden konnte. Platonisch waren die islamischen »Aristoteliker« und Maimonides insofern, als Platon im Gegensatz zu Aristoteles die Philosophie nicht vollkommen freigegeben, sondern an den Staat gebunden hatte. Sie musste ihre Erkenntnis in den Dienst des Ganzen stellen und sich vor dem Staat verantworten. Platoniker waren die mittelalterlichen Rationalisten, weil sie sich tatsächlich dem Gesetz verantwortlich fühlten, das ihnen gegeben und nicht fraglich war.[87]

Der Platonismus des mittelalterlichen islamischen und jüdischen Rationalismus zeigt, dass eben derselbe Gedanke an einem anderen Ort einen ganz anderen Wert haben kann. Gegenüber der Versöhnung von Weisheit und Offenbarung verfolgt Maimonides in seinem *Führer für die Verwirrten*, zu dessen englischer Übersetzung durch Shlomo Pines Leo Strauss 1963 eine ausführliche »Studienanleitung« geschrieben hat, eine andere Tendenz. Um diese andere Richtung verstehen zu können, muss man zuvor »die Philosophen« verstanden haben, auf denen Maimonides aufbaut, allen voran Alfarabi. Einem Philosophen im Kontext des mittelalterlichen Islam war es nicht möglich, heterodoxe Ansichten über die Natur des Menschen und des menschlichen Heils ohne persönliche Konsequenzen durch Verfolgung zu äußern. Die Bekundung solcher Ansichten sucht sich deshalb eine Form, die eine gewisse Deckung erlaubt. Strauss analysiert, wie Alfarabi die Form des Kommentars oder der historischen Abhandlung über antike Autoren benutzt, um geschützt Lehren mitzuteilen, die von der Orthodoxie abweichen. Der zentrale Punkt ist, das philosophische Leben als höchste menschliche Vollkommenheit gegenüber der Religion zu verteidigen. Alfarabi geht dabei so weit, religiöse Erkenntnis im Allgemeinen als die unterste Stufe kognitiver Bestrebungen anzusehen, die von noch geringerem Wert als die Grammatik ist. Mit der Sprache habe die Religion gemeinsam, dass sie an eine bestimmte Gemeinschaft gebunden sei. Das bedeutet nichts anderes, als den universalen Wahrheitsanspruch der Religion zu bestreiten, weil sie ein Produkt des menschlichen Geistes ist. Darüber hinaus wird die Religion bei Alfarabi durch die Politik ersetzt. Glückseligkeit mit der menschlichen Vervollkommnung durch die Philosophie zu identifizieren kommt dem Ausschluss der bloßen Aussicht auf Glückseligkeit für die große Mehrheit der Menschen gleich. »Aus Gründen der Philanthropie« akzeptiert Alfarabi deshalb auf der exoterischen Ebene die orthodoxe Ansicht, wonach die Philosophie allein nicht zum Glück führt, sondern einer Ergänzung durch das politische Leben und die dort zum Austrag kommende Tugend bedarf. »Er ersetzt Religion durch Politik. Auf diese Weise legt er die Grundlage für die säkulare Allianz zwischen Philosophen und aufgeklärten Fürsten.« Die Einführung des Politischen in den Konflikt zwischen Philosophie und Religion ist jedoch nur ein Zwischenspiel, das zur Folge hat, den Glauben an eine einzige wahre oder letzte offenbarte Religion auszuschließen. Die letzte Absicht ist »weit radikaler«.

»Philosophie und die Vollendung der Philosophie und daher die Glückseligkeit erfordern nicht – das ist Fârâbîs letztes Wort zum Thema – die Errichtung der vollkommenen politischen Gemeinschaft: sie sind möglich, nicht nur in dieser Welt, sondern sogar in diesen Städten, den unvollkommenen Städten. Aber – und dies ist die wesentliche stillschweigende Folgerung – in den unvollkommenen Städten, das heißt in der Welt wie sie wirklich ist und wie sie immer sein wird, ist Glückseligkeit allein für die Philosophen erreichbar: den Nicht-Philosophen ist Glückseligkeit durch die Natur der Dinge auf ewig verwehrt. Glückseligkeit besteht ›in consideratione scientiarum speculativarum‹ und in nichts anderem. Philosophie ist die notwendige und hinreichende Bedingung der Glückseligkeit.«

Im Zentrum der philosophischen Religionskritik bei Alfarabi steht der Mensch. Religion ist eine Erfindung des Menschen, die ihm nicht zum Vorteil gereicht. Deshalb ist es wichtig, das Göttliche auf das Menschliche als seinen Ursprung zurückzuführen. Das religiöse ebenso wie das politische Leben bedeuten für den Menschen Entfremdungen von seiner Natur, eine Gefährdung seiner Humanität. Es ist von entscheidender Bedeutung, die Menschlichkeit des Menschen vor Denaturierungen durch das »Gesetz«, das »Volk«, die »Nation«, die »Bürgerschaft« oder durch »Gott« zu schützen. In der Bewahrung der Menschlichkeit des Menschen liegt die Notwendigkeit der Philosophie begründet. Lebenswert und glückverheißend ist allein das wahrhaft menschliche Leben in menschlicher Weisheit, die Sokrates erfolglos vor Gericht verteidigt hat.[88]

Gegenüber der politischen Moderierung der Spannung zwischen Religion und Philosophie versuchte die Aufklärung vor allem in Gestalt der spinozistischen Religionskritik die Offenbarung aufgrund der Schrift zu widerlegen. Der Rekonstruktion dieses Versuchs diente die *Religionskritik Spinozas* von 1930. Strauss zeigt vor allem, dass der Kampf der Aufklärung gegen die Orthodoxie aus zahlreichen theoretischen Gründen scheitern musste. Da den radikalen Aufklärern die Unwiderlegbarkeit der Orthodoxie durchaus bewusst war und weil der Geist der positiven Wissenschaft die gemeinsame Grundlage von Weisheit und Offenbarung verlassen hatte, bestand die »Widerlegung« hauptsächlich in dem Versuch, die Orthodoxie mittels des Spottes aus ihrer Stellung »herauszulachen«. Das gespielte Selbstbewusstsein konnte Strauss aber nicht darüber hinwegtäuschen, »daß diese ihr eigentümliche, geschichtlich so wirksame Kritik das Zentrum der Offenbarungs-Religion nicht erreicht, sondern nur *Kritik von den Konsequenzen her* ist und daher fragwürdig ist«. Die Aufklärung wandte sich folgerichtig von der theoretischen Auseinandersetzung ab und versuchte die Orthodoxie praktisch zu überwinden. Sie wollte *zeigen,* dass die Welt ohne die Annahme eines unergründlichen Gottes und ohne die Lebensführung durch die Offenbarung völlig verständlich und vollkommen beherrschbar ist. Sie wollte die Orthodoxie durch das Gelingen ihres irdischen Systems widerlegen. Tatsächlich aber war die Kritik der Aufklärung nur defensiv erfolgreich im Beweis der Unerkennbarkeit von Wundern unter den Voraussetzungen der neuen Naturwissenschaft, die damit zum eigentlichen Rechtsgrund der Aufklärung wird. Wie aber kann die Aufklärung ihre defensive Haltung begründen? Verschenkt sie nicht willkürlich eine Dimension, die dem Menschen durch Glauben zugänglich ist? Wendet sie sich gegen die Offenbarung, weil sie die Glaubenswahrheit nicht sehen will oder nicht sehen kann? Ist es überhaupt möglich, bei einer defensiven Kritik stehenzubleiben, wenn die Offenbarung die Weisheit immerfort infrage stellen wird? Der Dialog zwischen Vernunft und Offenbarung konnte geführt werden und die westliche Kultur tragen, solange er theoretisch blieb. Da beide in ihrer Gutheißung der überkommenen Moral übereinstimmten, konnte auch die Politik eine ruhige Entwicklung nehmen. Keiner der beiden Antagonisten sollte politische Macht für sich beanspruchen und den Dialog auf diese Weise für sich entscheiden wollen. Die Herrschaft sektiererischer religiöser oder philosophischer Autoritäten in der nachklassischen Zeit hat stets zur Tyrannei geführt. Hier liegen die Gefahren, welche die Aufklärung durch die praktische Überwindung der Offenbarung mit sich führt.[89]

Die philosophische Religionskritik zeigt sehr unterschiedliche Facetten, wobei im Kern nur der Platonismus eine Rechtfertigung der Philosophie gegenüber den Ansprüchen von Politik und Religion erreichen kann. Epikur steht für eine Tradition der Religionskritik auf hedonistischer Basis, die sich nicht politisch versteht und folglich die Theologie nur widerlegen möchte, insoweit sie die fundamentalen Beunruhigungen und Befürchtungen des menschlichen Lebens schürt. Die Analyse Spinozas verdeutlicht die theoretischen Schwierigkeiten eines an universale Leistungsfähigkeit der menschlichen Vernunft glaubenden Befreiungsversuchs von religiösen Vorurteilen. Die Platoniker des mittelalterlichen jüdischen und islamischen Rationalismus machen dagegen deutlich, wie auch angesichts einer möglichen Insuffizienz der menschlichen Vernunft die Verteidigung des philosophischen Lebens als der humanisierenden Suche nach der Wahrheit aufgebaut werden kann. Die Schwierigkeiten der drei Positionen machen klar, dass das fundamentale Problem des Verhältnisses zwischen Philosophie und Religion ein moralisch-politisches Problem ist und als ein solches behandelt werden muss.

Die Notwendigkeit der Philosophie kann gegenüber dem Gehorsamsanspruch der Religion nur aus einer teleologischen Perspektive unter dem Gesichtspunkt der menschlichen Vollkommenheit vertreten und politisch gesichert werden. Machiavellis Religionskritik beruht demgegenüber auf einer Reduzierung des moralischen Anspruchs im Interesse einer auf Wirkung bedachten, »realistischen« politischen Philosophie, die das Christentum ebenso wie die klassische Philosophie für eine moralische Einengung der menschlichen Möglichkeiten verantwortlich macht und mit beiden in einem Zug bricht. Die einzig angemessene und tragfähige Rechtfertigung des philosophischen Lebens bietet deshalb das sokratisch-platonische Naturrecht.

## Verfolgung und die Kunst des Schreibens

Bei der Beschäftigung mit der jüdischen und islamischen Philosophie des Mittelalters stieß Strauss auf ein Problem, das in verschiedener Hinsicht für die weitere Entwicklung seines philosophischen Projekts bedeutsam werden sollte. Die *Anmerkungen zu Carl Schmitt* von 1932 waren der erste Ausdruck eines Orientierungswandels, von dem Strauss später sagte, er habe ihn genötigt, sich »auf eine ganze Reihe von Studien einzulassen, in deren Verlauf ich immer mehr auf die Art und Weise aufmerksam wurde, in der heterodoxe Denker früherer Zeiten ihre Bücher schrieben«. Es handelt sich im weiteren Sinne um die politische Wechselbeziehung zwischen Philosophie und Gesellschaft. Strauss wird aufmerksam auf die politische Relevanz des philosophischen Erkenntnisanspruchs für die Identität und Stabilität einer Gesellschaft sowie die Rückwirkung ihres gesellschaftlichen Einflusses in politischer, literarischer und philosophischer Hinsicht. Der unaufhebbaren Spannung zwischen Philosophie und Religion entspricht insbesondere dann, wenn wie im Islam und Judentum die Propheten politische Ordnungsfunktionen übernehmen, eine nicht ohne Weiteres temperierbare Spannung zwischen Philosophie und Gesellschaft. Wenn der Philosoph die prinzipiell politische Relevanz seines Tuns erkennt und realisiert, dass jede Philosophie einer politischen Einleitung bedarf, deren Argumentation *ad hominem* ausgerichtet ist, dann muss ein Zusammenhang bestehen zwischen der politischen Dimension der Philosophie und ihrer Darstellung in der Öffentlichkeit. Strauss wurde durch das prekäre Verhältnis zwischen »Philosophie und Gesetz« für die Wahrnehmung einer Tatsache sensibilisiert, die einerseits durch die popularisierenden Tendenzen der Aufklärung, andererseits durch das Vordringen der bloß historischen Kritik philosophischer Texte in Vergessenheit geraten war. Worum es geht, beschreibt Nietzsche in *Jenseits von Gut und Böse:*

»Unsre höchsten Einsichten müssen – und sollen! – wie Thorheiten, unter Umständen wie Verbrechen klingen, wenn sie unerlaubter Weise Denen zu Ohren kommen, welche nicht dafür geartet und vorbestimmt sind. Das Exoterische und das Esoterische, wie man ehedem unter Philosophen unterschied, bei Indern, wie bei Griechen, Persern und Muselmännern, kurz überall, wo man eine Rangordnung und nicht an Gleichheit und gleiche Rechte glaubte, – das hebt sich nicht sowohl dadurch von einander ab, dass der Exoteriker draussen steht und von aussen her, nicht von innen her, sieht, schätzt, misst, urtheilt: das Wesentlichere ist, dass er von Unten hinauf die Dinge sieht, – der Esoteriker aber von Oben herab!«

An Nietzsche lässt sich eine Äußerung anfügen, die Strauss in einer Fußnote des Rousseau-Kapitels von *Naturrecht und Geschichte* mitteilt, wobei die Hervorhebung von ihm stammt: »Und was soll man von der Unterscheidung dieser beiden Lehren sagen, die von *allen* Philosophen so begierig aufgenommen wurde, und durch die sie insgeheim Ansichten bekundeten, die denen entgegengesetzt waren, die sie öffentlich lehrten?« »Die Geschichte dieser verhängnisvollen Lehre, die von einem gelehrten und ernsthaften Menschen entworfen würde, wäre ein schrecklicher Schlag gegen die *alte und moderne Philosophie.*« Leo Strauss, ein gelehrter und ernsthafter Mann, ging daran, zu überprüfen, ob die großen Denker der Tradition angesichts des politischen Charakters der Philosophie die Notwendigkeit empfunden hatten, ihre Darstellung in der Form den herrschenden gesellschaftlichen Verhältnissen anzupassen. In sorgsamen Einzelinterpretationen zeigte er den teilweise unter einer rhetorischen Oberfläche verdeckten Gehalt philosophischer Texte. So wurde er zum Wiederbegründer der Kunst sorgfältigen Schreibens und Interpretierens gegenüber einer den Intentionen der Philosophen äußerlich bleibenden, philosophiegeschichtlichen Tradition. Die Wiederentdeckung der Technik esoterischen Schreibens wurde für Strauss nicht nur im Hinblick auf die Interpretation bestimmter Texte aus der Geschichte der Philosophie, sondern für seine Konzeption politischer Philosophie insgesamt wichtig. Die Strauss'sche These lautet zusammengefasst folgendermaßen: Philosophie oder Wissenschaft ist der Versuch, Meinungen durch Wissen zu ersetzen. Nun ist aber die Meinung diejenige kognitive Ebene, auf der das Selbstverständnis der Gesellschaft und die Orientierung des politischen Lebens angesiedelt sind. Weil die Philosophie ihrer Idee nach kritisch ist, gefährdet sie die Gesellschaft insgesamt durch Auflösung ihrer kognitiven Basis. Letztlich aber ist die Tätigkeit des Philosophen transsozial, weshalb er die Meinungen, auf denen die Gesellschaft, in der er lebt, beruht, in der Regel respektieren wird. Das heißt weder, dass er sie als wahr anerkennen, noch dass er sich ihnen beugen soll. Es bedeutet nur, dass er die philosophischen Thesen, die die Stabilität der Gesellschaft gefährden könnten, in einer Weise darstellt, die keine desintegrierende Wirkung für das intellektuelle Niveau der elementaren Meinungen und Glaubensinhalte zeigt. Philosophen oder Wissenschaftler, die diese Ansicht über das Verhältnis zwischen Philosophie und Gesellschaft teilen, bedienen sich einer besonderen Kunst des Schreibens, die es ihnen ermöglicht, dem sehr eingeschränkten philosophisch begabten Kreis der Öffentlichkeit die Wahrheit mitzuteilen, ohne die uneingeschränkte Verpflichtung der Menge auf die Meinungen, auf denen die Gesellschaft ruht, zu gefährden. Sie unterscheiden mithin zwischen einer esoterischen, verdeckt mitgeteilten wahren Lehre und der gesellschaftlich nützlichen exoterischen Lehre an der Oberfläche eines Textes. Während diese jedermann zugänglich ist, erschließt sich jene nur den sehr sorgfältigen und gut ausgebildeten Lesern nach langem und konzentriertem Studium.[90]

Die Formulierung des Problems durch Strauss ist besonders vielschichtig, sie eröffnet die Perspektive auf zahlreiche Einzelfragen, die für die politische Philosophie grundlegend sind. Zunächst liefert die Erforschung des Themas Material für eine künftige »Soziologie der Philosophie«, wobei Strauss diese Bezeichnung nicht ohne kritischen Seitenblick auf die Wissenssoziologie seiner Zeit wählt. Die einzige Aufgabe einer recht verstandenen Soziologie der Philosophie wäre, jene Gefahr zu verstehen, der in unterschiedlichen Formen jeder wahre Philosoph ausgesetzt und die mit der Philosophie gleichaltrig ist. Strauss ist womöglich durch die Lektüre Alfarabis auf »die ernste Gefahr« aufmerksam geworden, in der sich die Philosophie und die Philosophen befunden haben, wie er durch die Lektüre von dessen *Platon* auf »diese antiquierte oder vergessene« philosophische Unterscheidung zwischen exoterischen und esoterischen Lehren gestoßen ist. So führt die Linie auch auf diesem Weg zu Platon zurück, dessen Kunst es zu einem beträchtlichen Ausmaß zu verdanken ist, diese Gefahr abgewendet zu haben. Die Gefährdung des Philosophen durch die Gesellschaft wird an der Person des Sokrates manifest. Die Gefährdung ist also eine wechselseitige. Die Philosophie setzt qua Philosophie den Zweifel an öffentlicher Autorität voraus und lehnt Konformismus ab, aber sie unterliegt zugleich der öffentlichen Gewalt, die unbedingten Gehorsam beansprucht. Vor der Autorität dieser Gewalt hat die Philosophie keine Legitimation. »Die Gesellschaft wird immer versuchen, das Denken zu tyrannisieren. Die sokratische Rhetorik ist das klassische Mittel, diese Versuche immer wieder zu vereiteln.« Das Problem ist, wie sich die Philosophie in dieser Situation verhält. Sie kann den gesellschaftlichen Modus wenigstens vorläufig respektieren und sich eine selbstgewählte Zurückhaltung auferlegen. Will sie aber ihre philosophische Substanz trotz aller gesellschaftlich nützlichen Beschränkungen nicht verleugnen, ist sie gezwungen, gewissermaßen unterhalb der Oberfläche sich in den Dienst der Wahrheit zu stellen und ihre Erkenntnisse mitzuteilen. Sie muss vorsichtig sein. Dazu muss sie eine besondere Technik der Mitteilung entwickeln, eine Kunst esoterischen Schreibens, die es ihr erlaubt, unter Wahrung des Respekts vor den Erfordernissen der Gesellschaft ihrem ursprünglichen Auftrag nachzugehen. Dabei stellt sich die Frage, ob die Entwicklung solcher Techniken eher dem anerkennenden Respekt vor den Erfordernissen der Gesellschaft zu verdanken ist oder ob sie nicht doch in erster Linie dem Selbstschutz der Philosophie vor politischer Verfolgung dient. Philosophie kann in diesem Spannungsverhältnis auch den entgegengesetzten Weg gehen und sich durch massenwirksame Aufklärung der gesellschaftlichen Autorität entgegenstellen. Dies scheint die Möglichkeit zu sein, welche die moderne politische Philosophie für sich ins Auge gefasst hat. Sie gerät dadurch allerdings in eine doppelte Gefahr, einmal in die Gefahr der politischen Verfolgung und andererseits in die Gefahr, sich durch Popularisierung in einer Weise zu veräußern, dass ihr streng auf Wissen ausgerichteter Charakter verwässert wird, weil sich anspruchsvolle Wahrheiten der breiten Öffentlichkeit nicht vermitteln lassen und man sie deshalb auf das weniger gefestigte Niveau der Meinung zurückführen muss. Die Neutralisierung der modernen Philosophie ist für Strauss eine natürliche Folge ihrer Popularisierung seit der Aufklärung. Die Reduzierung der Wertmaßstäbe des politischen Lebens seit Machiavelli ist, so verstanden, eine Konsequenz des Drucks der Gesellschaft, die öffentliche Meinung nicht durch anspruchsvolle Wahrheiten zu belasten. Der Versuch, Philosophie und Politik miteinander zu versöhnen, geht auf Kosten der philosophischen Substanz. Philosophie ist in »Kultur« integriert worden. Die Unterscheidung zwischen Natur und Konvention wurde durch die Unterscheidung von Natur und Geschichte ersetzt. Für den Historiker der Philosophie ergeben sich neben den »soziologischen« und philosophischen Problemen darüber hinaus solche der Interpretation. Wie lässt sich bestimmen, wann ein Autor verdeckte Schreibweisen benutzt? Welche Techniken genau werden angewandt? Wie lassen sich unausgesprochene Lehren verifizieren? Neben der Frage »Wie werden esoterische Texte geschrieben?« stellt sich naturgemäß die Frage »Wie werden esoterische Lehren gelesen?« Leo Strauss behandelt diese Fragen in ihrer Fülle. Er geht zunächst davon aus, dass ein esoterisches Buch zwei Lehren beinhaltet, im Vordergrund eine populäre Lehre erbaulichen Charakters und zwischen den Zeilen angedeutet eine philosophische Lehre, welche die wichtigsten Gegenstände betrifft. Die von ihm anvisierte Lösung der Interpretationsprobleme wird weniger theoretisch abgehandelt, als in der Praxis demonstriert. Seine in missverständlicher Weise oft als Kommentare bezeichneten Schriften sind ein praktischer Vorschlag für den notwendigerweise sorgfältigen Umgang mit als esoterisch erkannten Texten. Auch auf dieser Ebene der Darstellungs- und Interpretationsweise ficht Strauss den Streit zwischen Antike und Moderne aus. Das Bewusstsein von der Beziehung zwischen der öffentlichen Darstellung der Philosophie und ihrem politischen Charakter ging der Moderne spätestens im 19. Jahrhundert verloren, für die klassische Philosophie aber war es nach Strauss'schem Verständnis wesentlich. Die Spannung zwischen Philosophie und Politik war geradezu verantwortlich für die Ausprägung der sokratischen Rhetorik in ihrer ursprünglichen Form.[91]

Nun ist zu fragen, ob die Kunst esoterischen Schreibens die Philosophie nicht auf eine andere Weise bedroht. Philosophie strebt wesentlich nach Wahrheit. Kommt es dann nicht einem Betrug, einer Selbstverleugnung gleich, mit Mitteln des Verbergens zu arbeiten, die selbst die Lüge, wenn auch die »edle Lüge«, mit einschließen können? Dies ist vor allem bei Rousseau ein Problem, der nicht nur als Philosoph der Wahrheit verpflichtet ist, sondern sich auch aus anderen Gründen zu vollkommener Aufrichtigkeit bekennt. Allerdings befasst sich Rousseau in den *Träumereien eines einsamen Spaziergängers* ausdrücklich mit diesem Problem, und Strauss versteht ihn im Sinne der Behauptung, eine Verpflichtung, die Wahrheit zu sagen, beruhe ausschließlich auf der Nützlichkeit dieser Wahrheit, woraus wiederum die Verpflichtung abzuleiten sei, gefährliche Wahrheiten nicht nur zu verbergen, sondern gerade ihr Gegenteil zu versichern. Hinzu kommt, dass die Wahrheit der Menge ohnehin nicht zugänglich ist. Versteht man Philosophie im klassischen Sinne als Streben nach Weisheit, das sein so bestimmtes Ziel niemals wird erreichen können, dann scheint die Gefährlichkeit der Wahrheit auf einem anderen Niveau zu liegen. Ist die letzte Wahrheit unzugänglich, dann kann die Suche nach Wahrheit zu gefährlichen Irrtümern und zum Skeptizismus führen, der vor allem die Evidenz der gesellschaftlichen Dogmen in Zweifel zieht. Daher rührt das Lob der Ignoranz, wobei allerdings deutlich zwischen der philosophischen Ignoranz der Öffentlichkeit und dem sokratischen Nichtwissen zu unterscheiden ist. Letztlich aber wird man der Exoterik nicht den Vorwurf machen können, die Wahrheit zu verdrehen, wenn sie sie nur in einer tieferen Schicht ihrer Texte verbirgt. Es reicht auch, die Wahrheit anzudeuten, ohne sie auszusprechen. Nur der zur Philosophie Begabte wird den Weg, der ihm gewiesen wurde, durch eigenes Denken zu Ende gehen und aus eigener Kraft zur Erkenntnis gelangen können. Die klassischen Philosophen wurden dadurch zu den wirkungsvollsten Lehrern eigenständigen Denkens, dass sie die Wahrheit in ihren Schriften fast so unzugänglich machten, wie sie vor ihrer Entdeckung gewesen war. Der Leser musste sie durch seine eigene Anstrengung erst wiederentdecken, wenn auch unter Anleitung subtiler Andeutungen eines überlegenen Lehrers. Alfarabi erzählt die Geschichte eines frommen Asketen, um zu illustrieren, in welcher Weise die »edle Lüge« des Philosophen gar keine Lüge ist. Der fromme Asket lebte zurückgezogen und enthaltsam zum Zwecke der Züchtigung und Erniedrigung. In der Öffentlichkeit stand er in dem Ansehen, ein redlicher und anständiger Abstinenzler zu sein, der sein Leben der Hingabe in göttlicher Verehrung verschrieben hat. Trotzdem, oder gerade deshalb, hatte er die Feindschaft des Gewaltherrschers in seiner Stadt erregt. Dadurch wurde der fromme Asket in Furcht versetzt, und er beschloss zu fliehen. Der Herrscher aber befahl, ihn gefangen zu nehmen und alle Ausgänge der Stadt sorgsam zu bewachen, um seine Flucht zu verhindern. Der fromme Asket besorgte sich daraufhin passende Kleidung, tat so, als ob er betrunken wäre, und torkelte bei Einbruch der Dunkelheit, mit einer Zimbel in der Hand, singend und spielend, auf eines der Stadttore zu. Als ihn die Wachen anriefen: »Wer bist Du?«, antwortete er in spöttischem Ton: »Ich bin der fromme Asket, den Ihr sucht!« Die Wachen dachten, er veralbere sie, und ließen ihn passieren. »Auf diese Weise entkam der fromme Asket sicher, ohne in seiner Rede gelogen zu haben.«[92]

Wie äußert sich der Konflikt zwischen Philosophie und Politik? Er stellt sich entsprechend der Vielschichtigkeit der Beziehung und der Verschiedenartigkeit der besonderen historischen Bedingungen unterschiedlich dar. Über alle Differenzen hinweg lassen sich allgemeine Merkmale zusammenfassen. Dabei kommt es auch darauf an, aus welcher Perspektive der Konflikt betrachtet wird, ob vom Standpunkt der Philosophie oder vom Standpunkt der Gesellschaft aus. 1. Die Universalität der Philosophie steht gegen die Partikularität und Geschlossenheit der bürgerlichen Gesellschaft. Die Gesellschaft entfaltet sich in einem Rahmen, der im Wesentlichen durch die von den Bürgern gemeinsam geteilten Wertvorstellungen gesetzt wird. Jede Gesellschaft erzeugt ihre nationale Ideologie, ihre Mythen und Symbole, welche die Institutionen inspirieren. Die Philosophie ist demgegenüber grundsätzlich universal oder kosmopolitisch eingestellt, ihr Erkenntnisinteresse transzendiert notwendigerweise die Grenzen jeder geschlossenen Ideologie. Dadurch geraten Philosophie und Politik in einen unversöhnlichen Gegensatz. 2. Philosophie und Politik haben nicht nur eine sich wechselseitig ausschließende kognitive Basis und miteinander unverträgliche Erkenntnisinteressen, sie verlangen auch unterschiedliche Lebensweisen, die ihrerseits in mehrfacher Hinsicht inkompatibel sind. Auf der praktischen Ebene verpflichtet die politische Tugend den Bürger zur verantwortlichen Mitwirkung an den Belangen der Gesellschaft im Interesse des Gemeinwohls. Politische Tugend beinhaltet Konformität,

Gehorsam gegenüber den Gesetzen und die Einfügung in kollektive Denkmuster. Die Philosophie erfordert stattdessen Abstinenz von politischer Aktivität, sie bedarf der Muße und der Vereinzelung. Sie steht auf dem Nährboden der ursprünglichen Freiheit und der ungebrochenen Aufrichtigkeit gegenüber den Folgerungen der Vernunft. Das philosophische Leben ist weniger an der Tugend des Bürgers, an Ehre und Tapferkeit, als an der echten Tugend, an der Gerechtigkeit, interessiert. Die bürgerliche Tugend kann im Sinne des Patriotismus relativ sein im Hinblick auf die Gesellschaftsordnung, der sie dient. Der Philosoph, der nach menschlicher Perfektion strebt, kann die Forderungen der Gerechtigkeit nicht im Hinblick auf die Satzung wechselnder Regimes manipulieren. Der Unterschied zwischen den beiden Lebensformen kann auch als der Unterschied zwischen dem »gentleman« und dem Weisen beschrieben werden, wobei nach Platon der Weise durchaus der wahre »gentleman« zu sein versteht, was für die gewöhnlichen Menschen allerdings nicht erkennbar ist. Die Eingebundenheit des einfachen »gentleman« in Strukturen der Autorität und das Erfordernis sozialer Ungebundenheit für den Weisen widersprechen einander und gefährden sich wechselseitig. Aus der Perspektive der Gesellschaft erweckt die »Untätigkeit« des Philosophen zudem den negativen Eindruck, er gehe selbstsüchtigen Interessen nach und profitiere als Trittbrettfahrer von der Pflichterfüllung der Bürger. 3. Der Gegensatz von Wissen einerseits, Glaube, Meinung und Vorurteil andererseits ist nicht überbrückbar. Bürger leben in dem geschlossenen Zusammenhang geteilter Wertvorstellungen, einer Mischung aus »heilsamen Gewißheiten« und »heiligen Dogmen«. Bei der Ausprägung dieser Dogmen zählt weniger ihr Wahrheitsgehalt als ihre soziale Nützlichkeit. Wichtig ist, dass sie unter pragmatischen Gesichtspunkten dem Gemeinwohl zuträglich sind. Philosophie strebt hingegen grundsätzlich nach gesicherter Erkenntnis. Sie kann nicht auf dem Niveau von Meinungen und Vorurteilen stehenbleiben, sie muss es mit dem Ziel wahrhaften Wissens übersteigen. Insbesondere im Hinblick auf die klassische Polisordnung entfaltet das politische Leben eine religiöse Dimension. Zur bürgerlichen Gesellschaft gehörte der Glaube an die Götter der Stadt, den die Philosophie ablehnte. Die Wahrheit der Philosophie muss unter sozialen Gesichtspunkten als schädlich, als Unglaube und als kriminelles Vergehen ausgeschlossen werden. Die gesellschaftliche Perspektive mündet unmittelbar in politische Verfolgung. Die klassischen Denker haben deshalb einen grundsätzlichen Unterschied zwischen der philosophisch-privaten und der politisch-öffentlichen Sphäre gesehen. 4. Dem Gegensatz zwischen Politik und Philosophie entspricht der Gegensatz von Krieg und Frieden. Durch ihre nationale Geschlossenheit steht jede Gesellschaft in Konkurrenz zu anderen Gesellschaften mit anderen Sitten, Bräuchen und Institutionen. Patriotismus kann deshalb mit feindseligen Einstellungen gegenüber anderen Gesellschaften einhergehen. Zur Stärkung der nationalen Identität und der Verteidigungsbereitschaft muss eine Gesellschaft folglich militärische Tugenden fördern. Die Philosophie ist demgegenüber grundsätzlich kosmopolitisch eingestellt, was dem kriegerischen Geist abträglich ist. Bereits in der Antike kritisierte sie an der öffentlichen Religion, dass sie weniger eine Rolle in der moralisch-sittlichen Erziehung spielte, als Teil der Kriegskunst wäre. In Xenophons Wertschätzung von Frieden und Muße gegenüber seiner Beurteilung des Krieges ist deshalb ein Urteil über die Frömmigkeit enthalten. 5. Das Erfordernis konventioneller Gleichheit in der politischen Sphäre widerspricht weiterhin dem philosophischen Befund von natürlicher Ungleichheit zwischen den Menschen. Das politische Regime basiert auf der konventionellen Gleichheit der bürgerlichen Rechte, welche die natürliche Ungleichheit der Menschen ersetzt. Philosophie beruht umgekehrt auf der Ausbildung ungleich verteilter individueller Fähigkeiten und Talente, sie setzt gerade die natürliche Ungleichheit voraus, welche die bürgerliche Gesellschaft leugnet. Strauss hält die

Ansicht, wonach die natürliche Ungleichheit der intellektuellen Kräfte von entscheidender politischer Bedeutung ist, für die Grundvoraussetzung der klassischen politischen Philosophie. Diese Voraussetzung führte einerseits zur Konzeption des besten Regimes und ist andererseits mitverantwortlich für das prekäre Verhältnis zwischen Philosophie und Politik. Zwischen den Erfordernissen der klassischen politischen Wissenschaft und den praktischen Erfordernissen oder Möglichkeiten der politischen Gesellschaft besteht ein grundsätzliches Missverhältnis. Das beste Regime ist zwar möglich, aber wenig wahrscheinlich. Die wahre und natürliche Ordnung muss durch ihr politisches Gegenstück ersetzt werden, durch die gesetzmäßige Regierung der »gentlemen« über die gewöhnlichen Menschen. 6. Die klassischen Philosophen nahmen an, dass die philosophisch nicht ausgebildete Öffentlichkeit die Wahrheit nicht verträgt, sie nicht verdauen kann. Die große Mehrheit würde der Basis ihrer Moralität beraubt werden, wenn sie ihren Glauben verlöre. Deshalb schien es den klassischen Philosophen nicht nur eine Angelegenheit ihrer eigenen Furcht und Sicherheit, sondern auch eine Pflicht zu sein, die Wahrheit vor der Mehrheit der Menschen zu verbergen. Rousseau warnt den einfachen Mann seinerseits vor der Wissenschaft, für die sich nur wenige eignen. Der einfache Mann gehört in die Gesellschaft, die nach Rousseau auf die körperlichen Bedürfnisse ausgerichtet ist. Philosophie oder Wissenschaft schaden der Öffentlichkeit. Die Befriedigung der Bedürfnisse des Geistes ist nicht das Eine, was für die Gesellschaft nottut. Die Kunst esoterischen Schreibens diente also einem doppelten Sicherheitsinteresse, dem des Philosophen und der Nicht-Philosophen. 7. Die Spannung zwischen Philosophie und Politik besteht auf der zweifachen Ebene sowohl gegenüber der herrschenden Schicht als auch gegenüber den Beherrschten. Die partielle Gemeinsamkeit zwischen dem Philosophen und dem Tyrannen, von der Menge beneidet zu werden, darf nicht über das Misstrauensverhältnis zwischen beiden hinwegtäuschen. Der Philosoph stellt eine Gefährdung für den Herrscher dar, insofern er als Weiser besser zu herrschen verstünde und auch die Mittel zur Erlangung einer Herrschaft kennen würde. Der Tyrann verfügt umgekehrt über die physischen Mittel und die Macht, ungeschützte Kritik an seiner Position stillzustellen. 8. Die Menge beneidet und hasst, verlacht und verdächtigt die ihr überlegenen Philosophen. Neben der Gefährdung des Philosophen, die dadurch entsteht, dass er die religiöse Basis der Öffentlichkeit destabilisiert, erwächst ihm ein Gefahrenpotential aus dem Neid der Menge. Der Vorteil des Philosophen besteht weniger in den Führungsmöglichkeiten, die er seinen geistigen Fähigkeiten verdankt, als in der privilegierten Stellung des philosophischen Lebens im Hinblick auf das menschliche Glück. Ist die Philosophie *die* notwendige und hinreichende Bedingung für die Glückseligkeit, dann ist die breite Masse vom Glück ausgeschlossen. Das elitäre Element der Philosophie führt natürlicherweise zu den schwierigen Beziehungen zwischen den Philosophen und der großen Mehrheit des Volkes: »der Philosoph, der in einer Gesellschaft lebt, welche nicht von Philosophen regiert wird, also der Philosoph, der in irgendeiner wirklichen Gesellschaft lebt, ist notwendigerweise ›in großer Gefahr‹«. In dieser Gefahr besteht nur die Alternative, kompromissbereit zu sein oder dem Wüten der Menge zum Opfer zu fallen. Interessanterweise teilt der Philosoph hier das Schicksal des Herrschers. Am Ende von Xenophons *Hieron* verspricht Simonides dem Tyrannen, er werde glücklich sein können, ohne beneidet zu werden. Strauss erinnert bei diesem Ausdruck an folgende Tatsachen:

»Daß der Zweck des Hieron darin besteht, den Herrscher nicht nur dem Privatmann im allgemeinen gegenüberzustellen, sondern dem Weisen; daß der Repräsentant der Weisheit Sokrates ist; und daß Sokrates dem Neid seiner Mitbürger ausgesetzt war und ihm zum Opfer fiel. [...] Wahres Glück – scheint Xenophon zu glauben – ist nur möglich auf Grund von

Vortrefflichkeit oder Überlegenheit, und letztlich gibt es nur zwei Arten von Vortrefflichkeit, die des Herrschers und die des Weisen. Alle, die anderen überlegen sind, sind wegen ihrer Überlegenheit dem Neid ausgesetzt. [...] Die Vorstellung, daß ein überlegener Mensch, der seine Überlegenheit nicht erfolgreich verbirgt, nicht beneidet wird, ist Verblendung.«

Die Missgunst derjenigen, die in der Menge untergehen, obschon sie sich wie jedermann hervorheben, unterscheiden und auszeichnen möchten, führt zu einer negativen Einstellung gegenüber dem Philosophen. Man verlacht ihn, um die eigene Unterlegenheit wenigstens nach außen hin zu kaschieren. Letztlich aber wird der Philosoph verachtet und gehasst. Eine verfolgungsähnliche Situation kann für ihn auch diesseits gezielter Repressalien durch ein bestimmtes Regime eintreten. So ging die klassische Tradition von einer unüberbrückbaren Kluft zwischen dem Weisen und dem »normalen« Menschen als einer Grundtatsache der menschlichen Natur aus. Sie glaubte, Philosophie sei wesentlich ein Privileg weniger und als solches der Mehrheit verdächtig und verhasst. Fasst man die gesellschaftliche Lage der Philosophie in dieser Weise auf und kommt der Druck nicht aus einem bestimmten politischen Lager, dann wird man auch nicht davon ausgehen, man könnte die repressive Situation durch Fortschritte in der öffentlichen Erziehung und durch schrittweise Aufklärung beseitigen. Dann handelt es sich um ein ewiges Dilemma der Philosophie.[93]

Die schriftliche Vermittlung esoterischer Lehren ist das Ergebnis einer hochentwickelten Kunst des Schreibens, die mehr verlangt als nur die Beherrschung einiger literarischer Techniken. Strauss lokalisiert sie deshalb auch nur bei den Repräsentanten der »Großen Tradition«. Die großen Denker wussten um die Vollkommenheit einer Schrift und verfassten Bücher im strengen Sinne, von denen sie alles Unnötige, was keine notwendige Funktion für den Zweck des

Buches im Ganzen erfüllt, fernhielten. Ein Buch im strengen Sinne beinhaltet nichts, was sein Autor nicht beabsichtigt. Das vollkommene Buch, das ihm als Ideal vorschwebt, folgt in jeder Hinsicht den reinen und erbarmungslosen Gesetzen »logographischer Notwendigkeit«. Die höchste Kunst des Schreibens kennt angesichts dieser Notwendigkeit nicht die geringste Nachlässigkeit, keine Beliebigkeiten und keine Zufälle. Sie enthält keinen überflüssigen rhetorischen Zierrat und leistet sich keine Irrtümer durch fehlerhafte Erinnerung oder andere Sorglosigkeiten. Sie verlässt sich vollkommen auf die Leitung durch die Vernunft und behandelt ihr Thema mit dem gebotenen Ernst und der gebotenen Zurückhaltung. Der Hinweis auf die »logographische Notwendigkeit« bedient sich eines Ausdrucks von Platon. Im *Phaidros* erläutert Sokrates, eine wohlgebaute Rede müsse wie ein lebendiges Wesen eine natürliche Ordnung aufweisen. Sie hat eine eigene Gestalt mit Anfang, Mitte und Ende, wobei ihre Teile gegeneinander und gegen das Ganze in einem angemessenen Verhältnis stehen müssen. Eine gute Schrift gleicht einem gesunden Lebewesen, das sein besonderes Werk gut erfüllt. Strauss bringt die organische Metapher in Zusammenhang mit der von ihm für die Platonischen Dialoge angenommenen eigentümlichen Aufgabe, zu einigen zu sprechen und ihnen die Wahrheit zu enthüllen, während sie gegenüber anderen, was die Wahrheit angeht, schweigen und sie zu heilsamen Meinungen mit einer humanisierenden Wirkung führen. Die Komposition einer Schrift ist unverzichtbarer Teil ihrer Aussage.[94]

Im *Siebten Brief* sowie im *Phaidros* gibt Platon selbst ein ausdrückliches Zeugnis für den esoterischen Charakter seiner Lehre. Die Schriftkritik, die hier vorgetragen wird, erklärt, dass bestimmte Formen und Komponenten des Wissens an die Person ihres Trägers gebunden und sprachlich nicht mitteilbar sind. Solche Wissenskomponenten können einem Gesprächspartner nicht unmittelbar übertragen werden. Das Gespräch dient nur dazu, den anderen zur eigenen Erkenntnis hinzuführen und die Erkenntnis im weiteren Gespräch zu prüfen. Die dialogische Struktur der Werke Platons wird dieser Einsicht gerecht. Geschriebene Sprache kann noch viel weniger Wissen direkt vermitteln, weil Schriften das, was sie beim Leser hervorrufen, weder verbessern noch verteidigen können, sie können für ihre Wirkung nicht einstehen und die Erkenntnisse, die dem Leser aus der Lektüre entspringen, nicht selbst noch einmal kontrollieren. Es ist wiederum die dialogische Struktur von Platons Werken, die das in der Schriftkritik Angesprochene auffängt. Sie stellt nicht nur einen simulierten Dialog dem Leser gegenüber, sondern bezieht ihn durch bestimmte Darstellungstechniken in das Geschehen mit ein und zwingt ihn zum Denken, zum »Gespräch der Seele mit sich selbst«. Für das Verständnis des Ansatzes von Strauss ist von besonderer Wichtigkeit, dass er den esoterischen Charakter der Platonischen Lehre, der eine Folge philosophischer und politischer Umstände ist, radikal ernst nimmt als die Mitteilung der Lehre in der Tiefenstruktur der Dialoge unterhalb der hinführenden, mäeutischen und an die Öffentlichkeit gerichteten Oberfläche. Ein wichtiges Element der Tiefenstruktur ist das Geschehen des Dialogs, das sich neben und in den Aussagen seiner Protagonisten abspielt. Dazu gehören die Komposition, die zeitliche und örtliche Umgebung des Gesprächs, die Auswahl der beteiligten Personen, die Bedeutung dessen, dass eine ganz bestimmte Person eine bestimmte Mitteilung macht, dazu gehört das, was geschieht, *indem* etwas gesagt wird, und vieles mehr. Platonische Dialoge unter diesen Voraussetzungen zu interpretieren erfordert eine höchst sorgfältige Lektüre und eine akribische und langwierige Analyse. Der esoterische Charakter der Platonischen Lehre könnte auch zu einer anderen Schlussfolgerung verleiten. Wenn gesellschaftliche und philosophische Gründe verbieten, eine philosophische Lehre schriftlich zu fixieren, dann wird diese Lehre auch nicht in Schriften enthalten sein. Die Dialoge Platons vermitteln dieser Ansicht zufolge zwar durchaus etwas, was man eine Lehre Platons nennen kann, doch ist diese Lehre nicht die eigentliche, wahre Lehre, nicht die Lehre, auf die es ankommt. Die sogenannte Tübinger Schule vertritt diese Position und hat versucht, aus anderen Quellen, aus antiken Nachrichten *über* Platon seine ungeschriebene Lehre zu rekonstruieren. Der Ansatz von Leo Strauss, den esoterischen Charakter der Lehre Platons ernst zu nehmen, ist von dieser Position deutlich abzugrenzen. Strauss besteht entschieden darauf, »daß die Dialoge die einzig solide Grundlage für das Verstehen von Platos Lehre« sind. Platons eigener Hinweis auf den esoterischen Charakter seiner Philosophie bedeutet nicht, dass man sie in seinen Schriften nicht finden könne, er ist vielmehr ein Fingerzeig auf die besondere Art von Lesearbeit, die der Leser seiner Schriften auf sich nehmen muß.[95]

Der besondere Zugang zu den Platonischen Schriften zeigt auf der anderen Seite, dass esoterische Lehren nur möglich sind, weil »gedankenlose Menschen sorglose Leser und nur nachdenkliche Menschen sorgfältige Leser sind«. So zeigt sich auch im Hinblick auf die hermeneutischen Prinzipien, wie wichtig die Ernsthaftigkeit des philosophischen Eros für Leo Strauss ist. Wer sich nicht im Ernst um das Politische bemüht, wird nicht einmal das politische Problem erkennen. Nur wer sich aufmerksam auf eine Schrift und die Intentionen ihres Verfassers einlässt, wird einen Gewinn von ihrer Lektüre haben. Die Gründlichkeit des Bemühens hervorzuheben ist deshalb angebracht, weil Leo Strauss seine eigenen Schriften so angelegt hat, dass sie ihre Erkenntnisse nur bei äußerst sorgfältiger Lektüre freigeben. Seine Texte sind derart konzentriert und dicht komponiert, dass man jedem Hinweis, den Strauss gibt, nachgehen muss, um sie zu verstehen. Aufmerksamkeit ist überhaupt die Voraussetzung, wenn man erkennen will, wann ein Philosoph der »Großen Tradition« esoterisch geschrieben hat. Denn nicht immer gibt es einen so eindeutigen Hinweis, den der Autor eines Textes, wie im Falle Platons oder auch Nietzsches, selbst formuliert.

Man muss also bestimmte literarische Probleme ernst nehmen, etwa die Dunkelheit eines Plans, Widersprüche innerhalb eines Werkes oder zwischen mehreren Werken desselben Autors, Auslassungen von wichtigen Argumentationsschritten, Pseudonyme, ungenaue Wiederholungen früherer Aussagen, befremdliche Ausdrücke und so weiter. Ein negatives Kriterium ist die Klärung der Frage, ob eine Schrift in einer Zeit der Verfolgung verfasst wurde, in einer Zeit also, in der eine bestimmte politische oder andere Orthodoxie per Gesetz oder Brauch durchgesetzt wurde. Ein positives Kriterium wäre demgegenüber, wenn ein fähiger Autor in voller Kenntnis der Orthodoxie scheinbar im Vorübergehen einer ihrer notwendigen Voraussetzungen oder Konsequenzen widerspricht, während er sie anderenorts vielleicht viel ausführlicher anerkennt. Zu berücksichtigen ist auch, dass ein Autor seine Prinzipien in keiner Schrift vollständig darstellt. So scheint die Wissenschaftskritik in Rousseaus *Erstem Discours* nur aus der Perspektive des gewöhnlichen Mannes, aus der Perspektive der geordneten Gesellschaft stimmig und gewinnt ihren eigentlichen Sinn erst im Zusammenhang anderer Schriften. Eine ausführliche Untersuchung der Problematik gibt Strauss in den *Thoughts on Machiavelli*, jene Bemerkungen ernst nehmend, wonach Machiavelli seine Absicht nicht selbst vollständig ausführt, sondern den Weg nur so weit geht, dass der Leser ihn zu Ende gehen kann, und die Wahrheit, wenn er sie gelegentlich einmal sagt, zwischen so vielen Lügen verbirgt, dass man sie nur schwer herausfinden kann. Strauss dokumentiert am Beispiel Machiavellis viele Möglichkeiten, wie ein Autor auf die esoterische Anlage seiner Lehre hinweisen und sie durchführen kann. So muss der Leser immer auch einen Horizont davon entwickeln, was der Autor nicht sagt. Schweigen kann ein Ausdrucksmittel sein. Sich über etwas auszuschweigen, was normalerweise für besonders wichtig gehalten wird, kann eine Kritik an allgemeinen Ansichten beinhalten. Ein Autor kann absichtlich grobe Fehler, die einem normalerweise nicht unterlaufen, in eine Schrift einbauen, welche die wahre Intention dann andeuten, wenn er, wie im Falle Machiavellis, gleichzeitig darauf hinweist, dass hinter derartigen Fehlern ein Betrug zu vermuten steht. Dazu gehören Fehlzitate, Fehlbenennungen, überhastete Verallgemeinerungen, unhaltbare Auslassungen und ähnliches, vor allem aber vermeidbare Selbstwidersprüche in einem eng begrenzten Zusammenhang. Titel und Zwischentitel können auf Absichten hinweisen, insbesondere wenn die Überschriften in einem Missverhältnis zu den Ausführungen innerhalb des Kapitels stehen. Weitere Mittel sind Ironie und Parodie, Inhaltsmodifikationen bei angeblichen Wiederholungen von Aussagen, Querverweise, unpassende Beispiele, Abschweifungen, die auf der Oberfläche wenig ertragreich sind, während sie die wahre Intention vorantreiben. Schließlich demonstriert Strauss, wie quantitative, zahlenmäßig erfassbare Beziehungen in der Struktur eines Werkes auf den Nerv einer Argumentation oder die zentrale Absicht einer Schrift hinführen können, wobei er selbst vor einer Überbetonung derartiger Beziehungsanalysen warnt, da die Ordnung des Findens nicht notwendigerweise der Ordnung des Beweises entsprechen müsse.[96]

## Historisches Verstehen

Es ist scheinbar ein Paradox, dass Leo Strauss auf der einen Seite den Historismus kritisiert, der die Möglichkeit der Philosophie gefährdet, zugleich aber historische Untersuchungen betreibt und sich für eine exakte Technik historischen Verstehens einsetzt. Diese Widersprüchlichkeit reflektiert ein Satz, den auch Karl Löwith moniert hat: »auf der fundamentalen Unterscheidung zwischen Philosophie und Geschichte zu bestehen – eine Unterscheidung, mit der Philosophie steht und fällt – mag in der gegenwärtigen Situation sehr wohl irreführend sein, um nicht zu sagen für die Philosophie gefährlich«. Strauss weist darauf hin, dass die Geschichte der Philosophie im Bezugsrahmen der modernen Philosophie eine »wahrlich philosophische Funktion« erfüllt. Die politischen Ideen der Moderne sind eigentümliche Transformationen elementarer Ideen. Ihre Klärung ist mithin stärker auf ideengeschichtliche Reflexionen angewiesen als die Klärung von Ideen, die aus unmittelbarer Anschauung gewonnen wurden. Eine »philosophische« Konstruktion ist nur dann philosophisch, wenn sie sich nicht bei dem äußeren Eindruck einer soliden Struktur beruhigt, sondern auch ihr Fundament durchsichtig macht. Die gefestigte Struktur des modernen Fortschrittsdenkens hingegen hat sich so weit von ihrem Fundament entfernt, dass dieses selbst gar nicht mehr erkennbar ist. Deshalb ist es notwendig, das Wissen von dem Fundament und dem eventuell problematischen Charakter der Grundlage lebendig zu halten. Die damit verbundene philosophische Untersuchung ist die Philosophiegeschichte. Deren Aufgabe ist, das überlieferte Wissen durch die Wiederbelebung seiner ursprünglichen Entdeckung in ein ursprüngliches Wissen zurückzuverwandeln. Sie muss die genuinen und die gefälschten Elemente im überlieferten Wissen voneinander absondern. Die Basis des überlieferten Wissens, die den Heutigen nicht mehr gegenwärtig und nicht mehr unmittelbar zugänglich ist, muss freigelegt werden. Die Geschichte der politischen Philosophie ist ein integraler Bestandteil der modernen politischen Philosophie als solcher, doch darf ihr vorbereitender Charakter niemals aus dem Auge verloren werden. Sie stellt keinen Fortschritt gegenüber der »naiven«, nicht-historischen Philosophie dar; philosophisch konzipierte Philosophiegeschichte betrachtet sich selbst als »bloße Vorbereitungs- oder Hilfsarbeit«. Das dringende Bedürfnis der Philosophie, den Streit zwischen Historismus und nicht-historischer Philosophie zu verstehen, kann nur durch historische Studien befriedigt werden, weil das Problem aus der Perspektive der nicht-historischen, sprich der klassischen Philosophie, verstanden werden muss. Eben das setzt voraus, die klassische Philosophie nicht aus der historistischen Perspektive zu beleuchten, sondern sie so zu verstehen, wie sie sich selbst verstand. Beinahe am Anfang des Hobbes-Kapitels seines »historischsten« Buches, *Naturrecht und Geschichte,* gibt Strauss dem Leser zu verstehen: »Genauer gesagt muß man zunächst die Tradition so sehen, wie Hobbes sie sah, und für einen Augenblick vergessen, wie sie sich dem Historiker von heute zeigt.« Das »historische Verstehen« ist geschichtlich nur insoweit, als sein Gegenstand einer vergangenen Epoche angehört. Strauss erläutert seine Intention in einem Brief an Karl Löwith. Danach habe die Geisteshaltung der Moderne die Fähigkeit zur Philosophie bereits in einem Ausmaß verschüttet, dass man zunächst die Elemente der Philosophie wieder *lernen* müsse. Die Wendung zum lesenden Lernen setzt voraus, dass man kein antiquarisches Interesse verfolgt und nicht nur etwas *über* die klassischen Autoren wissen möchte. Man muss vielmehr *von* ihnen über die Grundlagen der Philosophie belehrt sein wollen. Zu den Grundlagen gehört vor allem, die Existenz der dauerhaften und dem Menschen gleichzeitigen Grundprobleme sowie die mit ihnen verbundenen fundamentalen Alternativen erneut zu Bewusstsein zu rufen. In der Philosophie gebe es keine Möglichkeit, sich nur rezeptiv zu verhalten, nur verstehen zu wollen; es gebe entsprechend keine Möglichkeit zu bloßem Lernen. Weil dem modernen Menschen die Denkmittel des natürlichen Verstandes abhanden gekommen seien »und einfache Leute wie ich und meinesgleichen [...] sie nicht aus eigenen Mitteln wiedergewinnen« können, müsse man versuchen, von den Alten zu lernen. Deshalb brauche man historische Reflexion als »ein unvermeidliches Mittel zur Überwindung der Modernität«. Die Rettung der Philosophie verlangt in der gegenwärtigen Lage »ein verzweifeltes Heilmittel für eine verzweifelte Situation«. Zur Rettung der Philosophie ist es nötig, sie vorübergehend kontrolliert zu gefährden. Strauss rechnet mit der Möglichkeit, dass man es heute gar nicht mehr mit Philosophie zu tun habe, sondern mit einer Pseudophilosophie, die letztlich aus Aberglauben hervorgewachsen ist. Eine solche Pseudophilosophie könnte, wie auch andere Kräfte, ein künstliches Hindernis für den modernen Menschen darstellen, zur wahren Philosophie überhaupt durchzudringen. Eine Hinführung zur Philosophie muss unter diesen Bedingungen den künstlichen Horizont vorläufig akzeptieren und mit einer »künstlichen« Einführung beginnen, bevor sie zu der »natürlichen« Einführung in die Philosophie voranschreiten kann. Diese »künstliche« Einführung dient dem erinnernden Wiederverstehen der ursprünglichen Bedeutung von Philosophie durch eine historisch exakte und intensive Lektüre der alten Bücher. *Die* Wahrheit kann man heute möglicherweise nur durch bestimmte alte Einsichten wiedergewinnen, die ihrerseits nur durch historische Studien zugänglich sein könnten. Das historische Verstehen dient unter den Bedingungen des modernen Denkens in erster Linie der Wiederbelebung früherer Arten des Denkens, insbesondere des ursprünglichen Sinnes von Philosophie, in den man durch intelligente und ausdauernde Arbeit hineinwachsen kann. Die philosophiegeschichtliche Einkleidung des Denkens von Leo Strauss ist vor allem auch ein Darstellungsmittel, das die Kommunikation der philosophischen (wesentlichen) und deshalb »gefährlichen Wahrheit« ermöglicht. Strauss erläutert dies im Zusammenhang seiner Analyse von Alfarabis *Platon.* Die öffentliche Rede verlangt eine Mischung von ernsten und spielerischen Elementen, folglich verlangt die öffentliche Mitteilung philosophischer Erkenntnisse deren fabulierende Einkleidung, wozu sich die historische Darstellung eignet.[97]

Die hermeneutischen Prinzipien der philosophiegeschichtlichen Forschungen von Leo Strauss ergeben sich einerseits aus der philosophischen Funktion der Philosophiegeschichte mit dem Erfordernis, die Intention der klassischen politischen Philosophen so zu verstehen, wie sie sich selbst verstanden haben, und andererseits aus dem in Teilen esoterischen Charakter der klassischen philosophischen Lehre. Ein angemessenes, das heißt dem philosophischen Zweck dienliches historisches Verstehen bindet den Interpreten an die Pflichten der mitdenkenden Lektüre und einer strikten Kontrolle seiner eigenen Voraussetzungen. Strauss zeigt die nötige Selbstreflexion, indem er eine sorgfältige und aus den Texten begründete Rechenschaft über seine Interpretationsprinzipien und Leseregeln gibt. Seine Grundsätze hat er in dem Aufsatz *How to Study Spinoza's Theologico-Political Treatise* niedergelegt, der als eine Korrektur der der *Religionskritik Spinozas* zugrunde liegenden Lesearbeit aufgefasst werden kann. 1. Zu Beginn einer besonderen historischen Untersuchung muss man klären, weshalb die Untersuchung erheblich ist. Die Gründe für die Relevanz der Untersuchung eines besonderen historischen Gegenstandes bestimmen den allgemeinen Charakter des Vorgehens unmittelbar. 2. Zum Verständnis eines Autors gehört zum einen die Interpretation. »Unter Interpretation verstehen wir den Versuch, festzustellen, was der Sprecher sagte und wie er tatsächlich verstand, was er sagte, ohne Rücksicht darauf, ob er dieses Verständnis offen oder nicht ausgedrückt hat.« Zur Interpretation gehört die Verständigung darüber, ob eine Feststellung beispielsweise ironisch ist oder gelogen. So wie die Interpretation der Erklärung vorausgehen muss, so muss innerhalb der Interpretation zuerst der ausdrückliche Sinn einer Feststellung klar sein, bevor man einen möglicherweise unausdrücklichen Sinn hinter der Oberflächenformulierung feststellen kann. Eine Interpretation impliziert ebenfalls das Verstehen des Schweigens eines Autors über Tatsachen oder Lehren, mit denen er vertraut gewesen sein muss und die für seine Argumentation wesentlich sein könnten. Die Unterdrückung solcher Tatsachen kann nicht mit dem Hinweis gerechtfertigt werden, sie verhindere die unzulässige Überschreitung der Grenzen einer besonderen Denkgestalt. Die praktische Anwendung dieses »Kanons der Interpretation« demonstriert Strauss anschaulich in *Farabi's Plato.* 2.1. Das hermeneutische Prinzip, das Leo Strauss seinen Interpretationen zugrunde legt, besagt, dass man einen Autor genau so verstehen müsse, wie er sich selbst verstand. Naturgemäß gilt dieser Grundsatz nur »in den Grenzen des Möglichen«, die am Beispiel Spinozas herausgearbeitet werden. 2.2. Das Problem ist natürlich, wie man zu der Formulierung von Leseregeln kommt, die man letztlich nicht verallgemeinern kann, die vielmehr der Schreibkunst jedes einzelnen Autors angemessen sein müssen. In den *Thoughts on Machiavelli* besteht Strauss darauf, dass man einen Autor gemäß jenen Regeln lesen müsse, die er selbst als maßgeblich angesehen habe. Das macht es für die Nietzsche-Lektüre erforderlich, »das Lesen als *Kunst* zu üben« und sich vor allem im »*Wiederkäuen*« hervorzutun. Wo der Autor aber, wie beispielsweise Machiavelli, die für ihn maßgeblichen Regeln nicht ausdrücklich formuliert habe, müsse man durch Beobachtung herausfinden, welche Regeln er selbst bei der Lektüre vorbildlicher Autoren angewandt hat. Strauss untersucht folglich mit großer Akribie, wie Machiavelli Livius las, in der Hoffnung, auf diese Weise etwas über die Art herauszufinden, wie Machiavelli selbst geschrieben hat. Die Regeln seines Schreibens werden für den Leser zu Regeln der Lektüre. Die Genauigkeit einer Interpretation hängt von dem Charakter der zu interpretierenden Äußerung ab, die man angemessen nur einschätzen kann, wenn man weiß, wie der Autor gelesen werden wollte. Das aber kann man nur durch die Lektüre seiner Schriften erkennen. Man gerät hier in eine scheinbar zirkuläre Interpretationsschwierigkeit. Strauss löst dieses Problem, indem er zunächst untersucht, wie ein Autor seinerseits gelesen hat, weil die Leseregeln eines zu interpretierenden Autors nach einer allgemeinen Beobachtung die Regeln seines Schreibens bestimmen. Schreiben lernt man durch Lesen. Strauss formuliert deshalb die Regel, »sorgfältige Schreiber sind sorgfältige Leser und *vice versa*«. Die Interpretation wird erleichtert, wenn ein Autor, wie Spinoza, ausdrücklich die richtige Art auseinandersetzt, wie man Bücher im Allgemeinen lesen sollte. Die Methode von Strauss, exoterisch angelegte Texte als solche zu lesen, wurde heftig kritisiert. Dabei wurde nicht selten übersehen, dass Strauss zwar in guter klassischer Tradition die erreichbare Genauigkeit der Erkenntnis von der Natur ihres Gegenstandes abhängig macht, sie aber zugleich in strenge Richtlinien einbindet, die eine unterstellte Willkürlichkeit der Interpretation erschweren. Natürlich muss historisches Verstehen so genau wie möglich sein, Genauigkeit aber dürfte nicht mit der Weigerung oder Unfähigkeit verwechselt werden, den Wald vor lauter Bäumen zu sehen. Ein Historiker, dem es um Genauigkeit gehe, müsse sich mit der Tatsache abfinden, dass das Verstehen des Denkens der großen Schriftsteller der Vergangenheit etwas anderes ist als der »Beweis«, dass man selbst recht hat. Die Eigenart von Texten, die eine esoterische Lehre beinhalten, verlangt eine besondere Sorgfalt im Umgang mit ihnen. Der Leser muss von der Annahme ausgehen, ein vollkommenes Buch vor sich zu haben, das den Ansprüchen der logographischen Notwendigkeit gerecht wird. Will eine gute Schrift ihren Zweck erfüllen, bedarf sie eines sorgfältigen Lesers, der die logographische Notwendigkeit jedes einzelnen ihrer Teile genau untersucht, wie unscheinbar auch immer dieser sein mag. Strauss formuliert folgende Regeln: 2.2.1. »Zwischen den Zeilen zu lesen ist in allen Fällen verboten, wo es weniger genau wäre, als wenn man es nicht täte.« 2.2.2. »Legitim ist nur ein solches Lesen zwischen den Zeilen, das von einer genauen Erwägung der ausdrücklichen Aussagen des Autors ausgeht.« 2.2.3. »Der Zusammenhang, in dem eine Aussage vorkommt, und sowohl der literarische Charakter des ganzen Werkes als auch sein Plan müssen vollkommen verstanden sein, bevor eine Interpretation der Aussage vernünftigerweise beanspruchen kann, angemessen oder sogar richtig zu sein.« 2.2.4. »Man ist nicht berechtigt, eine Stelle zu streichen oder ihren Text zu verbessern, bevor man alle vernünftigen Möglichkeiten, die Stelle so zu verstehen, wie sie dasteht, vollständig erwogen hat – wobei eine dieser Möglichkeiten wäre, daß die Stelle ironisch sein könnte.« 2.2.5. »Wenn ein Meister der Schreibkunst solche Fehler begeht, die einen intelligenten Gymnasiasten beschämen würden, ist es vernünftig anzunehmen, daß sie absichtlich sind, insbesondere wenn der Autor die Möglichkeit absichtlicher Fehler beim Schreiben wie beiläufig auch immer diskutiert.« 2.2.6. »Die Ansichten des Autors eines Dramas oder Dialogs dürfen nicht ohne vorhergehenden Beweis mit den Ansichten in eins gesetzt werden, die von einem oder mehreren seiner Charaktere geäußert werden, oder mit jenen, auf die sich alle seine Charaktere oder seine zugkräftigen Charaktere einigen.« 2.2.7. »Die wirkliche Meinung eines Autors ist nicht notwendigerweise identisch mit der, welche er in der größten Anzahl von Stellen zum Ausdruck bringt.« 2.3. Bei der Interpretation muss man einem Philosophen der »Großen Tradition« allen nur denkbaren »Kredit« einräumen. Man muss auf den Versuch verzichten, weiser zu sein als der interpretierte Autor, und diesen vielmehr selbst zum Führer durch seine eigenen Schriften wählen. Dabei muss man alle Kräfte des Verstehens und der Vorstellung anspannen, um die von dem Autor selbst errichteten Wegweiser wie auch seine beiläufigen Hinweise auf die Führungslinie zu erkennen. 2.4. Die traditionelle Terminologie ist inzwischen obsolet geworden. Sie war in der Phase ihrer Modifizierung noch geläufig. Deshalb muss man die Anfangsgründe einer Sprache lernen, die beispielsweise Spinozas Zeitgenossen noch vertraut war. Der Interpret muss jenen »Hintergrund« rekonstruieren, der aus Spinozas Perspektive für das Verständnis seiner Bücher unverzichtbar war. Um den relevanten Hintergrund gewinnen zu können, muss man jenen Bereichen der philosophischen Tradition höchste Aufmerksamkeit schenken, die Spinoza selbst und ausdrücklich als bedeutsam akzentuiert hat. Dabei können mittelmäßige Lehrbücher, die Spinoza benutzt hat, zum Teil wichtiger sein als die heute hervorgehobenen Klassiker. Der Terminologie kommt hierbei besondere Bedeutung zu. Man muss sich der

Sprache bedienen, die einer Epoche zu eigen war. Wenn man deren Grenzen überschreitet und sich einer modernen Terminologie befleißigt, trägt man eine fremde Welt in eine Interpretation hinein, die exakt zu sein behauptet. 2.5. Das hermeneutische Prinzip der Interpretation, das von demjenigen der Erklärung strikt unterschieden werden muss, führt zu primären Fragen folgender und ähnlicher Art an ein Buch: »[...] was ist sein Gegenstand, das heißt, wie wird sein Gegenstand durch den Autor bezeichnet oder verstanden? In welcher Absicht behandelt er sein Thema? Welche Fragen wirft er im Hinblick darauf auf, oder mit welchem Gesichtspunkt des Themas ist er ausschließlich oder hauptsächlich befaßt?« 3. Auf die Interpretation eines Textes folgt seine Erklärung. »Unter Erklärung verstehen wir den Versuch, jene Implikationen seiner Aussagen festzustellen, deren er sich nicht bewußt war.« Zur Erklärung eines Textes gehört die Klärung, ob eine bestimmte Feststellung auf einem Fehler beruht oder ob sie der unbewusste Ausdruck eines Wunsches ist oder eines Interesses, eines Vorurteils, einer besonderen historischen Situation. Der Rahmen des Selbstverständnisses eines Autors darf erst nach Abschluss der Interpretation verlassen werden, er muss dann sogar überschritten werden, wenn man diese Denkgestalt beurteilen will. Das gilt beispielsweise für Spinozas Anspruch, die zentralen philosophischen und theologischen Lehren der Vergangenheit widerlegt zu haben. Die Prüfung dieses Anspruchs verlangt naturgemäß die Überprüfung der Stärke seiner Argumente in Auseinandersetzung mit den Argumenten der Klassiker unabhängig davon, ob er diese kannte oder nicht. Der Übergang zur Erklärung markiert die Grenze der rein historischen Arbeit, deren »wertfreie Objektivität« das eigentliche Verstehen vorbereitet. Strauss zeigt in *Naturrecht und Geschichte* am Beispiel der Sozialwissenschaft, dass es falsch wäre, sich ausschließlich auf das hermeneutische Prinzip, eine historische Erscheinung so zu verstehen, wie sie sich in ihrem geschichtlichen Horizont selbst verstand, zu verlassen.

Wer sich auf das historische Verstehen beschränkt, »würde sich ohne Murren der Selbstauslegung seiner Gegenstände beugen müssen«. Eine Wissenschaft, die nicht zur Auseinandersetzung und zur Erklärung fortschreitet, die nicht politisch ist, würde sich zum Opfer der Täuschungen und Selbsttäuschungen derjenigen machen, die sie untersucht. Ihr kritisches Potential wäre dadurch enorm belastet. Der Maßstab der Selbstinterpretation untersuchter Phänomene dient vordergründig dazu, unterschiedliche begriffliche Bezugsrahmen zu entwickeln, welche die vergleichende Beurteilung und Bewertung verschiedener Phänomene ermöglichen. Um nicht der Selbstinterpretation und der Selbsttäuschung der modernen Gesellschaft mitsamt ihren verborgenen Voraussetzungen aufzusitzen, muss man den von ihr vorgegebenen, meist unreflektierten und sogar weitgehend unbewussten Bezugsrahmen zugunsten eines historisch neutralen Referenzschemas verlassen. Ein unhistorisches Schema, etwa das der klassischen Philosophie, kann seinerseits nur gefunden werden, wenn man primär der Selbstinterpretation des klassischen Denkens folgt. Ein Maßstab für die Bewertung kann eine solche Selbstinterpretation allerdings nur sein, wenn sie durch die Erklärung geprüft und in die Auseinandersetzung geführt wird. Einen Denker so zu verstehen, wie er sich selbst verstand, ist etwas anderes, als einen Gedanken so zu verstehen, wie er von sich aus verstanden werden muss. Hier zeigen sich die Grenzen des hermeneutischen Prinzips von Leo Strauss und die Grenzen seiner Intention als Philosophiehistoriker. Die hermeneutischen Grundsätze historischen Verstehens bleiben der Sache, um die es geht, äußerlich. Sie helfen dem Interpreten, an jene Grenze zu gelangen, die in Richtung auf das philosophische Problem überschritten werden muss. Strauss greift die Formel, man könne einen Autor besser verstehen, als dieser sich selbst verstanden habe, nur insoweit an, als sie zum Prinzip einer *historischen* Interpretation gemacht wird. Ursprünglich aber war die Formel Ausdruck einer *philosophischen* Absicht im Interesse der Wahrheit. Und war es nicht Platon, der angedeutet hat, dass man die Dichter besser verstehen *muß*, als diese sich selbst verstehen? Einen Künstler zum autoritativen Interpreten der eigenen Werke zu machen hieße, einem übertriebenen Psychologismus aufzusitzen. Der Philosophie geht es immer darum, etwas besser zu verstehen und sich der Wahrheit immer weiter anzunähern. Vielleicht muss man in einem gewissen Sinn sogar von Heidegger sagen, er habe die großen Denker besser verstanden, indem er sie »schöpferisch« verstand. Strauss jedenfalls hat bei Heidegger eine solche Ernsthaftigkeit, Tiefe und Konzentration in der Interpretation philosophischer Texte kennengelernt, dass nur die Nächstenliebe ihn gezwungen habe, einen Vergleich mit Werner Jaeger, den Strauss in Berlin gehört hat, auf die Bemerkung zu beschränken, dass es da keinen Vergleich gab.[98]

# 5. Sokrates: Der Ursprung und die Wiedergewinnung der politischen Philosophie

Die Krise der Philosophie macht es notwendig, zum Ursprung der politischen Philosophie zurückzukehren. Wenn man nach Ciceros berühmtem Urteil Sokrates als den Begründer der politischen Philosophie anerkennt, wird man die Wiedergewinnung der politischen Philosophie in der Auseinandersetzung mit Sokrates suchen müssen. Das zentrale Problem für das Werk von Leo Strauss ist mithin das Problem des Sokrates, das Nietzsche auf andere Weise in der *Götzen-Dämmerung* formulierte. Sokrates war der Erste, der das zweckhafte menschliche Handeln in das Zentrum der philosophischen Aufmerksamkeit rückte und damit zugleich die Zwecke als den Schlüssel zum Ganzen verstand. Die Frage nach dem Wert dieser Position ist die eine Seite des sokratischen Problems. Seine andere Seite ist eine eher technische Frage. Von Sokrates haben wir keine authentischen Nachrichten, es gibt keine Sokratischen Schriften. Wir verfügen nur über Berichte aus fremder Hand und dazu solche sehr unterschiedlicher Art, eine Komödie von Aristophanes, verschiedene sokratische Werke Xenophons, die Dialoge Platons und einige Erwähnungen im Werk des Aristoteles. Das Problem ist, ob es gelingt, aus diesen unterschiedlichen »Quellen« ein kohärentes Sokrates-Bild zu gewinnen.[99]

## Das Problem des Sokrates

Friedrich Nietzsche berichtet in *Jenseits von Gut und Böse*, einer platonisch-antiplatonisch schillernden Schrift: »so wüßte ich nichts, was mich über *Plato's* Verborgenheit und Sphinx-Natur mehr hat träumen lassen als jenes glücklich erhaltene petit fait: dass man unter dem Kopfkissen seines Sterbelagers keine ›Bibel‹ vorfand, nichts Ägyptisches, Pythagoreisches, Platonisches, – sondern den Aristophanes«. In den *Wolken* des Komödiendichters Aristophanes ist Sokrates eine Hauptfigur. Auf den ersten Blick scheint es, als wolle Aristophanes Sokrates nicht nur verspotten, sondern als Verführer der Jugend und als Verantwortlichen für den Verfall der alten Tugenden und des Geistes von Marathon anklagen. Strauss, der das Gesamtwerk des Aristophanes in *Socrates and Aristophanes* untersucht hat, stellt in seiner Interpretation eher das Verbindende als das Trennende in den Vordergrund. Er versteht die *Wolken* weniger als Anklage denn als »eine freundliche Warnung« an Sokrates, die durch »eine Mischung von Bewunderung und Neid« unterrichtet sei. Dabei richte sich der Neid nicht nur auf Sokrates' Weisheit, sondern auf seine vollkommene Freiheit und Unabhängigkeit von öffentlicher Zustimmung, auf die der Komödiendichter anders als der Philosoph angewiesen ist. Die Warnung an Sokrates bezieht sich auf das prekäre Verhältnis zwischen der Öffentlichkeit und demjenigen, der die Natur studiert. Die unphilosophische Menge wird den Philosophen nicht verstehen, sie wird ihn seiner Überlegenheit wegen beneiden und seiner Randständigkeit wegen verlachen, sie wird ihn schließlich seiner Skepsis gegenüber dem Herkommen wegen verfolgen. Um die *Wolken* richtig zu verstehen, muss man zunächst einige Grundzüge der Komödie von Aristophanes im Allgemeinen berücksichtigen. Die klassische Komödie ist kein Klamauk. Ihre Obszönität und Lächerlichkeit sind nur ein

Mittel, mit dem der Dichter auch das Feierlichste und Höchste zum Gegenstand der Überlegung und der öffentlichen Darstellung machen kann. Das ernsthafte Element der Komödie ist darin zu suchen, dass sie Gerechtigkeit und Tugend lehren will, ohne die konventionellen Vorstellungen einfach zu übernehmen. So sind selbst die Götter nicht davor sicher, der Lächerlichkeit preisgegeben zu werden. Strauss ordnet in diesem Sinn der Komödie einen ähnlichen politischen Status zu wie der Philosophie. Aristophanes erblickt das Gerechte in einem zurückgezogenen Leben auf dem Land, das sich den Freuden des Körpers widmet. Daraus ergibt sich eine Spannung zwischen dem Öffentlichen und dem Privaten. »Ein Hauptthema, das erste Thema der Aristophaneischen Komödie, ist daher die Spannung zwischen der Stadt, der politischen Gemeinschaft, und der Familie oder dem Haushalt.« Der Spannung liegt die Unterscheidung zwischen Natur und Gesetz oder Konvention zugrunde, denn die Familie und die Privatsphäre scheinen bei Aristophanes natürlicher zu sein als die Belange der Politik. Und er geht noch weiter, indem er auch die konventionellen Verhaltensregeln der Familie befragt und in den *Wespen* beispielsweise in Zweifel zieht, dass es ein Verbrechen sei, seinen Vater zu schlagen. »Deshalb wäre die angemessenere Beschreibung der fundamentalen Polarität diese: der Konflikt zwischen dem Angenehmen einerseits und dem Gerechten und Edlen andererseits. Nun erfordert dieses Leben der Lustbarkeit, des Friedens und des Genusses, das natürliche Leben nach Aristophanes' Darstellung, die erfolgreiche Revolte gegen die Götter, denn die Götter sind strafend und streng.« Strauss wendet sich mit dieser Interpretation gegen Hegel, der in der Aristophaneischen Komödie den Sieg der Subjektivität über alles Objektive und Substantielle, über die politische Gemeinschaft, die Familie, die Moral und die Götter erkennen wollte. Nach Hegel wird sich das autonome Subjekt seiner selbst als der Quelle alles Objektiven bewusst und nimmt das Objektive in sich zurück. Laut Strauss ist die Basis dieser Rücknahme jedoch nicht das Selbstbewusstsein des Subjekts, sondern das Wissen von der Natur und damit gerade das Gegenteil vom Selbstbewusstsein. »Die Basis der Aristophaneischen Komödie ist Wissen von der Natur, und das heißt für die Alten Philosophie. Aber Philosophie ist ein Problem, Philosophie hat keine politische oder bürgerliche Existenz.« Und genau darauf bezieht sich die Warnung an Sokrates. Aristophanes zeigt den »vorsokratischen« Sokrates, der in seiner Schule Naturwissenschaft und Rhetorik lehrt, der nicht an die Götter seiner Stadt glaubt und sich ansonsten durch einen wundersamen Mangel an Klugheit und Selbsterkenntnis auszeichnet. Dieser Sokrates agiert in einem dramatischen Setting, in dem der Konflikt zwischen hergebrachter Moral und hergebrachter Theologie zum Austrag kommt. Die natürliche Kluft zwischen Familie und Stadt muss in irgendeiner Form überbrückt werden, weil die Familie nicht autark ist und die städtische Gemeinschaft braucht. So gibt es bestimmte konventionelle Regeln wie das Verbot des Inzests, welche die Familie zwingen, im Interesse ihres Fortbestands in die Stadt zu expandieren. Die konventionellen Regeln, welche die Kluft zwischen Familie und Stadt überbrücken helfen, können jedoch nur wirksam funktionieren, wenn sie durch Bezugnahme auf die Götter geweiht werden. Das aber ist wiederum ein Problem für sich. Die Frage ist, was Philosophie und Dichtung zur Lösung dieses Problems, in das sie unmittelbar eingebunden sind, beitragen können. Aristophanes wirft Sokrates vor, als Naturforscher gleichgültig gegenüber Problemen der Gerechtigkeit zu sein. Es sei zwar richtig, dass niemand, der wie Sokrates sein Leben dem Erforschen der Natur widmet, einen Anreiz habe, anderen Schaden zuzufügen. Aber Sokrates übersehe, dass nur wenige zu einem theoretischen Leben fähig wären. Er sei unempfänglich für die verheerende Wirkung, die seine Gleichgültigkeit auf das Leben der Stadt habe, wenn auch die normalen Menschen, die keine Philosophen sind, von Sokrates' Ansicht beeinflusst werden sollten. Sokrates sei sich des Umfeldes nicht bewusst, in dem er seine theoretischen Forschungen betreibt. Deshalb mangele es ihm an Klugheit und Selbsterkenntnis. Er sei aus Unverstand unpolitisch und deshalb gefährdet. Wenn Sokrates in den *Wolken* verfolgt wird, hat er keine Mittel zur Verteidigung. Naturforschung und Rhetorik verleihen keine politische Macht. Die Dichtung ist im Gegensatz zur Philosophie sehr wohl eine politische Autorität, weil sie mit den ihr eigenen Mitteln die Öffentlichkeit beeinflussen kann. Das Szenario, das Aristophanes entwickelt, ist für Strauss deshalb so bedeutend, weil es in der Figur des Sokrates, des Begründers der politischen Philosophie, die Situation unmittelbar vor der Hinwendung der Philosophie zur politischen Sphäre greifbar werden lässt. Es macht den Hintergrund der Begründung der politischen Philosophie plastisch und hebt dabei ein wichtiges inhaltliches Merkmal der politischen Philosophie hervor, die Selbsterkenntnis des Philosophen in seiner politischen Situation. Aristophanes zeigt einen Sokrates, der das Ganze der Natur erforscht und von politischen Dingen nichts versteht. Das Anliegen der Philosophie transzendiert die Polis. Weil die Philosophie nicht in der Lage ist, die Nicht-Philosophen oder das normale Volk zu überreden, ist sie keine politische Macht. »Philosophie kann im Gegensatz zur Dichtung die Menge nicht bezaubern. Weil Philosophie das Menschliche und Ephemere transzendiert, ist sie radikal unpolitisch, und sie ist daher amusisch und unerotisch. Sie kann nicht die gerechten Dinge lehren, während die Dichtung dies kann. Philosophie muss dann um eine Beschäftigung ergänzt werden, welche politisch ist, weil sie musisch und erotisch ist, wenn Philosophie gerecht werden soll. Philosophie mangelt es an Selbsterkenntnis. Dichtung ist Selbsterkenntnis.« Platon hat dieses Problem gesehen und den athenischen Fremden in den *Gesetzen* eingestehen lassen, dass die menschlichen Dinge eines gewissen Ernstes wert seien. »Die Anerkennung der Tatsache durch die Philosophie, dass die menschliche Rasse eines gewissen Ernstes wert ist, ist der Ursprung der politischen Philosophie oder politischen Wissenschaft. Wenn diese Anerkennung jedoch philosophisch sein soll, muß dies bedeuten, daß die politischen Dinge, die bloß menschlichen Dinge, von entscheidender Wichtigkeit für das Verstehen der Natur als Ganzes sind. Der Philosoph, der dies als erster realisierte, war Sokrates, der Sokrates, der aus dem Sokrates der *Wolken* hervorgegangen ist.« Diese Aussage von Strauss verweist noch einmal auf die Gewichtung der Elemente innerhalb der politischen Philosophie. Nicht nur die Selbsterkenntnis des Philosophen und die Verteidigung des philosophischen Lebens verlangen das Politischwerden der Philosophie, sondern in erster Linie das philosophische Erkenntnisinteresse, das auf die Natur des Ganzen gerichtet ist. Ohne die Verbindung zum Problem der Kosmologie wäre die Wendung zum Politischen unphilosophisch. Das Verbindungsglied zwischen der politischen Sphäre und dem Problem der Kosmologie ist die Erkenntnis von Zwecken. Die Einführung teleologischer Prinzipien in die Wissenschaft vom Ganzen ist die philosophische Leistung der politischen Philosophie. Auch deshalb läuft das Projekt der Moderne auf die Abschaffung der politischen Philosophie hinaus, weil sie die Naturerkenntnis von teleologischen Prinzipien »reinigt«.[100]

Xenophons sokratische Schriften können als eine Antwort auf die Darstellung des Sokrates bei Aristophanes gelesen werden. Der Sokrates des Xenophon ist das genaue Gegenteil von dem des Aristophanes. Sokrates erscheint bei Xenophon nicht als der bloße Betrachter von Dingen im Himmel und unter der Erde, sondern als der politische Erzieher par excellence. Er verfügt über praktische Weisheit, wie man nur über sie verfügen kann.

Das zeigt sich unter anderem in seinen militärischen Fähigkeiten, die Sokrates anders als Kyros, der Gegenpol im Werk Xenophons, nicht ausüben wollte. Die Grundlage seiner Funktion als politischer Erzieher ist die Erkenntnis von der Unterschiedlichkeit der einzelnen Menschen hinsichtlich ihrer Talente und ihrer moralischen Eignung und die Fähigkeit, sie entsprechend unterschiedlich anzusprechen und zu behandeln. Sokrates versteht die Natur der politischen Dinge und hat erkannt, dass sie nicht einfach vernünftig, sondern auch durch Leidenschaften und andere Kräfte bestimmt sind. Sie sind eine Klasse für sich, wie die noetische Heterogenität des Ganzen zeigt. Zwischen dem Gemeingut, der auf die politische Sphäre zugeschnittenen Gerechtigkeit, und dem privaten Gut besteht ein wesentlicher Unterschied, vor allem, wenn das private Leben ein philosophisches Leben ist.

»Sokrates ist der erste Philosoph, der dem Anspruch des Politischen gerecht wurde, dem Anspruch, der tatsächlich von der polis, der politischen Gesellschaft, erhoben wird. Das heißt, daß er sich auch über die Beschränkungen dieses Anspruchs im klaren war. Folglich unterschied er zwischen zwei Lebensweisen, dem politischen Leben und einem, welches das politische Leben transzendiert und welches das höchste ist. Während nun nach Xenophon und seinem Sokrates das transpolitische Leben in der Würde höher steht als das politische Leben, taten sie alles in ihrer Macht Stehende, um Respekt für die Ansprüche der Stadt und des politischen Lebens und von allem, was damit zusammenhängt, einzuflößen. Mäßigung erweist sich als die charakteristische Qualität von Sokrates.«

Mäßigung ist das zentrale Merkmal der Weisheit des Sokrates, verstanden als die Anerkennung der noetischen Heterogenität des Ganzen und damit als Anerkennung der wesentlichen Differenz zwischen dem Politischen und dem Nicht-Politischen. Mäßigung führt zu politischer Umsicht und dem spezifisch politischen Verhalten des Philosophen. Mäßigung bedeutet für einen Philosophen in erster Linie, bestimmte Meinungen anzuerkennen, nicht weil sie wahr sind, sondern weil sie heilsam sind für das politische Leben, das die Voraussetzung der philosophischen Existenz ist. Dazu gehören die Meinungen über die gesetzlichen Götter und die Respektierung der öffentlichen Frömmigkeit, auch wenn klar ist, dass der Philosoph als Philosoph eigene, private Ansichten über die Religion hegt. »Das Politische ist tatsächlich nicht das Höchste, aber es ist das Erste, weil es das Dringendste ist. Es verhält sich zur Philosophie, wie sich Enthaltsamkeit zur eigentlichen Tugend verhält. Es ist die Grundlage, die unverzichtbare Bedingung.« Ein besonderes Zeichen seiner politischen Kunst ist eine spezielle Art von Dialektik, die Sokrates laut Xenophon betrieb. Diese politische oder rhetorische Dialektik hebt nicht mit der auf Wahrheit bedachten Frage »Was ist ...?« an, sie entfaltet sich im Durchgang durch allgemein anerkannte Meinungen, wodurch Sokrates einen hohen Grad an Übereinstimmung in der Öffentlichkeit erreichen konnte. Eine Dialektik, die zu Übereinstimmung anstatt zur Wahrheit führt, ist der Kern der politischen Kunst. Homer hatte diese Kunst Odysseus zugeschrieben, der zu unterschiedlichen Menschen auch in unterschiedlicher Weise zu sprechen verstand und sich in angemessener Form unterschiedlich verhielt. Das Problem des Sokrates ist das Problem des Verhältnisses zwischen Philosophie und Polis. Vom Standpunkt des Aristophanes aus betrachtet, ist die Philosophie nicht in der Lage, dieses Problem zu lösen, weil der Philosoph als Naturforscher unter einem Mangel an Selbsterkenntnis und praktischer Weisheit leidet. Philosophie ist demnach radikal unpolitisch, geradezu »vorsokratisch«, und muss deshalb in ein größeres Ganzes integriert werden, das von der Dichtung gesteuert wird. Im Zusammenhang einer Komödie ist es einfacher, die Autorität der öffentlichen Religion in Zweifel zu ziehen, ohne sich ungeschützt dem Verdacht der Unfrömmigkeit auszusetzen.

Die Komödie des Aristophanes hat die Unterscheidung zwischen Natur und Gesetz zur Voraussetzung, sie basiert mithin auf Philosophie. Sie versteht es aber anders als diese, aufgrund ihrer musischen und erotischen Begeisterung Einfluss auf die Gesellschaft zu nehmen. Nach ihrem Selbstverständnis ist die Dichtung folglich die Grundlage und der Schlussstein der praktischen Weisheit, *innerhalb* deren die Philosophie ihren Platz finden kann. Die Dichtung vermag die Philosophie zu schützen und zu vollenden. Dem Anspruch des Aristophanes muss Xenophon widersprechen, wenn er die Unabhängigkeit und die Würde der Philosophie sichern möchte. Das Problem des Sokrates nimmt bei ihm folglich eine andere Gestalt an. Sokrates ist sich der politischen Problematik der Philosophie absolut bewusst, wie sich in der Gegenüberstellung des politischen und des philosophischen Lebens und ihrer Abwägung gegeneinander zeigt. Seine politische Philosophie besteht im Wesentlichen in einer Verhältnisbestimmung der beiden Bereiche zueinander. Die philosophische Einsicht von der noetischen Heterogenität des Ganzen führt zunächst zu der Erkenntnis, dass das Politische sui generis ist. Das Politische ist ein eigener Bereich des Seienden und kann als solcher nicht auf etwas Unpolitisches reduziert werden. Das heißt, dass man den Anspruch der Polis auf Gesetzestreue und den Glauben an die Götter, die von der Stadt verehrt werden, anerkennen und respektieren muss. Das heißt aber nicht, dass der Anspruch der Polis darauf, die höchste Autorität zu sein, gerechtfertigt ist. Denn dies würde bedeuten, dass Gerechtigkeit im rechtlichen Sinne der wahren Tugend, der »translegalen« Gerechtigkeit, überlegen wäre. Es würde bedeuten, dass der Anspruch der Philosophie, die wahre Antwort auf die Frage nach dem richtigen Leben geben zu können, nichtig wäre. Es kommt also darauf an, den Status des Politischen gegenüber dem Status der Philosophie zu klären. »Das Urteil über den Status des Politischen wird von dem Ergebnis der Analyse des Politischen abhängen. Man kann sagen, daß Sokrates' Analyse des Politischen beim Phänomen des Gesetzes beginnt, denn Gesetze scheinen das spezifisch politische Phänomen zu sein.« Die Existenz der Polis hängt von der Gesetzestreue ihrer Bürger ab. Gerechtigkeit im Sinne von Gesetzestreue ist somit die politische Tugend schlechthin. Auch scheint die Legitimität politischer Herrschaft an die Existenz von Gesetzen gebunden zu sein. Legitime Herrschaft ist Herrschaft der Gesetze, nicht Herrschaft nach der Willkür Einzelner oder der Menge. Die entscheidende Frage aber ist, wie die Gesetze zustande kommen, denn die an die Gesetze gebundenen Herrscher sind ja zugleich Gesetzgeber, und es kommt darauf an, dass sie gute Gesetze machen. Die Unterscheidung von legitimen und nicht-legitimen Regimen verändert sich also zu der Unterscheidung zwischen guten und schlechten Regimen. Wenn aber die entscheidende Eigenschaft eines guten Gesetzgebers Weisheit ist, dann wird das gute Regime die Herrschaft der Weisen sein. Ein berechtigter Herrschaftsanspruch kann folglich nur auf Wissen gegründet werden. Das Wissen jedoch erhebt den Weisen über das Gesetz.

»Der Mann von der höchsten politischen Weisheit ist jedem Gesetz überlegen, nicht nur weil er allein der Ursprung ausgezeichneter Gesetze sein kann, sondern gleichfalls weil er eine Flexibilität hat, die Gesetzen, wie weise sie auch immer sein mögen, notwendigerweise fehlt. Der Mann von der höchsten politischen Weisheit ist ein sehendes Gesetz, wohingegen jedes eigentliche Gesetz in einem gewissen Ausmaß blind ist. Die Gerechtigkeit des wahren Herrschers kann deshalb nicht in Gesetzestreue oder rechtlicher Gerechtigkeit bestehen. Er muß von einer translegalen Gerechtigkeit geleitet sein, von der Gewohnheit, menschlichen Wesen zu nützen, ihnen zu helfen, so gut wie möglich zu werden und so glücklich wie möglich zu leben.«

Die politische Kunst überschreitet, wenn sie zur Vollkommenheit gebracht ist, die Gesetze. Sie ist nicht am konventionellen Nomos ausgerichtet, sondern am Naturrecht. Zwar taucht der Begriff des Naturrechts als solcher bei Xenophon nicht auf, durchaus aber der Begriff des ungeschriebenen Gesetzes. Das ungeschriebene Gesetz setzt sich selbst durch, insofern seine Durchbrechung den Gesetzesbrecher ohne jeden menschlichen Eingriff bestraft. Die in der menschlichen Natur angelegte Ordnung ist der Maßstab der höchsten politischen Kunst. Nach der Analyse des Politischen bei Xenophon, die im Wesentlichen mit der Analyse Platons übereinstimmt, scheint das politische Problem durch die Herrschaft der Weisen gelöst werden zu können. Andererseits aber zeigt sich erst an diesem Punkt die eigentliche Dimension des politischen Problems. Der Weise kann nur kraft seiner Weisheit herrschen, das heißt, er ist darauf angewiesen, dass die Nicht-Weisen seine Weisheit und den mit ihr verbundenen Herrschaftsanspruch anerkennen. Doch ist dem eine natürliche Grenze gesetzt. Die Überredungskunst des Weisen allein wird nicht ausreichen, seine Herrschaft zu sichern, und Gewaltmittel müssen für das beste Regime ausgeschlossen werden. In der Realität wird der Weise folglich nur indirekt herrschen können, wobei sich zeigt, dass die indirekte Herrschaft wiederum die Herrschaft der Gesetze sein wird, auf deren Zustandekommen der Weise in irgendeiner Form Einfluss nehmen kann. »Mit anderen Worten, die unbegrenzte Herrschaft unverwässerter Weisheit muß durch die Herrschaft einer Weisheit ersetzt werden, die durch Zustimmung verwässert ist.« Um die »Blindheit« der Gesetze auszugleichen, müssen ihre Interpretation und Ausführung von kompetenten Bürgern, vom Staatsmann durchgeführt werden. Die Analyse des Politischen führt mithin zu einem politischen Kompromiss, der deshalb nötig wird, weil das politische Leben in jeder Hinsicht mehr oder weniger unvollkommen ist. Somit kann aus der Analyse des Politischen ein Urteil über den Status des Politischen gewonnen werden. Das Politische beinhaltet seinem Wesen nach eine Beeinträchtigung der Weisheit durch die Notwendigkeit der Zustimmung der Nicht-Weisen. Der Anspruch des Politischen, die höchste Autorität für die Führung des menschlichen Lebens zu sein, erweist sich somit als unbegründet. Tugend oder die wirkliche Vollkommenheit des Menschen liegt jenseits des Politischen, sie ist transpolitisch. Der Konflikt zwischen dem politischen und dem philosophischen Leben bleibt somit bestehen, auch wenn die Notwendigkeit und die Überlegenheit des philosophischen Lebens als erwiesen angesehen werden. Der Austrag dieses Konfliktes ist das Thema der Philosophie Xenophons. Die beiden Pole seines Werkes, Kyros und Sokrates, sind die Repräsentanten der zwei widerstreitenden Lebensformen. Die Spannung zwischen ihnen zeigt Xenophon am deutlichsten im *Oeconomicus,* »seiner sokratischen Rede *par excellence*«. Im Zentrum des *Oeconomicus* steht die Vorstellung vom »perfect gentleman«. »Perfect gentleman« ist die englische Übersetzung des griechischen »kalos kagathos aner«, was wörtlich so viel wie »schöner und guter Mann« heißt. Im Grunde ist der Ausdruck aber so unübersetzbar wie sein englisches Pendant, so dass dieses beibehalten werden soll. Die Frage nach dem »perfect gentleman« steht für die Art von Fragen, denen sich Sokrates nach seiner Abwendung von der auf sich selbst gestellten Naturphilosophie zugewandt hat, und betrifft die ethischen und politischen Dinge, für die er sich interessierte, sie umfasst all die ansonsten einzeln zu behandelnden Fragen »Was ist Frömmigkeit?«, »Was ist edel?« und anderes mehr. Auch in dieser Hinsicht ist der *Oeconomicus,* der den »perfect gentleman« zum Thema hat, in Xenophons Werk der sokratische Dialog schlechthin. Am *Oeconomicus* zeigt sich, dass Sokrates durch das Beispiel der Praxis des »perfect gentleman« den Ansatz seines Philosophierens bei den menschlichen Dingen kennengelernt hat. Das Ideal des »perfect gentleman« ist das Tugendideal des politischen Lebens; zu ihm gehören Gesundheit, Körperstärke, öffentliches Ansehen, Ehre, Wohlwollen vonseiten der Freunde, ehrenhafte Sicherheit im Krieg sowie ehrenvolles Wachstum des Wohlstands. Das politische Leben zeigt sich hier in enger Verknüpfung mit dem im ökonomischen Sinne privaten Bereich. Entsprechend kann ein »gentleman« auch durchaus in einer aufgeklärten Tyrannis sein Glück finden. So zentral das Thema des »perfect gentleman« für Sokrates ist, so entscheidend ist die Einsicht, dass Sokrates selbst kein »gentleman« ist und keiner sein möchte, es sei denn, man setzt zwei unterschiedliche Begriffe von »gentleman« voraus, wobei einer dem entspricht, was die gewöhnlichen Leute denken, und der andere, sokratische, dem des Weisen. Sokrates ist zu wenig auf seine Reputation bedacht, nimmt sogar den schlechten Ruf in Kauf, den Aristophanes und andere Komödienschreiber ihm angedichtet haben, er steht im Ansehen eines armen Mannes, der sich mit eitlem Geschwätz in der Öffentlichkeit herumtreibt, anstatt sein eigenes Haus zu bestellen. Sokrates verzichtet auf derlei öffentlich angesehene Vorzüge, er verzichtet sogar darauf, im Ansehen der Tugend der Männlichkeit zu stehen, weil er ein Mensch ist und kein »Mann«. Der »gentleman« und Sokrates sind Repräsentanten zweier unterschiedlicher Arten von Tugend, der politischen oder vulgären Tugend auf der einen Seite, die dem praktischen oder politischen Leben angemessen ist, und der wirklichen Tugend, die im philosophischen Leben ihren angemessenen Ausdruck findet. Das Hervorstechende der sokratischen Tugend beruht auf ihren geistigen Qualitäten. Sokrates weiß aufgrund eigenen Nachdenkens, was fromm, was unfromm, was hoch und was niedrig ist. Die Tugend des politischen Lebens verlangt eine ehrgeizige Natur, während die Tugend des philosophischen Lebens eine gute Natur voraussetzt. Im gleichen Verhältnis zueinander stehen die Erziehungskonzepte, die beide repräsentieren. Sokrates verfügt über ein besseres Verständnis davon, was Erziehung ist, und davon, welch bedeutende Rolle die Frömmigkeit bei der Erziehung spielt.[101]

Die dritte wichtige »Quelle« zu Sokrates sind die Dialoge Platons. Sie sind Zeugnisse eminent politischer Philosophie und unterscheiden sich dadurch von den sokratischen Schriften Xenophons, die mitunter auch einen historisch geprägten Zugang zum Problem des Sokrates suchen. Wenn man von Aristophanes', Xenophons oder Platons »Sokrates« spricht, darf man dahinter nur in sehr zurückgenommener Weise den »historischen Sokrates« vermuten. Platoniker intendieren die philosophische Wahrheit. »Sokrates« ist mithin eine Art Chiffre, ein Siegel, das für etwas steht. »Sokrates« bezeichnet »das Problem des Sokrates«, das politische Problem der Philosophie und der Wissenschaft. Die Gegenüberstellung von Aristophanes und Xenophon dient in erster Linie der Konfrontation des »vorsokratischen« mit dem »sokratischen« Sokrates, oder anders gesagt, einer unpolitischen mit einer politischen Präsentation der klassischen Philosophie. Platons Dialoge gehen darüber hinaus. Insbesondere seine Schrift über den Staat, die *Politeia*, ist eine philosophische »Exposition der *ratio rerum civilium*, des wesentlichen Charakters der politischen Dinge, wie Cicero weise gesagt hat«. Die *Politeia* ist nach Strauss mithin das gerade nicht, wofür sie lehrbuchhaft gehalten wird, nämlich der Entwurf eines idealen Staates. Einen Entwurf des besten Staates liefert nach Strauss demgegenüber die Schrift über die Gesetze, die *Nomoi*, einen Entwurf jedenfalls des bestmöglichen Staates für Menschen. Insofern sind die *Nomoi* das politischste Werk Platons, während die *Politeia* das Hauptwerk der politischen Philosophie ist. Was bedeutet es, wenn man die *Politeia* als »Exposition der *ratio rerum civilium*« bezeichnet und nicht als einen Idealstaatsentwurf? Strauss zufolge geht es Platon darum, die wesentliche Beschränkung des Politischen aufzuzeigen. Die Grenzen des Politischen liegen im Transpolitischen, in demjenigen, was das Politische zur Voraussetzung hat und zugleich im Hinblick auf die Frage nach dem richtigen Leben überschreitet. Strauss sieht drei Möglichkeiten, die wesentliche Beschränkung des Politischen zu verstehen, gemäß der klassischen politischen Philosophie, gemäß der offenbarten Religion und gemäß der modernen politischen Philosophie oder des Liberalismus.

»Nach Sokrates ist das Transpolitische, dem das Politische seine Würde verdankt, Philosophie oder theoria, welche jedoch nur dem zugänglich ist, was er gute Naturen nennt, menschlichen Wesen, die eine bestimmte natürliche Ausstattung besitzen. Nach der Lehre der Offenbarung ist das Transpolitische durch Glauben zugänglich, welcher nicht von spezifischen natürlichen Voraussetzungen abhängt, sondern von göttlicher Gnade oder Gottes freier Wahl. Nach dem Liberalismus besteht das Transpolitische in etwas, welches jedes menschliche Wesen so gut wie jedes andere menschliche Wesen besitzt. Der klassische Ausdruck liberalen Denkens ist die Ansicht, daß die politische Gesellschaft vor allem zum Schutz der Rechte des Menschen besteht, der Rechte, welche jedes menschliche Wesen ohne Rücksicht auf seine natürlichen Gaben wie auf seine Leistung besitzt, um von göttlicher Gnade gar nicht zu reden.«

Diese scheinbar beiläufig eingestreute Bemerkung verdient eine besondere Aufmerksamkeit. Sie formuliert nicht drei gleichwertige Möglichkeiten, das Transpolitische aufzufassen, sondern drei unterschiedliche Positionen beziehungsweise Negationen des Politischen selbst in Verbindung mit drei Auffassungen von der menschlichen Natur. Dabei vermag der politische Liberalismus oder die moderne politische Philosophie das Politische nur als eine Funktion des Subpolitischen zu verstehen, insofern das Konstrukt der politischen Gesellschaft in erster Linie die Aufgabe hat, die vorpolitische Gleichheit der Menschen im

Hinblick auf ihre »natürlichen« (Überlebens-)Ansprüche durchzusetzen und zu sichern. Das Politische ist hier insofern sekundär, als es nur in einem instrumentellen Sinne, als »vernünftige« Konsequenz eines polemisch konstruierten Naturzustandes entwickelt wird. Gemäß der Lehre der Offenbarungsreligion ist das Transpolitische die überpolitische Sphäre göttlichen Heilsgeschehens. Sie ist insofern vom vorpolitischen und politischen Bereich unabhängig, als ihr entscheidendes Funktionsprinzip eine göttliche Aktivität ist, die dem Einflussbereich des Menschen grundsätzlich entzogen ist. Auch hier besteht trotz der prophetologischen Vermittlung zwischen beiden Sphären kein grundsätzlicher Funktionszusammenhang zwischen dem Politischen und dem Transpolitischen. Allein die Sokratische Auffassung vom Transpolitischen bringt das Politische selbst zur Anerkennung. Die Grenze des Politischen ist nicht etwas der Politik Fremdes wie das göttliche Heilsgeschehen oder die vor dem Politischen zu schützende Privatsphäre des über Eigentum verfügenden Individuums, sondern die Vollendung der menschlichen Natur in der Philosophie, die das Politische als Schlüssel für die Erkenntnis des Ganzen zum Ausgangspunkt hat. Nur die Sokratische Verhältnisbestimmung grenzt das Politische nicht aus, sie erkennt im Gegenteil die Notwendigkeit und den Wert der Polis an. Sie ist kognitiv unverzichtbar für die Erkenntnisbemühungen der Philosophie, sie ist moralisch unverzichtbar als Wirkungsfeld der gewöhnlichen Tugend und als Bezugsrahmen der Stufe von Vollkommenheit für diejenigen, die nicht über die natürlichen Voraussetzungen für ein philosophisches Leben verfügen, und sie ist pragmatisch unverzichtbar als Voraussetzung für die Subsistenz des Philosophen. Das Transpolitische ist für die klassische politische Philosophie mithin nicht vom Politischen abgewandt, sondern dasjenige, was das Politische transzendiert, ohne es als seine Voraussetzung zu vergessen. Die Offenheit der

Polis zur Philosophie muss gleichwohl von einer Abgeschlossenheit gegenüber der Philosophie begleitet sein, weil sie sonst den Zwecken der Bürger nicht dienen und insgesamt nicht funktionieren könnte. Es gibt eine Grenze der Rationalität als Grenze der Rationalisierbarkeit der Politik. Diese Grenze zu sehen und die richtigen Schlüsse aus dem Spannungsverhältnis zu ziehen heißt, die Natur der politischen Dinge zu verstehen. Und in diesem Sinne ist die *Politeia* eine »Exposition der *ratio rerum civilium*« in der Maske eines Idealstaatsentwurfs. Zur Verdeutlichung seien nur einige wenige Punkte hervorgehoben. Die *Politeia* gründet in der Rede eine Polis. Die beschriebene Stadt muss deshalb erst gegründet werden, weil sie eine nie dagewesene, von Natur aus gerechte Sozialordnung oder die vollkommen rationale Gesellschaft beschreibt. Das Schema verlangt von jedem Bürger vollkommene menschliche Gerechtigkeit, was so viel wie den Verzicht auf jegliches Eigeninteresse und die einsichtige Einordnung in eine natürliche Hierarchie bedeutet, deren Spitze die Philosophen als absolute Herrscher einnehmen. Nur so und unter Abstraktion vom Körperlichen, das die natürliche Grenze jeder Vergesellschaftung ist, ist der radikale Kommunismus der gerechten Stadt verständlich. Hier aber steht der Platonische Sokrates vor dem gleichen Problem wie der Sokrates Xenophons. Wie ließe sich die absolute Herrschaft der Philosophen in der vollkommen rationalen Gesellschaft gegenüber den Herrschaftsansprüchen der Nicht-Weisen ohne physische Zwangsmittel, also ohne die Ausübung einer tyrannischen Macht durch den Philosophen, realisieren? Das ist nur möglich mittels der Überredungskunst einer »edlen Rhetorik«, die Strauss in den *Thoughts on Machiavelli* auch eine »anklagende oder strafende Rhetorik« nennt, welche die Anwendung gezielter »Unwahrheiten« einschließt und im Rahmen der von Philosophen entworfenen Grundzüge von Rednern oder Dichtern durchgeführt werden muss. Dies ist die Einbruchstelle des Nicht-Idealen in das scheinbar ideale Schema der rationalen Sozialordnung. »Selbst die rationale Gesellschaft, die Gesellschaft gemäß Wahrheit und Natur, ist nicht möglich ohne eine fundamentale Unwahrheit.« Und so macht Strauss auf eine Merkwürdigkeit in der *Politeia* aufmerksam, auf die vor ihm nur Alfarabi hingewiesen hat, dass nämlich Thrasymachos, Redner und Gegner der Sokratischen Position im Eröffnungsgespräch über die Gerechtigkeit, mit Sokrates Freundschaft schließt und in den »Idealstaat« integriert wird, weil »der Weg des Sokrates, der nur für den Umgang des Philosophen mit der Elite angemessen ist, mit dem Weg des Thrasymachos kombiniert werden muß, der angemessen ist für den Umgang des Philosophen mit der Menge«. Der ambivalenten Position des Thrasymachos entspricht die zentrale Stellung des mittleren Seelenteils, des Mutes (thymos), in der *Politeia.* Der »thymos« ist eine Art Energie, die nicht von sich aus auf ein letztes Ziel gerichtet ist, sondern sich mit unterschiedlichen Kräften verbinden kann. Er kann die Sache der Polis ebenso zu der seinen machen wie die Sache des Geistes. In ihm verbindet sich das Höhere mit dem Niederen, er ist das Band zwischen dem Philosophen und der Menge. Die ambivalente Haltung der *Politeia* gegenüber Thrasymachos zeigt, dass sie sich auf der Handlungsebene, die für die Interpretation Platonischer Dialoge entscheidend ist, um die Stärken und Schwächen der Rhetorik dreht und letztlich die Einsicht in die wesentliche Begrenzung der Vernunft und der Rede im Allgemeinen und damit in die Natur der politischen Dinge formuliert. Gerechtigkeit ist in letzter Konsequenz nur demjenigen möglich, der seine Vernunft in richtiger Weise kultiviert hat, also dem philosophischen Individuum, unabhängig von der Beschaffenheit der Polis, in der es lebt. Umgekehrt wird auch die Qualität einer politischen Gemeinschaft nichts daran ändern, dass gewöhnliche Menschen nicht schlechthin gerecht sein können. »Das gerechte Leben zu führen bedeutet, ein zurückgezogenes Leben zu führen, das zurückgezogene Leben *par excellence*, das Leben des Philosophen.« Für das Verständnis des Politischen ist die Einsicht wesentlich, dass politische Dinge sich immer unterhalb der Vollkommenheit bewegen, deren das Individuum fähig ist. Platon diskutiert alle philosophischen Probleme im Hinblick auf die fundamentale Sokratische Frage »Was ist die richtige Lebensweise?«. Dabei erweist sich das philosophische Leben als die schlechthin richtige Lebensweise. »Schließlich definiert Platon das Naturrecht unter direkter Bezugnahme auf die Tatsache, daß das einzige einfach gerechte Leben das Leben des Philosophen ist.«[102]

Das Problem des Ursprungs und der Grenzen der Rationalität ist in gewisser Weise das Problem des Sokrates oder das Problem der klassischen politischen Philosophie überhaupt. Das Problem, das die klassische politische Philosophie lösen wollte, das Hindernis, das sie überwinden wollte, findet sich in der Darstellung des Sokrates durch Aristophanes in einer Kritik an der Philosophie aus politischer Perspektive, die darauf abzielt, die Unabhängigkeit des philosophischen Denkens gegenüber seiner Integration in die autonome Dichtung einzuschränken. Es ist deshalb auch keine alternative politische Philosophie, es ist die autonome Dichtung, mit der sich die klassische Philosophie als ihrem Gegenmodell auseinanderzusetzen hat. Daraus ergibt sich das schwierige Verhältnis zwischen Dichtung und Philosophie, insofern die Philosophie einerseits auf die Dichtung als »Hilfskunst« angewiesen ist, die zwischen ihr und der politischen Sphäre dank »edler Täuschungen« vermitteln kann, sie aber andererseits den Anspruch der autonomen Dichtung, Gerechtigkeit zu lehren und so das politische Problem zu lösen, zurückweisen muss. Die Übereinstimmung zwischen Philosophie und Dichtung geht in dieser Situation denkbar weit. Das Thema der Dichtung ist die menschliche Seele, und sie verfügt über ein Wissen von der Seele, so dass Strauss sie als »psychologia kai psychagogia« bezeichnet, als Verständnis von der Seele und als Seelenführung. Genau das aber ist auch die Platonische Philosophie. »Der Kern oder die *arche*, das begründende Prinzip der Platonischen Philosophie ist die Lehre von der Seele, und dieser Kern oder diese *arche* ist identisch mit dem Thema der Dichtung.« Eine noch weiter gehende Übereinstimmung zeigt sich in der Darstellung der Platonischen Philosophie im Dialog, einer Art Drama oder Dichtung. Platon verlangt nicht nur, dass die Dichtung eine »Hilfskunst« sein müsse, sondern er wählt für die Darstellung seiner Philosophie ebenfalls ein nicht-autonomes Hilfsmittel aus dem künstlerischen Bereich, wobei beides dem Verständnis der menschlichen Seele dienen soll. Die Präsentation der Platonischen Philosophie soll wie die Dichtung das ganze Sein berühren, weil sie tatsächlich als *die* Lösung *des* menschlichen Problems, des Problems der Glückseligkeit, und daher nicht als Lehre, sondern als Lebensweise angenommen werden will. Die einzige noch mögliche Unterscheidung ist die, dass die Dichtung andere, unterlegene Lebensweisen repräsentiert und die Philosophie als Lösung des menschlichen Problems ausschließt. Insoweit aber nach Platon und Aristoteles das menschliche Problem nicht mit politischen Mitteln lösbar ist, sondern nur durch die Philosophie und die philosophische Lebensweise, ist die Dichtung der Philosophie unterlegen.[103]

## Naturrecht und Geschichte

Die auf der Oberfläche historisch angelegte Schrift *Naturrecht und Geschichte* ist dem vertieften Verständnis des sokratischen, des politischen Problems gewidmet. Es findet zum einen Ausdruck im Sokrates-Bild des Aristophanes, der in der Figur des Sokrates die politische Defizienz der Philosophie insgesamt angreift und folglich den Anspruch, in Fragen der Gerechtigkeit wie der Seelen- und Lebensführung die maßgebliche Kraft zu sein, für die Dichtung reklamiert. Die zweite Seite des sokratischen Problems ist in der philosophischen Antwort auf Aristophanes bei Xenophon und Platon formuliert. Sie demonstrieren die politische Bewusstheit und Relevanz der Philosophie und rechtfertigen ihren Führungsanspruch durch den Nachweis, dass das hinter dem sokratischen Problem stehende Fundamentalproblem des menschlichen Lebens keiner politischen Lösung zugänglich ist. Selbst eine »ideale« politische Lösung in einem »idealen« Staat wäre keine Lösung für die Frage des menschlichen Glücks, solange es im Lichte der natürlichen menschlichen Vollkommenheit betrachtet wird. Selbst der an den Maßstäben von Wahrheit und Natur orientierte »Idealstaat« kommt angesichts der realen Verhältnisse nicht ohne Unwahrheiten aus. Das gerechte Leben kann deshalb nicht das politische Leben und folglich auch nicht die von der Dichtung ins Auge gefasste Lebensweise sein. Die Lösung des menschlichen Problems muss transpolitisch sein. Die Überschreitung des Politischen darf allerdings nicht seine Ausgrenzung oder Neutralisierung zur Folge haben, wie sie die Offenbarungsreligion oder das moderne Denken anstreben. Weil der Mensch von Natur aus ein politisches Wesen ist, muss jede Ausgrenzung des Politischen in die falsche Richtung führen. Die Spannung zwischen Philosophie und Politik muss konstruktiv aufgefasst und integriert werden. Das begründet die politische Dimension der Philosophie. Es stellt sich mithin die Frage, wie das Verhältnis zwischen Politik und Philosophie im ursprünglichen Themenfeld der politischen Philosophie, dem Naturrecht, angemessen dargestellt werden kann. Die Entdeckung der Natur ist gleichursprünglich mit der Begründung der Philosophie. Das Problem des Naturrechts, worauf das politische Leben von sich aus verweist, ist gleichursprünglich mit der Begründung der politischen Philosophie. Die Strauss'sche Untersuchung des Naturrechts im Lichte des sokratischen Problems akzentuiert deshalb das Verhältnis zwischen Philosophie und Politik.

Was versteht man unter »Natur« in der Rede vom »klassischen Naturrecht«? »Natur« ist von Anbeginn das Thema der Philosophie. Bei Homer kommt der entsprechende griechische Ausdruck »physis« nur einmal vor. Odysseus erzählt, Hermeias habe eine heilsame Pflanze dem Boden entrissen und ihre »Natur« erklärt, was dadurch geschah, dass er ihr Aussehen, ihr »Verhalten« oder ihre »Lebensweise« und das Verhalten von Menschen und Göttern ihr gegenüber beschrieb. Im ursprünglichen Sinne bezeichnet »Natur« das Aussehen und Wirken einer Klasse von Dingen, die weder von Göttern noch von den Menschen gemacht sind. Daneben gibt es aber auch Dinge, von denen man sagt, sie seien »von Natur«, weil sie als erste Dinge nicht entstanden sind, sondern alle anderen Dinge durch sie entstehen. Der klassische Naturbegriff hat in der Hauptsache zwei Dimensionen der Bedeutung, erstens die »Lebensweise« oder »der wesentliche Charakterzug eines Dinges oder einer Gruppe von Dingen« und zweitens die »ersten Dinge«. Die ersten Dinge sind immer und unvergänglich, unabänderlich und von erkennbarer Notwendigkeit. Sie beruhen nicht auf Konventionen und haben als letzte Ursache der anderen Dinge eine höhere Würde als diese. Sie konstituieren die Ordnung, in der das Nicht-immer-Seiende seinen Ort findet. Die Kenntnis der verschiedenen »Naturen« beinhaltet die Erkenntnis von ihrer Begrenztheit. »Natur« ist primär ein Ausdruck der Unterscheidung. Im ursprünglichen Sinn ist nicht so etwas gemeint wie »die große Mutter Natur«, welche die Totalität aller Erscheinungen umfasst. Gemeint sind die einzelnen Dinge oder Klassen von Dingen, die als Teile des Ganzen verschieden sind. In Verbindung mit der Vorstellung von ersten Dingen tritt neben die unterscheidende Funktion des Naturbegriffs seine zweite Funktion, Maßstab zu sein. Erste Dinge haben Vorrang vor anderen. Folglich hat auch eine Lebensweise, die auf erste Dinge ausgerichtet ist, Vorrang vor anderen Lebensweisen. Natur wird zum Maßstab für die richtige Lebensweise und zugleich zur Voraussetzung von Werturteilen. Wenn Leo Strauss die moderne Philosophie als »Revolution gegen die Natur« kennzeichnet, dann ist damit nicht nur der Herrschaftsanspruch der modernen Wissenschaft über die Natur im Sinne der natürlichen Umwelt gemeint, sondern der Generalangriff der Moderne auf die basale Selbsterkenntnis, dass die rechte Lebensweise natürliche Beschränkungen einschließt und ein unlösbares politisches Dilemma umfasst. Die Revolution gegen die Natur ist aber auch eine Revolution gegen die Philosophie, die in dem politischen Dilemma, in dem der Mensch steht, »Natur« entdeckt und auf diese Weise den Philosophen von den Autoritäten befreit. Das ist ja der Hauptpunkt der Kritik an Hobbes, dass er »auf Treu und Glauben« die Ansicht, politische Philosophie sei möglich und notwendig, akzeptierte, sie also nicht prüfte. Hätte er sie geprüft, hätte er womöglich erkannt, dass sein politischer Hedonismus und seine theoretische Konstruktion ihm die Grundlage, auf der er zu stehen vermeinte, unter den Füßen wegzogen. Die Revolution gegen die Philosophie ist ein Angriff auf das philosophische Leben als die natürliche und rechte Lebensweise. Der Kreis schließt sich.[104]

Für die Naturrechtsinterpretation von Leo Strauss ist die klassische Einsicht von entscheidender Bedeutung, dass sich die Naturrechtslehre mit der Lehre vom besten Regime überschneidet und einen wesentlich politischen Charakter hat. Es war vor allem der Einfluss der Offenbarungsreligion, der diesen Charakterzug verwischt hat. Der politische Grundzug des klassischen Naturrechts muss immer in dem Zusammenhang verstanden werden, dass für die klassische Philosophie das politische Leben von wesentlich geringerer Würde war als das philosophische Leben. Dies führt zu der zentralen Schwierigkeit. »Wenn das letzte Ziel des Menschen transpolitisch ist, dann würde das Naturrecht eine transpolitische Wurzel zu haben scheinen.« Der politische Charakter des Naturrechts verbietet offenbar die Annahme einer transpolitischen Wurzel. Und deshalb weist Strauss darauf hin, dass die Natur des Menschen und die Vollendung seiner Natur, also die Tugend, nach klassischer Ansicht zwei ganz verschiedene Dinge sind, weshalb die Naturrechtslehre ihren Ansatzpunkt nicht einseitig in der Erforschung der menschlichen Natur suchen darf. Als politische Lehre im engeren Sinn muss sie ihren dialektischen Ausgangspunkt in den Meinungen über das Gerechte suchen. Damit zeigt die bei Strauss offengelegte klassische Naturrechtslehre die typische Doppelgesichtigkeit der klassischen politischen Philosophie. Es gibt eine exoterische und eine esoterische Version. Die exoterische, für die politische Öffentlichkeit anwendbare Version findet vor allem in der sogenannten stoischen Naturrechtslehre Ausdruck. Das erklärt, weshalb Strauss die »sokratisch-platonisch-stoische Naturrechtslehre« zusammenfassen kann und damit eine Beziehung herstellt, die niemand vor ihm gesehen hat. Cicero überliefert das stoische Naturrecht und wurde von der modernen, historischen Interpretation als dessen Anhänger apostrophiert, was Strauss für irreführend hält. Es ist irreführend schon deshalb, weil Cicero ausdrücklich auf den esoterischen Charakter seiner Dialoge hinweist. Parallel zur esoterisch-exoterischen Doppelgestalt des klassischen Naturrechts verlaufen weitere Ambiguitäten. Der Sokratische Ansatz der Philosophie richtet sich auf die Untersuchung der Naturen der Dinge, dessen, was jedes Einzelne im Unterschied zu jedem anderen ist. Seine Philosophie ist nach Strauss deshalb nicht im Ansatz metaphysisch, denn das hieße, das Augenmerk unmittelbar auf das Wissen vom Ganzen zu richten. Sokrates betrachte die Menschen zunächst in ihrem Verhältnis zu der Klasse von Dingen, der sie angehören, mit anderen Worten, im Verhältnis zur menschlichen Gesellschaft. Der einzelne Mensch ist demnach in einer doppelten Weise Teil eines Ganzen, einmal als Angehöriger seiner Art als ganzer und einmal als Teil des Ganzen schlechthin. Die Frage ist, inwieweit der Einzelne nicht nur indirekt über seine Artzugehörigkeit, sondern unmittelbar für das Ganze offen ist. Das Naturrecht als politische Lehre geht von den verschiedenen Meinungen über die Gerechtigkeit aus und klärt sie in der dialektischen Auseinandersetzung. Schon zu Beginn des Kapitels über das klassische Naturrecht hat Strauss auf den Common sense als den notwendigen Ansatzpunkt der politischen Philosophie des Sokrates und der Sokratischen Dialektik hingewiesen, wie auch allgemein die Meinung das Element der politischen Sphäre ist. Klassisches Naturrecht scheint auf dieser Ebene damit gerade das nicht zu sein, was man denen, die sich in der neueren Politischen Wissenschaft mit der Naturrechtslehre befasst haben, vorhält, nämlich »ontologisch-normativ«. Es ist politisch und erfährt dementsprechend eine politische Behandlung. Konsequenterweise geht Strauss in der Beschreibung der sokratisch-platonisch-stoischen Naturrechtslehre in genau der verlangten Weise dialektisch vor, indem er den Widerspruch zwischen den beiden am weitesten verbreiteten Meinungen über die Gerechtigkeit in einen grundsätzlichen Selbstwiderspruch der Naturrechtslehre vorantreibt. Die dialektische Überlegung führt zunächst zu der bekannten Konsequenz, dass die Weisen die absolute Aufsicht führen müssen. Damit ist bereits auf eine Vorstellung von Gerechtigkeit verwiesen, welche die Autorität des Gesetzes transzendiert. Ist aber der verbindliche Rahmen des Gesetzes erst einmal gebrochen, dann führt die dialektische Fortentwicklung des Gedankens unmittelbar zu einer kommunistischen Universalgesellschaft vollkommener Menschen. Die Umwandlung der Polis in eine Universalgesellschaft wird notwendig aufgrund eines Selbstwiderspruchs der politischen Tugend oder der bürgerlichen Moral. In der gerechten Gesellschaft kann allein das Prinzip des Verdienstes die gesellschaftliche Hierarchie bestimmen. Solange aber die bürgerliche Gesellschaft national geschlossen ist, durchkreuzt etwa das Abstammungsprinzip das Verdienstprinzip. Zudem macht die nationale Geschlossenheit der bürgerlichen Gesellschaft die Freund-Feind-Unterscheidung notwendig, die unmittelbar in den Selbstwiderspruch der bürgerlichen Moral führt. Was die politische Gesellschaft nach innen als untugendhaft verwirft, muss sie unter den Bedingungen des Krieges nach außen zumindest teilweise als nützlich gutheißen. Die konsistent gerechte Gesellschaft ist deshalb gezwungen, sich in einen Weltstaat zu verwandeln. Dies wiederum kann transpolitische theologische Folgen haben. »Aber kein Mensch und auch keine Gruppe von Menschen kann die ganze Menschheit gerecht regieren. Daher ist das, was man ahnt, wenn man von ›Weltstaat‹ als einer allumfassenden menschlichen Gesellschaft spricht, die einer einzigen menschlichen Regierung unterworfen ist, in Wahrheit der von Gott regierte Kosmos. Dieser ist dann die einzig wahre Polis oder ganz einfach die naturgemäße Polis, weil sie die einzige schlechthin gerechte Polis ist. Die Menschen sind nur dann ihre Bürger oder freie Menschen in ihr, wenn sie weise sind. Ihr Gehorsam gegenüber dem Gesetz, das diese natürliche Polis ordnet, dem Naturgesetz, ist dasselbe wie Klugheit.« Das ist eine erstaunliche Konsequenz für einen Gedankengang, der so exakt wie möglich den Charakter der sokratisch-platonisch-stoischen Naturrechtslehre beschreiben möchte. Strauss schließt diesen Abschnitt mit einer Fußnote ab, der ausführlichsten im ganzen Buch. Darin heißt es: »Viele Interpreten Platons beachten nicht in genügendem Maße die Möglichkeit, daß das Anliegen seines Sokrates ebenso sehr im Verstehen dessen, was Gerechtigkeit ist, d.h. im Verstehen der ganzen Verwickeltheit des Gerechtigkeitsproblems, wie im Lehren [preaching] der Gerechtigkeit bestand.« Diese Bemerkung verdient die höchste Aufmerksamkeit, wenn die Absicht der ganzen Schrift *Natural Right and History* in dem Hinweis »It is to understand Socrates« angedeutet ist, der sich aus den in Kapitälchen gesetzten Eröffnungsformulierungen der »Introduction« und der beiden Kapitel über »The Origin of the Idea of Natural Right« und über »Classical Natural Right« ergibt. In der einzigen vorliegenden deutschen Übersetzung ist dieser Hinweis leider verloren gegangen. Geht es Strauss selbst mithin weniger um das Predigen einer Naturrechtslehre als um das Verstehen des ganzen, verwickelten Naturrechtsproblems bis hin zur Verwerfung der politischen Philosophie durch Heidegger? Die klassische Naturrechtslehre ist politisch, sie ist keine juristische, rein philosophische oder ethische Doktrin. Als politische Lehre umfasst sie die Untersuchung des Gerechtigkeitsproblems auf der Ebene der bürgerlichen Moral, die aufgrund ihrer inneren Widersprüche über sich selbst hinausweist. Die Argumentation in dem hier zur Debatte stehenden Abschnitt endet in dem Schluss, »daß man sagt, es kann keine wahre Gerechtigkeit geben, wenn es keine göttliche Herrschaft oder Vorsehung gibt«. Das politische Problem der Naturrechtslehre, das darin gipfelt, dass es keine politische Lösung für das fundamentale Dilemma gibt, verbindet sich hier mit der Frage der Religion, es verdichtet sich zu dem theologisch-politischen Problem, von dem Strauss sagte, es sei seit seinen Spinoza-Studien *das* Thema seiner Untersuchungen geblieben. Es ist in erster Linie ein Problem für die Philosophie und das philosophische Leben. In dem folgenden Abschnitt wendet sich Strauss konsequenterweise der philosophischen Alternative zu. Die Naturrechtslehre ist nur ein Stadium auf dem Weg, die Gerechtigkeit zu verstehen. Die Lösung transzendiert die Sphäre des politischen Lebens. Neben der theologischen Lösung, die auf einen religiös verordneten Gesetzesgehorsam hinausläuft, gibt es noch andere Gründe, die politische Sphäre zu transzendieren, die Strauss hier freilich nur »andeutet«. Diese Gründe sind in den Erfordernissen des philosophischen Lebens als des wahrhaft natürlichen Lebens zu suchen. Das philosophische Leben aber stellt die bürgerliche Moral radikal infrage. Es eröffnet eine ganz andere Dimension von Gerechtigkeit, Tugend und Moral, die einer anderen Wurzel als der vulgären bürgerlichen Moral entspringt. Die Wahrheit des philosophischen Lebens und der es tragenden noetischen Tugend, das mit ihm verbundene von Natur aus Rechte steht zum politischen Naturrecht in einem revolutionären Gegensatz. Das politische Naturrecht beruht auf einem niedrigeren Prinzip, es ist eine exoterische, abgeschwächte Version. »Das Naturrecht würde Dynamit für die bürgerliche Gesellschaft sein.« Diese Aussage beschreibt prägnant das Verhältnis zwischen Philosophie und Politik und sowohl die politische Gefährdung als auch die politische Verantwortung der Philosophie. In der Konsequenz führt dies zu einem Kompromiss zwischen natürlichem und konventionellem Recht, zwischen den Erfordernissen der Weisheit und der Zustimmung. Das politisch Gute besteht in einer zumindest nach außen hin akzeptierten radikalen Reduktion des Anspruchs der Philosophie, einer Reduktion, die »eine ungeheure Menge Übels entfernt, ohne eine ungeheure Menge von Vorurteilen zu erschüttern«.[105]

Nach der Entdeckung der Unterscheidung von Natur und Konvention musste sich die Frage nach der Reichweite des Natürlichen im Bereich des Politischen stellen. Die Grundlage des Naturrechts im engeren Sinne bildet die natürliche Sozialität des Menschen, die vor allem in seiner Vernunft- und Sprachbefähigung zur Geltung kommt. Aber auch im vorvernünftigen Bereich zeigt sich die uranfängliche Geneigtheit des Menschen zu seinesgleichen, in Liebe, Zuneigung, Freundschaft und Mitleid. Derartige Emotionen interpretiert die klassische Philosophie nicht als genetisch und evolutionär bedingte Instrumente zur Steigerung des eigenen Nutzens, sondern als Folge der ursprünglichen Angewiesenheit der Menschen auf das Miteinander. Geht man von der Geselligkeit als einem Prinzip des menschlichen Lebens aus, dann ist auch die Gemeinschaftstugend schlechthin, die Gerechtigkeit, dem Menschen natürlich. Die richtige Ordnung der Seele, also Gerechtigkeit, bringt es mit sich, dass sich der Einzelne gut in die Gemeinschaft einfügt und das Gemeinwohl fördert. Die Natürlichkeit von Gerechtigkeit und Recht impliziert zugleich eine Begrenzung der natürlichen Freiheit. Nicht alles, was möglich ist, ist erlaubt. Jeder Mensch hat davon in irgendeiner Weise eine Ahnung, die sich in seinem »natürlichen Gewissen« ausdrückt. »Zurückhaltung ist daher genauso natürlich oder uranfänglich wie Freiheit.« Die primäre Frage ist, ob es ein von Natur aus Rechtes, ein Naturrecht, gibt. Dieser Frage geht die Annahme voraus, wonach Dinge wie Gesundheit oder Intelligenz für den Menschen von Natur aus gut sind. Wer würde das bestreiten wollen? »Die genaue Streitfrage betraf deshalb den Status jenes Rechts, welches universell anerkannt ist: Ist jenes Recht bloß die Bedingung für das Zusammenleben einer besonderen Gesellschaft, das heißt einer Gesellschaft, die auf Vertrag oder Übereinkunft beruht, wobei jenes Recht seine Gültigkeit von dem vorhergehenden Vertrag ableitet, oder gibt es da eine Gerechtigkeit zwischen Menschen als Menschen, die von keinerlei menschlicher Verabredung her stammt? Mit anderen Worten, basiert Gerechtigkeit nur auf der Berechnung von dem Vorteil des Zusammenlebens, oder ist sie um ihrer selbst willen wählenswert und deshalb ›von Natur‹?« Die Annahme eines von Natur aus Rechten könnte die Vorstellung von einem natürlichen Gesetz zur Folge haben, das über dem konventionellen Gesetz steht. »Mit dem natürlichen Gesetz ist ein Gesetz gemeint, welches bestimmt, was richtig und falsch ist, und das von Natur Kraft hat oder inhärent, also überall und immer, gültig ist.« Die Unterscheidung zwischen Naturrecht (physei dikaion) und Naturgesetz (nomos tes physeos) muss genau beachtet werden, besonders in dem Komplex des klassischen Naturrechts, den Strauss das sokratisch-platonisch-stoische Naturrecht nennt. Das klassische Naturrecht darf nach Strauss nur eingeschränkt legalistisch verstanden werden. Die Einsicht in das Naturrecht ist nicht mit der Erkenntnis von universal gültigen Handlungsregeln verbunden. Es formuliert keine gesetzlichen Normen, die bestimmte Handlungen verbieten und andere vorschreiben. Das Naturrecht bezieht sich auf die Ordnung des Ganzen. »Es gibt eine universal gültige Hierarchie der Zwecke, es gibt aber keine universal gültigen Regeln für die Handlungen.« Die Handlungsorientierung erfolgt durch ein Inbeziehungsetzen der verschiedenen konkurrierenden Zwecke in einer Entscheidungssituation. Dabei ist keinesfalls allein der Rang der Zwecke für die Entscheidung maßgeblich, es muss auch die Dringlichkeit der Zweckerfüllung in einer gegebenen Situation berücksichtigt werden. Unter Umständen ist das Dringende dem Ranghöheren vorzuziehen. Allerdings gibt es auch keine universale Handlungsregel, die vorschreibt, der Dringlichkeit eines Zweckes unbedingten Vorrang einzuräumen. Der einzig universell gültige Maßstab ist die Zweckhierarchie. Deshalb ist es »unsere Pflicht, die höchste Aktivität, sosehr wir können, zu unserer dringendsten oder notwendigsten Sache zu machen«. Von Natur aus sind wir gehalten, unsere höchste Möglichkeit als unsere dringendste anzuerkennen. Nur sind die individuellen Bedingungen sehr unterschiedlich, die es dem Einzelnen erlauben, sich auf seine höchste Menschlichkeit hin zu konzentrieren und anzustrengen. Deshalb kann die Dringlichkeit nicht eo ipso immer auf der Waagschale unserer höchsten Möglichkeit lasten. Die universale Hierarchie der Zwecke reicht als Maßstab aus, Werturteile über Erscheinungen innerhalb der menschlichen Sphäre zu fällen, sie reicht aber nicht aus, unsere Handlungen umfassend anzuleiten. Die klassische politische Philosophie macht dies klar, indem sie der Naturrechtslehre die Form einer Strukturerkenntnis über das beste Regime gibt. Eine so konzipierte, in Bezug auf die politische Steuerung äußerst zurückhaltende »Lehre« bedarf zur Bewältigung des politischen Geschehens der Ergänzung durch die Kunst des Staatsmannes.[106]

Platon argumentiert aus dem Gegensatz zum Konventionalismus heraus für das Naturrecht. Nach der Interpretation von Strauss ist das Naturrecht auf der einen Seite mit der »Idee« der Gerechtigkeit, der Gerechtigkeit selbst, zu identifizieren. Gerechtigkeit ist dann gegeben, wenn jeder die ihm obliegenden Aufgaben sachgerecht erfüllt. Das gilt im Kleinen für die einzelnen Teile der menschlichen Seele und im Ganzen für das Individuum in der bürgerlichen Gesellschaft. Im Gegensatz zur konventionalistisch-hedonistischen These ist für das klassische Naturrecht das Gute nicht mit dem Angenehmen identisch. Der Ausgang der Überlegung beruht auf der Beobachtung, dass der Lust Bedürfnisse vorausgehen und die verschiedenen Formen von Lust im Hinblick auf die Verschiedenheit der Bedürfnisse zu erfassen sind. Dabei zeigt sich, dass es eine natürliche Ordnung von Bedürfnissen zwischen den unterschiedlichen Lebewesen gibt. Ein Esel hat andere Bedürfnisse als ein Mensch. Die natürliche Ordnung der Bedürfnisse weist ihrerseits auf die natürliche Verfassung der Lebewesen zurück. In ihr kommt das Was eines Wesens, seine ursprüngliche Gestalt, zum Ausdruck. Der besonderen Verfassung eines Lebewesens entspricht seine besondere Lebensweise, sein besonderes Werk. Die Vervollkommnung des Lebewesens und seine gute Beschaffenheit hängen davon ab, ob es der ihm zukommenden Weise gemäß lebt und sein besonderes Werk erfüllt. Dann ist es »in Ordnung«. Die menschliche Seele besteht aus drei unterschiedlichen Teilen (Vernunft, Mut und Begehren). Der Mensch in seiner Einheit ist gerecht, wenn jeder Seelenteil die ihm obliegenden Funktionen gut erfüllt. Dann ist er gesund und »in Ordnung«, wie ein Staat insgesamt »in Ordnung« ist, wenn alle seine Teile gut aufeinander abgestimmt funktionieren. Jeder Teil muss seine spezifische Tauglichkeit entfalten und zu der ihm eigenen Vollkommenheit gelangen. Ein guter Mensch lebt gemäß seiner natürlichen Verfassung und folgt denjenigen Bedürfnissen und Neigungen, die ihm nach der natürlichen Ordnung zukommen. Der Begriff des Guten hört, so verstanden, auf, ein Begriff der moralischen Tugend zu sein, deren Wirkungskreis die politische Sphäre ist. Nach dem Verständnis Platons ist die hierarchische Ordnung der natürlichen Verfassung des Menschen die Grundlage des Naturrechts im weiteren Sinn. Hier spielt die Unterscheidung zwischen Körper und

Seele hinein, die man nur auf Kosten von Selbstwidersprüchen leugnen kann. Das besondere Kennzeichen der menschlichen Seele liegt in ihrer Befähigung zu Sprache und Vernunft, zum »logos«. Gemäß der maßgeblichen natürlichen Ordnung der Bedürfnisse ist es das besondere, in einer Tätigkeit begründete Werk der vernunftbegabten Seele, worin das Gut für den Menschen liegt. Das gute Leben schlechthin, worauf sich die Grundfrage aller Philosophie richtet, besteht in der Erfüllung der natürlichen menschlichen Neigungen in höchstmöglichem Grade und in angemessener Reihenfolge. Das gute Leben ist das wohlbedachte Leben, in dem die beste Fähigkeit des Menschen zu vollkommener Tauglichkeit entfaltet wird. Die Regeln, die den allgemeinen Charakter des guten Lebens umschreiben, sind nach der Interpretation von Strauss im weiteren Sinn das »Naturgesetz«.[107]

Die soziale Natur des Menschen verlangt für seine Vollkommenheit, dass er in der besten Art von Gesellschaft lebt, die seine Vortrefflichkeit am meisten fördert. Die Klassiker benutzten zur Bezeichnung der bürgerlichen Gesellschaft den Ausdruck »politeia«. Strauss versucht klarzumachen, dass dieser Ausdruck nicht im juristischen Sinne der modernen »Verfassung« verstanden werden dürfe. Die Lebensweise einer politischen Gesellschaft insgesamt hängt in letzter Konsequenz nicht von einer »Verfassung« ab, sondern von den Menschen, die die Lasten und Pflichten der Gemeinschaft tragen. Die »Lebensweise« einer Gesellschaft steht in engem Zusammenhang mit der Regierungsform, die sie sich gibt. In jeder Gesellschaft gilt etwas als herausragend, als das Achtbarste und Bewundernswerteste. Das können unter anderem bestimmte Haltungen oder Gewohnheiten sein. Diejenigen nun, die dasjenige, was eine Gesellschaft für herausragend hält, am besten verkörpern, werden von der Gesellschaft als überlegen anerkannt und mit einer besonderen Würde ausgezeichnet. »Das soll heißen, jede Gesellschaft betrachtet einen bestimmten Menschentyp (oder eine bestimmte

Mischung menschlicher Typen) als maßgebend.« Seine Maßgeblichkeit realisiert sich derart, dass Menschen dieses Typs in einer Gesellschaft die entscheidende öffentliche Verantwortung tragen. Sie bilden das Regime. Die Regierungsform hängt eben davon ab, ob es der gemeine Mann ist, der die Werte der Gesellschaft in hervorragender Weise repräsentiert, ob es Priester sind, ob erfolgreiche Geschäftsleute oder Ökonomen, ob Militärs oder »gentlemen«. Der maßgebliche Typus bestimmt immer die Regierungsform. Der »gentleman« betet für das beste Regime, wie es vom Philosophen ausgelegt worden ist, und wünscht es herbei, erzwingen kann er es nicht. Das naturgemäße Regime ist im höchsten Grade wünschenswert und möglich, ohne dass man die menschlichen Mängel erst beseitigen und die menschliche Verfassung ändern müsste. Die bloße Möglichkeit ist allerdings keine Garantie für seine Verwirklichung, die im Gegenteil äußerst unwahrscheinlich ist. Denn der Mensch ist nicht Herr über die Bedingungen, unter denen die Utopie realisierbar wäre. Er kann das Glück und den Zufall nicht zwingen, seine Kräfte sind grundsätzlich begrenzt, er muss also damit rechnen, dass die notwendigen und hinreichenden Bedingungen niemals erfüllt sein werden. Insbesondere im Hinblick auf die Interpretation von Platons *Politeia* ist für Strauss die Darlegung des utopischen Charakters des besten Regimes entscheidend. »Es gehört zu seinem Wesen, daß es im Wort statt in der Tat besteht.« Das beste Regime verlangt zu seiner Verwirklichung die günstigsten Bedingungen, deren Eintreten unwahrscheinlich ist. Nur unter den günstigsten Bedingungen aber kann das beste Regime als gerecht und daher legitim angesehen werden. Unter normalen Umständen fehlt ihm jegliche Legitimität. Nur solche Regimes sind legitim und insoweit gerecht, als sie den gegebenen Umständen gerecht werden. In einer konkreten Situation kann ein unvollkommenes Regime die einzig gerechte Lösung eines gesellschaftlichen Problems darstellen. Ordnungsprobleme im Hier und Jetzt verlangen Lösungen hier und jetzt. Das

Optimum ist nur erreichbar, wo solche materiellen und erzieherischen Voraussetzungen herrschen, die ein gerechtes, vornehmes und tugendhaftes Leben erlauben.[108]

Das beste Regime war für die Klassiker nach Strauss'scher Lesart die absolute Herrschaft der Weisen, weil Weisheit den der Natur nach höchsten Herrschaftsanspruch begründe. Dies ist im Begriff der Gerechtigkeit angelegt, wonach derjenige vollkommen gerecht ist, der jedem anderen und der Stadt als Ganzem genau das zuteilt, was gut für ihn ist. Das allerdings kann nur der Weise oder der Philosoph leisten, nur er kann wirklich gerecht sein. »Es gibt eine natürliche Ordnung der Tugenden und der anderen guten Dinge; diese natürliche Ordnung ist der Maßstab für die Gesetzgebung. Man darf deshalb sagen, daß das natürliche Recht in Platos Sinn zuerst die natürliche Ordnung der Tugenden als der natürlichen Vollendungen der menschlichen Seele ist, so gut wie dann die natürliche Ordnung der anderen von Natur aus guten Dinge.« Die absolute Herrschaft der Weisen dürfte keiner Kontrolle unterliegen, denn wie sollte vernünftigermaßen ein Weiser einem von Leidenschaften gelenkten Unweisen verantwortlich sein können? Erforderlich wäre des Weiteren ein absoluter Kommunismus im Hinblick auf das Eigentum und die Lebensweise der Frauen und Kinder sowie die völlige Gleichberechtigung der Geschlechter. Aus der natürlichen Ordnung der Tugenden folgt eine natürliche Hierarchie unter den Menschen, das heißt, das Naturrecht bestimmt das beste Regime.[109]

Die Herrschaft der Weisen erweist sich jedoch rasch als undurchführbar, es sei denn, die Unweisen würden von sich aus dem Herrschaftsanspruch der Weisen zustimmen und sich freiwillig unterordnen. Sie mit Worten überzeugen zu wollen, diese Form der Herrschaft sei die ihrem Wohl förderlichste, dürfte kaum Erfolg versprechen. Viel wahrscheinlicher wäre, dass jemand, der nur vorgibt, weise zu sein, die Masse mit rhetorischen Mitteln und politischen Versprechungen dazu überredet, ihn zum Herrscher zu machen. Gerade weil ein Tyrann auftreten und unter Berufung auf seine vorgebliche Weisheit eine absolute Herrschaft errichten könnte, müssen in ein praktikables Regime die demokratischen Elemente der rechtlichen Gleichheit und der Zustimmung eingebaut werden. Die Doppelforderung sowohl nach Weisheit wie auch nach Zustimmung ist eben das politische Problem, das auf institutioneller Ebene zu lösen ist. So folgert Strauss, »daß es für die klassische Naturrechtslehre charakteristisch ist, ihren Höhepunkt in einer zweifachen Antwort auf die Frage nach dem besten Regime zu finden. Das überhaupt beste Regime würde die absolute Herrschaft der Weisen sein. Das praktisch beste Regime ist die Herrschaft der Vornehmen unter dem Gesetz oder das gemischte Regime.« Die Idee des gemischten Regimes, das Elemente der Monarchie, der Aristokratie und der Demokratie in sich vereinigt, ist der erforderliche, an der politischen Realität ausgerichtete Kompromiss. Das Nebeneinander der Lehre vom besten und der Lehre vom gemischten Regime ist für das Selbstverständnis der klassischen Philosophie entscheidend. »Zustimmung erfordert Freiheit unter dem Gesetz: Freiheit bedeutet hier sowohl die Teilnahme an der politischen Herrschaft jener unweisen Menschen, die fähig sind, die gewöhnliche oder politische Tugend zu erlangen, als auch deren Besitz an Privatvermögen; das Gesetz kann nie mehr sein als eine Annäherung an die Urteile der Weisheit, aber es reicht aus, die Erfordernisse der gewöhnlichen oder politischen Tugend als auch die Regelungen über das Eigentum, die Ehe und ähnliches zu entwerfen.«[110]

Das klassische Naturrechtsdenken war eine sehr zurückhaltende, flexible, politische Lehre, die in ihrer Wirkung von der modernen Naturgesetzlehre bei weitem übertroffen wurde. Der Unterschied in der Wirkung zwischen dem klassischen und dem modernen Naturrecht beruht auf den substantiellen Veränderungen, denen die politische Philosophie in der Moderne unterworfen wurde. Strauss deutet fünf charakteristische Unterschiede an, die im Folgenden kurz skizziert seien. 1. Die moderne Naturrechtslehre wurde von Thomas Hobbes in einen methodischen Materialismus eingebettet. Hobbes glaubte, Naturgesetze »geometrisch« aus den Prämissen ableiten zu können, die im angenommenen Naturzustand des Menschen niedergelegt waren, also in erster Linie aus dem »Recht« auf Selbsterhaltung und der Furcht vor dem gewaltsamen Tod. Nach den methodisch-konstruktivistischen Grundannahmen der modernen Philosophie kann ein »Naturgesetz« nicht mehr von Natur sein. Es entspringt vielmehr der mechanischen Produktivität des menschlichen Verstandes. Es ist eine Schlussfolgerung, ein nützliches Theorem, ein Begriff, der nicht in den Dingen selbst liegt. Die »künstliche Natur« der modernen Naturrechtslehre steht am Beginn der Entwicklung, die über die »Entdeckung der Geschichte« und den radikalen Historismus zum Ende der Philosophie geführt hat, denn die Philosophie beruhte auf der »Entdeckung der Natur« *im Gegensatz* zu von Menschen konstruierten oder religiösen Autoritäten. 2. Das moderne Naturrecht verlagert den Schwerpunkt vom politischen auf den juristischen Bereich. Im 17. Jahrhundert entwickelte sich unter den Prämissen der Hobbes'schen Naturrechtslehre das »natürliche öffentliche Recht« als eine neue Disziplin. Die Zuteilung von Macht an eine Autorität erfolgte nicht mehr nach Zweckmäßigkeitserwägungen, die einen Ausgleich zwischen den Erfordernissen des besten Regimes und den konkreten Umständen herstellen sollten, sondern von Rechts wegen. Auf der Grundlage des Naturgesetzes wurden der obersten Gewalt Souveränitätsrechte eingeräumt. Die Souveränitätslehre ist eine Rechtslehre. Die Rechtsdoktrin reduzierte den Anspruch der politischen Philosophie, über einen klaren Blick auf die höchste politische Möglichkeit als Maßstab für das konkrete staatsmännische Handeln zu verfügen, auf das Interesse an einer legitimen Regierung und einer unter allen Bedingungen funktionierenden Gesellschaftsordnung. Die moderne politische Philosophie strebt nach einer allgemeingültigen, immer und unter allen

Umständen realisierbaren politischen Lösung des menschlichen Problems. Das brachte es mit sich, dass die politische Theorie mehr und mehr Kompetenzen an sich ziehen wollte, mehr als sie jemals berechtigterweise hat beanspruchen können. Sie hielt es nicht mehr für notwendig, die Theorie von der staatsmännischen Kunst zu unterscheiden. Das Ergebnis ist eine paradoxe Entwicklung. Während die Naturrechtslehre durch ihre Überführung in das »natürliche öffentliche Recht« entpolitisiert wird, erfährt sie zugleich unter umgekehrten Vorzeichen eine radikale Politisierung. Die Konfrontation mit der Politik veranlasste die klassische Philosophie zu Mäßigung, Zurückhaltung und Vorsicht. Die Moderne glaubt, die geometrisch konstruierte Theorie unmittelbar in die Praxis umsetzen zu können, gleich wie die Umstände sich im Einzelnen verhalten mögen. Sie geht ein Bündnis mit der Macht ein und gibt auf diese Weise der »politischen Philosophie« eine ganz neue Bedeutung. Strauss nennt diesen überzogenen Anspruch »Doktrinarismus«. Sobald politische Theorie beginnt, die Kontingenz der konkreten Situation zu negieren und dem Urteilsvermögen des praktischen Politikers zu entziehen, gerät sie in die Gefahr eines rigiden Fanatismus und des Parteigängertums. 3. Die Ausblendung der ursprünglichen Dimension des Politischen in der Naturrechtslehre zeigt sich in der Auslagerung des naturrechtlich geregelten Bereichs aus der bürgerlichen Gesellschaft. Die Sphäre des Naturrechts ist in der Moderne der vorpolitische Naturzustand, in dem die Individuen, vollständig und mit allen »Rechten« der vollziehenden Gewalt ausgestattet, Krieg führen. Er ist eine missliche Situation und der Anfangspunkt einer »historischen« Entwicklung, in deren Fortgang sich die Individuen aller Rechte entkleiden, um in den bürgerlichen Zustand einzutreten. Das Politische wird bei Hobbes zum Zwecke der Befriedung der bürgerlichen Gesellschaft ausgelagert und an den absoluten Souverän abgetreten. Man muss sich fragen, welche Position die politische Theorie bei Hobbes zwischen dem Souverän und der bürgerlichen Gesellschaft einnimmt. 4. Das moderne Naturrecht nimmt eine Umkehr des Verhältnisses von Rechten und Pflichten vor. Das Prinzip der Gerechtigkeit war für die klassische Philosophie die ursprüngliche, politische Eingebundenheit des Menschen in das Gefüge der Gemeinschaft und den Rahmen der natürlichen Ordnung. Die moralische Grundtatsache wurde demgemäß als Pflicht verstanden, als Begrenzung des natürlichen Radius des Einzelnen. Die Aufgabe des teleologischen Ansatzes machte es erforderlich, ein neues Gerechtigkeitsprinzip in der wirkungsvollen, primären Kraft der Leidenschaft zu suchen, im Selbsterhaltungstrieb und der Furcht vor dem gewaltsamen Tod. Wenn der Selbsterhaltungstrieb zum Prinzip der Gerechtigkeit avanciert, »dann ist die moralische Grundtatsache keine Pflicht, sondern ein Recht. Alle Pflichten sind von dem fundamentalen und unveräußerlichen Recht auf Selbsterhaltung abgeleitet.« Sobald aber die Grundlage der bürgerlichen Gesellschaft letztlich das unhintergehbare Recht auf Selbsterhaltung ist, ändern sich unmittelbar ihre Funktion und ihre Grenzen. Die Funktion des Staates kann nicht mehr sein, seine Mitglieder in eine optimale Ordnung derart einzubeziehen, dass jeder seinen natur- und pflichtgemäßen Platz im Hinblick auf sein individuelles Glück wie auf das Gemeinwohl erhält. Die einzige Aufgabe des modernen Staates besteht vielmehr darin, die natürlichen physischen Rechte des Individuums zu schützen und zu sichern. Die physischen Rechte markieren zugleich die Grenzen der Staatstätigkeit. Wenn man eine solche Doktrin »Liberalismus« nennen dürfe, so Strauss, müsse man sagen, »daß der Gründer des Liberalismus Hobbes war«. Die Reduktion von Pflichten auf Rechte, die heute als der entscheidende Gewinn der neuzeitlichen Staatslehre empfunden wird, impliziert die Aufhebung der moralischen Verantwortlichkeit der Politik. Ihre Aufgabe ist nicht mehr, dem »guten Leben« zu dienen, sie soll allein das »bequeme Leben« sichern und den Bürger in Zusammenarbeit mit dem freien Fluss der Wirtschaft mit Gütern versorgen.

Die Herausnahme der moralischen Komponente aus dem politischen Ordnungsmodell ist eine Funktion ihrer Durchsetzbarkeit. Sie wurde notwendig wegen des Interesses der modernen politischen Philosophie an effektiver Gestaltung. Aus der »realistischen« Perspektive musste die Verwirklichung einer Ordnung dann als unwahrscheinlich gelten, wenn sie auf Pflichten, auf einzufordernden Leistungen der Menschen beruhte. Auf Rechten aufbauende Gesellschaftsordnungen scheinen demgegenüber beinahe von selbst zu funktionieren. »Sie heiligen den Eigennutz eines jeden, so wie ihn jeder selbst sieht oder zu sehen leicht veranlaßt werden kann. Von den Menschen kann man mit größerer Sicherheit erwarten, daß sie für ihre Rechte kämpfen, als daß sie ihre Pflichten erfüllen.« Die tatsächlich größere Wirksamkeit der modernen Naturrechtslehre ergibt sich anscheinend aus solcherart vorgenommenen, bewusst intendierten Modifikationen der klassischen Überlieferung. Das macht umgekehrt plausibel, dass die Modifikationen das Ergebnis der Wirkungsabsicht sind. Die Neuorientierung der Moderne hat ein moralisches Fundament. 5. Das moderne Naturrecht ist in Absicht, Anlage und Wirkung »revolutionär«, während die klassische Lehre stärker an Stabilitätskriterien orientiert war. Die geschilderten Elemente haben sich mit dem Drang zur Popularisierung der Wissenschaften verbunden, um durch die Verbreitung der allgemeingültigen, geometrisch-politischen Regularien die »Befreiung« des Menschen in Gang zu setzen. Dabei mussten die Inhalte der Wissenschaften den Erfordernissen ihrer Popularisierung angepasst werden. Das Ergebnis des Gesinnungswandels gegenüber der klassischen politischen Philosophie kann gedrängt mit dem Begriff »Macht« ausgedrückt werden. Nach Strauss ist Hobbes' Philosophie die erste, welche die Macht unter diesem Namen in ihr Zentrum stellt, sie ist die erste »Machtphilosophie«, »scientia propter potentiam«. Die charakteristische Ambiguität der klassischen Naturrechtslehre findet sich in ganz verwandelter Gestalt in einer Doppeldeutigkeit des Machtbegriffs wieder. In ihm vereinigt sich die physische Macht (potentia) mit der rechtlichen (potestas). In der Machtkonzeption der Politik wird zusammengeführt, was der Mensch kann und was er darf, rechtlich darf. Aus der Koalition von physischem Können und rechtlichem Dürfen fallen die natürlichen Zwecke, die als »actus« ursprünglich den Gegensatz zur »potentia« bildeten, heraus. Es gibt keine unabhängige Kontrolle mehr: »das Recht erklärt, was erlaubt ist, im Unterschied zu dem, was ehrenhaft ist«. Machtphilosophie ist moralisch neutral. Durch die Vereinigung von »potentia« und »potestas« vereinigen sich die höchste menschliche Gewalt und die höchste menschliche Autorität. Die moderne Philosophie legitimiert, was zu bezweifeln die vornehmste Aufgabe der klassischen Philosophie war. Der Zweifel an der Autorität hatte ursprünglich den Versuch begründet, sich kraft der eigenen Vernunft von Zwang zu befreien.[111]

Der Streit zwischen Theologie und Philosophie über das Eine, was nottut, war die lebensspendende Quelle der westlichen Tradition. Die Krise der Moderne ist eine Folge ihres Versuchs, diesen Konflikt, wenn sie ihn schon nicht lösen konnte, durch Neutralisierung zu ersticken. Zuerst hörte sie auf, die Frage nach dem richtigen Leben zu stellen, und dann begann sie, die Kontrahenten als absurde, historisch widerlegte Illusionen des menschlichen Geistes zu entlarven. Welchen Grund gibt es, fragt Leo Strauss, diesen Streit nicht wiederaufleben zu lassen? Voraussetzung ist, dass man ihn selbst lebt und eine lebendige Philosophie betreibt, die sich offen den Herausforderungen stellt. Oder, um es in Anlehnung an einen jüngeren Zeitgenossen von Leo Strauss zu formulieren: »Since truth and justice are uncompromising one should see clearly and act with grace and self-command from the required point of view.«

# Anhang

# Anmerkungen

1 M. Heidegger, Nietzsche. Der Wille zur Macht als Kunst, § 1 a).
2 GS I 5; PPH 7, 8; Why Jews 44, 51.
3 GS I 5-10; RCPR 231 f.; Why Jews 44-47, 49.
4 GS I 11, 13; PhG 10 f., 15, 17, 28; RCPR 230-233; Why Jews 50-52.
5 GS I 13; RCPR 234-241; Why Jews 49.
6 NRG 117 f.; PhG 67; The Problem of Socrates 204 f.; Why Jews 52, 56, 58, 60, 61.
7 GS I 44 f.
8 LAM 3, 7; RCPR 29 f., 64; SPPP 149 f., 186; Farabi's Plato 374-377; The Problem of Socrates 204. M. Heidegger, Nietzsche. Der Wille zur Macht als Kunst, § 1 b). H. Meier, Die Denkbewegung von Leo Strauss. Die Geschichte der Philosophie und die Intention des Philosophen, Stuttgart 1996, S. 42 f.
9 CM 29, 240; HPP 57 f., 68 f.; NRG 13; PAW 155 f.; PhG 13 f. n. 46; RCPR 211 f.; Fortschritte der Metaphysik 2453; New Interpretation 353-355.
10 Die bisher vollständigste Bibliographie findet sich bei: H. Meier, Die Denkbewegung von Leo Strauss, a.a.O., S. 45-63. Zum Folgenden vgl. A. Bloom, Leo Strauss. September 20, 1899 – October 18, 1973, in: Political Theory, 2. Jg., Heft 4, 1974, S. 380-387.
11 Für die wichtigsten Schriften von und über Strauss verweise ich auf das Literaturverzeichnis.
12 J. Burnet, Plato's Phaedo, Oxford 1963, S. 15; ders., Greek Philosophy, London 1928, 137 n. 2.
13 P. Emberley u.a. (Hg.), Faith and Political Philosophy. The Correspondence Between Leo Strauss and Eric Voegelin 1934-1964, Pennsylvania 1993, S. 98.

14 Siehe zu diesem Punkt: R.B. Pippin, The Modern World of Leo Strauss, in: Political Theory, 20. Jg., Heft 3, 1992, S. 448-472, bes. S. 448 f.

15 Einen Überblick über die polarisierenden Bewertungen in Nordamerika geben: S.B. Drury, The Political Ideas of Leo Strauss, Houndmills 1988, S. 1-9, und R.B. Pippin, The Modern World of Leo Strauss, a.a.O., S. 449.

16 G. Kateb, The Questionable Influence of Arendt (and Strauss), in: P. Graf Kielmansegg u.a. (Hg.), Hannah Arendt and Leo Strauss, Cambridge 1995, S. 29 (vollständige Angabe im Literaturverzeichnis).

17 Vgl. ebenda, S. 43, insb. den letzten Absatz mit Fußnote 31. Strauss sind die Schwierigkeiten, die ein deutscher Jude bekommen kann, wenn er sich in andere »nationale« Angelegenheiten einmischt, aus seiner Zeit in England vertraut, wo es ihm erst mit der Hilfe von Ernest Barker gelang, sein Hobbes-Buch zu veröffentlichen. Bis heute nimmt der angelsächsische Sprachraum kontinentaleuropäische Kommentare zur englischen Philosophie nur ungern zur Kenntnis.

18 L. Strauss/J. Cropsey (Hg.), History of Political Philosophy, 3. Aufl., Chicago 1987. J. Cropsey (Hg.), Ancients and Moderns. Essays on the Tradition of Political Philosophy in Honor of Leo Strauss, New York/London 1964.

19 R. Beiner, Hannah Arendt and Leo Strauss. The Uncommenced Dialogue, in: Political Theory, 18. Jg., Heft 2, 1990, S. 238-254. R. Pippin, The Modern World of Leo Strauss, in: Political Theory, 20. Jg., 1992, S. 448-472. M. Roth, A Problem of Recognition. Alexandre Kojève and the End of History, in: History and Theory, 24. Jg., 1985, S. 293-306. R. Factor/S. Turner, The Critique of Positivist Social Science in Leo Strauss and Jürgen Habermas, in: Social Analysis and Theory, 7. Jg., 1977, S. 185-206. Die veröffentlichten Korrespondenzen sind im Literaturverzeichnis aufgeführt.

20 C. Bruell, Xenophons Politische Philosophie, München 1988 (= Carl Friedrich von Siemens Stiftung, Reihe »Themen«, Bd. 48).

21 M. Maimonides, The Guide of the Perplexed, übers. und eingel. von Shlomo Pines, mit einem Essay von Leo Strauss, Chicago/London 1963; R. Lerner, Maimonides' Vorbilder menschlicher Vollkommenheit, München 1996 (= Carl Friedrich von Siemens Stiftung, Reihe

»Themen«, Bd. 63); ders./M. Mushin (Hg.), Medieval Political Philosophy. A Sourcebook, New York 1963.

22 A. Bloom/H. Jaffa, Shakespeare's Politics, 2. Aufl., Chicago 1981; vgl. ders., Der Niedergang des amerikanischen Geistes. Ein Plädoyer für die Erneuerung der westlichen Kultur, Hamburg 1988.

23 A. Bloom, An Outline of »Gulliver's Travels«, in: J. Cropsey (Hg.), Ancients and Moderns, New York 1964.

24 S. Benardete, The Being of the Beautiful. Plato's Theaetetus, Sophist, and Statesman, Chicago/London 1984; ders., Socrates' Second Sailing. On Plato's Republic, Chicago/London 1989; A. Bloom, The Republic of Plato, 2. Aufl., New York 1991; T. Pangle, The Roots of Political Philosophy. 10 Forgotten Socratic Dialogues, Ithaca 1987.

25 T. Pangle, Montesquieu's Philosophy of Liberalism. A Commentary on the Spirit of the Laws, Chicago 1973.

26 J.-J. Rousseau, Diskurs über die Ungleichheit. Mit sämtlichen Fragen. und erg. Materialien nach den Orig.-Ausg. und den Hs. neu ed., übers., und kommentiert von Heinrich Meier, 4. Aufl., Paderborn u.a. 1996.

27 H.J. Storing (Hg.), Essays on the Scientific Study of Politics, New York 1963. Eine harsche Zurückweisung vom »wissenschaftlichen« Standpunkt aus unternahmen: J.H. Schaar/S.S. Wolin, Essays on the Scientific Study of Politics. A Critique, in: The American Political Science Review, 57. Jg., 1963, S. 125-150; dazu die Antwort von L. Strauss, ebenda, S. 152-155.

28 P. Norton, Leo Strauss. His Critique of Historicism, in: Modern Age, 25. Jg., Heft 2, 1981, S. 143-154.

29 P.A. Cantor, Leo Strauss and Contemporary Hermeneutics, in: A. Udoff (Hg.), Leo Strauss' Thought, Boulder/London 1991, S. 267-314; A. Momigliano, Ermeneutica e Pensiero Politico Classico in Leo Strauss, in: Rivista Storica Italiana, 79. Jg., 1967, S. 1164-1172; S. Rosen, Hermeneutics as Politics, New York/Oxford 1987.

30 L. Berns, The Relation Between Philosophy and Religion. Reflections on Leo Strauss' Suggestion Concerning the Source and Sources of Modern Philosophy, in: Interpretation, 19. Jg., Heft 1, 1991, S. 43-60; C. Colmo, Reason and Revelation in the Thought of Leo Strauss, in: Interpretation, 18. Jg., Heft 1, 1990, S. 145-160; E. Schweid, Religion and Philosophy. The Scholarly-Theological Debate Between Julius

Guttmann and Leo Strauss, in: A. Hyman (Hg.), Maimonidean Studies, Bd. 1, New York 1990, S. 163-195.

31 Belege und eine perspektivische Darstellung finden sich bei: S. Drury, The Political Ideas of Leo Strauss, Houndmills 1988, Kap. 10.

32 S. Rosen, Hermeneutics as Politics, Oxford 1987, S. 107-123, 127.

33 J. Pocock, Prophet and Inquisitor or: A Church Built upon Bayonets Cannot Stand, in: Political Theory, 3. Jg., Heft 4, 1975, S. 385-401.

34 D. Herz, Rezension von Drury, in: Philosophisches Jahrbuch, 98. Jg., 1991, S. 430-432; ders., Der Philosoph als Verführer. Überlegungen zur Philosophie des Leo Strauss, in: Archiv für Rechts- und Sozialphilosophie, Heft 4, 1993, S. 544-549.

35 R. Pippin, The Modern World of Leo Strauss, a.a.O., S. 467.

36 Drury verdreht das naturrechtlich unterfütterte, beste Regime aus Platons *Politeia* in eine Tyrannis und verfehlt damit, wie vor ihr schon Karl Popper, den springenden Punkt; vgl. S. Drury, The Political Ideas of Leo Strauss, a.a.O., S. 93-98, mit L. Strauss, NRG 145 f., wo er ausdrücklich »zur Vermeidung von Mißverständnissen« die Gewaltfreiheit und die Freiwilligkeit des besten Regimes hervorhebt und die Forderung nach Zustimmungsfähigkeit jedes Regimes erhebt, um die Tyrannis gerade zu verhindern.

37 S. Holmes, Die Anatomie des Antiliberalismus, Hamburg 1995, S. 115-159.

38 H.-G. Gadamer, Hermeneutik und Historismus, in: ders., Gesammelte Werke, Bd. 2, Tübingen 1986, bes. S. 414-419.

39 H. Kuhn, Naturrecht und Historismus, in: Zeitschrift für Politik, 3. Jg. (NF), Heft 4, 1956, S. 289-304, bes. S. 291; L. Strauss, Letter to Helmut Kuhn, in: Independent Journal of Philosophy/Unabhängige Zeitschrift für Philosophie, 2. Jg., 1978, S. 23-26.

40 W. Wieland, Platon und die Formen des Wissens, Göttingen 1982.

41 M. Riedel, Seinsverständnis und Sinn für das Tunliche. Der hermeneutische Weg zur »Rehabilitierung der praktischen Philosophie«, in: H. Maier u.a. (Hg.), Politik, Philosophie, Praxis. Festschrift für Wilhelm Hennis zum 65. Geburtstag, Stuttgart 1988, S. 280.

42 W. Hennis, Max Webers Fragestellung. Studien zur Biographie des Werks, Tübingen 1987, S. 37 n. 43, 56 n. 85, 223 n. 65; ders., Max Webers Wissenschaft vom Menschen. Neue Studien zur Biographie des Werks, Tübingen 1996, S. 157 n. 6.

43 A. Söllner, Leo Strauss, in: H. Ottmann/K. Graf Ballestrem (Hg.), Politische Philosophie des 20. Jahrhunderts, München 1990, S. 105-121.

44 H. Münkler, Thomas Hobbes, Frankfurt/M. u.a. 1993. M. Bohlender, Die Rhetorik des Politischen. Zur Kritik der politischen Theorie, Berlin 1995.

45 J. Gebhardt, Leo Strauss. The Quest for Truth in Times of Perplexity, in: P. Graf Kielmansegg u.a. (Hg.), Hannah Arendt and Leo Strauss, a.a.O., S. 81-104.

46 H. Meier, Carl Schmitt, Leo Strauss und »Der Begriff des Politischen«. Zu einem Dialog unter Abwesenden, Stuttgart 1988; ders., Die Lehre Carl Schmitts. Vier Kapitel zur Unterscheidung Politischer Theologie und Politischer Philosophie, Stuttgart 1994; ders., Die Denkbewegung von Leo Strauss, a.a.O.

47 RCPR 72f., 239-241; F. Nietzsche, Jenseits von Gut und Böse, Vorrede.

48 CM 1-12; NRG 1f.; PPH 9; New Interpretation 327.

49 The Problem of Socrates 129f., 133, 135, 138.

50 NRG 336; PPH 9; RCPR 242f.; New Interpretation 326-332.

51 PPH 9f.; RCPR 242f.; TWM 83f., 93f.; WIPP 40, 172; New Interpretation 328.

52 CM 3, 37f., 42ff., 45; GS I 7, 30f.; IR 457, 467ff., 472, 484; LAM 261f.; NRG 25, 181ff., 184f., 188-191, 206, 271f., 275; OT 198, 215,217ff.; PAW 33ff.; PhG 20, 22, 36, 51, 88f.; RCPR 238f., 242, 244f.; SPPP 32f., 176, 180f.; Corr. Löwith, 23.6.1935, 193; Existentialism 305; New Interpretation 360f.; The Problem of Socrates 136-138; F. Nietzsche, Jenseits von Gut und Böse, Aph. 37, 150; ders., Morgenröthe, Aph. 205.

53 SPPP 29f., 186f.

54 PAW 156ff.; WIPP 17f.

55 NRG 10-13, 25f., 33f., 37, 59, 199f.; OT 35f.; PAW 151, 158; PPH Kap. VI; RCPR 24 ff., 239, 242, 245; WIPP 26, 56-59, 69; New Interpretation 329ff.

56 GS 1176; NRG 12, 14ff.; PAW 151f.; WIPP 59f., 70; The Problem of Socrates 132; John Locke, Zwei Abhandlungen über die Regierung II, § 43.

57 PhG 24; SPPP 30-34; Existentialism 304.

58 NRG 288; PhG 24.

59 NRG 37, 74-77; WIPP 18; The Problem of Socrates 133f.

60 NRG 18, 37f., 54, 79; PhG 23f.; RCPR 19; WIPP 21-23; Existentialism 304.

61 GS 115, 417; NRG 38, 39-50, 63, 73-76; RCPR 269f.; WIPP 18.

62 GS 165f.; LAM 262ff., 270; NRG 18ff., 49, 77-82, 179ff. n.9, 280; OT 34; PAW 156f.; RCPR 19; WIPP 18-27; Existentialism 305; The Problem of Socrates 136.

63 BP 101, 125; GS I 54.

64 BP 100, 104, 119f., 125; GS I 81f., 93f., 409; PhG 25; RCPR 260.

65 BP 102-106, 109; GS I 52; PhG 24f., 31f., 48; RCPR 244f.; Why Jews 52.

66 LAM 207; RCPR 142f.

67 BP 108f., 112, 116f.; GS I 80, 232f.; NRG 98-100, 115-117, 122f.; TM 254f.

68 BP 120f.; WIPP 17.

69 BP 125; OT 233.

70 NRG 99f.; OT 102f. n.4; WIPP 10, 34, 92-94; The Problem of Socrates 131.

71 CM 45, 239; NRG 137f.; PAW 37; RCPR 244f.

72 AAPL102; CM 29; GS 1175; HPP 76f.; LAM 6f.; NRG 83f., 94f., 122f., 126f., 176, 274f.; OT 219; RCPR 118; WIPP 11, 24, 39f., 94; XSD 147-150; Corr. Löwith, 20.8.1946, 110; Farabi's Plato 364f.

73 NRG 37f., 86, 129, 274f.; OT 207, 218f.; WIPP 11, 23-25; Farabi's Plato 393.

74 BP 116f.; GS I 209-214, 221f.; HPP 77; LAM 6; NRG 37f., 77f., 201; OT 224; PAW 37; RCPR 131f., 181-183, 258ff.; WIPP 39f.

75 NRG 37f.; NRH 24, 35f.

76 CM 1.

77 NRG 94., 173f.; RCPR 126, 131-133; XSD 147-150, 164, 184; The Problem of Socrates 158, 163.

78 RCPR 126.

79 PhG 67; WIPP 12, 16f.

80 PAW 18, 139; RCPR 118; WIPP 25, 92-94; XS 28, 30.

81 PAW 155f.; PhG 46.

82 BP 109; CM 239-241; GS I 198-209; PhG 32, 95; RCPR 248-252, 257f.; Interpretation of Genesis 18f.

83 NRG 84-86, 93 f.; PAW 10, 18; RCPR 246, 248, 253-257; WIPP 92.
84 NRG 86.
85 GS I 51, 66-76, 79 f., 81, 91-94; NRG 116 f.; PhG 25.
86 GS IXII f.; LAM 76-139; NRG 115, 173-176; PhG 25-28.
87 PhG 59, 62 ff., 110, 117-122; Farabi's Plato 372.
88 Farabi's Plato 357, 371-374, 377-381, 391 f.
89 GS I 192, 194, 214; PhG 18-22.
90 GS I 54; NRG 269 f. n. 15; PAW 24 f.; WIPP 221 f., 227; New Interpretation 350; The Spirit of Sparta 534 f.; F. Nietzsche, Jenseits von Gut und Böse, Aph. 30.
91 CM 37 f.; NRG 214-216; OT 36 n. 3, 38; PAW 7 f., 17, 18, 21, 36; WIPP 223; New Interpretation 360 f.
92 IR 469-472; OT 112; PAW 35 f.; RCPR 133, 158-160, 171; WIPP 135; The Spirit of Sparta 535.
93 GS I 222; IR 463-477, 485 f.; NRG 56, 115 f., 268-270; OT 54-57, 111, 118, 217, 228 f., 230, 233; PAW 33-35; SPPP 29, 148 f.; TM 34; WIPP 93; Farabi's Plato 381-383; The Problem of Socrates 140-142; Spirit of Sparta 532-535.
94 CM 52-54, 60; SPPP 163; TM 120 f.; WIPP 31; Interpretation of Genesis 19 f.; The Problem of Socrates 178 f.; Platon, Phaidros 264 b 7, 275 d 4-276 a 7.
95 Farabi's Plato 375; New Interpretation 349 n. 26.
96 IR 455 f., 469; PAW 25, 32; TM 30-53; Farabi's Plato 369 f., 382; F. Nietzsche, Zur Genealogie der Moral, Vorrede 8.
97 AAPL 7; CM 1, 8, 9 f.; Corr. Löwith, 15.8.1946, 107; Farabi's Plato 360, 376 f.; Fortschritte der Metaphysik 2453; NRG 35, 59; New Interpretation 332; OT 197, 207; PAW 154 f., 157 f.; PhG 9, 15, 17; PPH 9; TM 14; WIPP 56 f., 76 f.
98 CM 54; NRG 57-59; PAW 30, 142-144, 146-149, 159, 161 f., 165; RCPR 136; SPPP 30; TM 29 f.; WIPP 223, 230 f.; Existentialism 304; Spirit of Sparta 503; F. Nietzsche, Zur Genealogie der Moral, Vorrede 8.
99 The Problem of Socrates 138 f.; F. Nietzsche, Götzen-Dämmerung, Das Problem des Sokrates 1-12.
100 The Problem of Socrates 139, 141, 146, 149, 151 f., 155, 157 f.; G.W.F. Hegel, Phänomenologie des Geistes, VIIB. c.; F. Nietzsche, Jenseits von Gut und Böse, Aph. 28.

101 OT 55-57, 97, 211 f.; XSD 86, 119, 129 ff., 148, 159-162, 165, 167-170, 175 f., 184 f.; The Problem of Socrates 162-164, 167-169, 171-176.

102 AAPL 86; NRG 125 f., 161; TM 296; Farabi's Plato 364, 376 f.; The Problem of Socrates 184-188, 190-192; Cicero, De re publica 2, 52.

103 The Problem of Socrates 193-196, 202-205.

104 HPP Einleitung, 2; NRG 84, 85 n. 3, 91 f., 173; RCPR 252; Homer, Odyssee X 302-306.

105 NRG 127-129, 148-159, 160 f.; NRH 145; PPH 7.

106 NRG 133 f., 167, 168; SPPP 137 ff.

107 NRG 130 f.; SPPP 138.

108 NRG 140-145, 148, 186, 189, 196, 207, 208; OT 208.

109 NRG 145 ff., 207; SPPP 139.

110 NRG 145-147, 157; SPPP 139.

111 NRG 144, 176-181, 188-191, 197-203, 224 f., 231-239; SPPP 143 f.

# Literaturhinweise

## 1. Verzeichnis der Siglen und Kurztitel

Ich verwende die international üblichen Siglen, die sich in der Regel auf die englischsprachigen Originaltitel beziehen, zum Zwecke der Vergleichbarkeit mit der internationalen Literatur auch dort, wo deutsche Übersetzungen vorliegen, es sei denn, Original und Übersetzung werden beide zitiert.

| | |
|---|---|
| AAPL | The Argument and the Action of Plato's Laws |
| BP | Anmerkungen zu Carl Schmitt, Der Begriff des Politischen |
| CM | The City and Man |
| CP | The Crisis of Political Philosophy |
| CT | The Crisis of Our Time |
| GS I | Gesammelte Schriften, Bd. 1 |
| GS II | Gesammelte Schriften, Bd. 2 |
| HPP | History of Political Philosophy |
| IR | On the Intention of Rousseau |
| LAM | Liberalism Ancient and Modern |
| MM | Einleitungen zu Moses Mendelssohn 1974 |
| NRG | Naturrecht und Geschichte |
| NRH | Natural Right and History |

| | |
|---|---|
| OT | On Tyranny (dt.: Über Tyrannis) |
| PAW | Persecution and the Art of Writing |
| PhG | Philosophie und Gesetz |
| PPH | The Political Philosophy of Hobbes (dt.: Hobbes' politische Wissenschaft) |
| RCPR | The Rebirth of Classical Political Rationalism |
| SA | Socrates and Aristophanes |
| SPPP | Studies in Platonic Political Philosophy Thoughts on Machiavelli |
| TWM | The Three Waves of Modernity |
| WIPP | What ist Political Philosophy? |
| XS | Xenophon's Socrates |
| XSD | Xenophon's Socratic Discourse |
| Corr. Voegelin | Briefwechsel mit Eric Voegelin |
| Corr. Löwith | Briefwechsel mit Karl Löwith |
| Existentialism | Existentialism |
| Farabi's Plato | Fârâbî's Plato |
| Fortschritte der Metaphysik | Besprechung von: Julius Ebbinghaus, Über die Fortschritte der Metaphysik |
| Interpretation of Genesis | On the Interpretation of »Genesis« |
| New Interpretation | On a New Interpretation of Plato's Political Philosophy |
| Spirit of Sparta | The Spirit of Sparta or the Taste of Xenophon |
| The Problem of Socrates | The Origins of Political Science and The Problem of Socrates |
| Why Jews | Why We Remain Jews: Can Jewish Faith and History Still Speak to Us? |

## 2. Ausgewählte Schriften von Leo Strauss


### *a) Deutsche Originalschriften und Übersetzungen*

Besprechung von: Julius Ebbinghaus, Über die Fortschritte der Metaphysik, in: Deutsche Literaturzeitung, 1931, Heft 52, 27.12.1931, Sp. 2451-2453.

Anmerkungen zu Carl Schmitt, Der Begriff des Politischen, wiederabgedruckt in: H. Meier, Carl Schmitt, Leo Strauss und »Der Begriff des Politischen«. Zu einem Dialog unter Abwesenden, Stuttgart 1988, S. 99-125.

Philosophie und Gesetz. Beiträge zum Verständnis Maimunis und seiner Vorläufer, Berlin 1935. Wiederabdruck in GS II unter Angabe der Paginierung der Originalausgabe.

Über Tyrannis. Eine Interpretation von Xenophons »Hieron« mit einem Essay über Tyrannis und Weisheit von Alexandre Kojève, übers, von Ernst Cahn/Marianne Regensburger/Kurt Weigand, Neuwied 1963.

Hobbes' Politische Wissenschaft, Neuwied 1965.

Naturrecht und Geschichte, übers. von Horst Boog, Frankfurt 1977.

Einleitung zu »Morgenstunden« und »An die Freunde Lessings«. Einleitung zu »Sache Gottes oder die gerettete Vorsehung«, in: Moses Medelssohn, Gesammelte Schriften, Jubiläumsausgabe, Bd. 3.2, Stuttgart-Bad Cannstatt 1974, S. XI-XCV, XCVI-CX.

Gesammelte Schriften, Bd. 1: Die Religionskritik Spinozas und zugehörige Schriften, hrsg. von Heinrich Meier, Stuttgart/Weimar 1996.

Gesammelte Schriften, Bd. 2: Philosophie und Gesetz – Frühe Schriften, hrsg. von Heinrich Meier, Stuttgart/Weimar 1997.

### *b) Englischsprachige Originalschriften*

The Spirit of Sparta or the Taste of Xenophon, in: Social Research, 6, 1939, S. 502-536.

Farabi's Plato, in: Louis Ginzberg Jubilee Volume, New York 1945, S. 357-393.

On a New Interpretation of Plato's Political Philosophy, in: Social Research, 13, 1946, S. 326-367.
On the Intention of Rousseau, in: Social Research, 14, 1947, S. 455-487.
Persecution and the Art of Writing, Glencoe, Illinois, 1952.
Natural Right and History, Chicago 1953.
Thoughts on Machiavelli, Glencoe, Illinois, 1958, Nachdruck: Seattle/London 1969.
What is Political Philosophy? and Other Essays, Chicago/London 1959.
How to Begin to Study »The Guide of the Perplexed«, in: Moses Maimonides, The Guide of the Perplexed, übers. von Shlomo Pines, mit einem einleitenden Essay von Leo Strauss, Chicago 1963, S. xi-lvi.
The City and Man, Chicago 1964.
The Crisis of Our Time und The Crisis of Political Philosophy, in: Harold J. Spaeth (Hg.), The Predicament of Modern Politics, Detroit 1964, S. 41-54 und 91-103.
Socrates and Aristophanes, New York/London 1966.
Liberalism Ancient and Modern, New York 1968, Nachdruck: Ithaca/London 1989 und Chicago 1995.
Xenophon's Socratic Discourse. An Interpretation of the »Oeconomicus«, Ithaca/London 1970.
Xenophon's Socrates, Ithaca/London 1972.
The Three Waves of Modernity, in: An Introduction to Political Philosophy. Ten Essays by Leo Strauss, Detroit 1989, S. 81-98.
The Argument and the Action of Plato's Laws, Chicago/London 1975.
On the Interpretation of »Genesis«, in: L'Homme. Révue française d'anthropologie, 21, 1981, S. 5-20.
Studies in Platonic Political Philosophy, Chicago/London 1983.
History of Political Philosophy, hrsg. von Leo Strauss/Joseph Cropsey, 3., erweiterte Aufl., Chicago/London 1987.
The Rebirth of Classical Political Rationalism. An Introduction to the Thought of Leo Strauss. Essays and Lectures by Leo Strauss, hrsg. von Thomas L. Pangle, Chicago/London 1989.
An Introduction to Political Philosophy. Ten Essays by Leo Strauss, hrsg. von Hilail Gildin, Detroit 1989.
Why We Remain Jews. Can Jewish Faith and History Still Speak to Us? in: Kenneth L. Deutsch/Walter Nicgorski (Hg.), Leo Strauss. Political Philosopher and Jewish Thinker, Lanham, Maryland, 1994, S. 43-79.

Existentialism, in: Interpretation, 22, 1995, S. 301-320.
The Origins of Political Science and The Problem of Socrates. Six Public Lectures, in: Interpretation, 23, 1996, S. 127-208.

*c) Briefwechsel*

Letter to Helmut Kuhn, in: Unabhängige Zeitschrift für Philosophie, 2, 1978, S. 23-26.
Correspondence Concerning »Wahrheit und Methode«. Leo Strauss und Hans-Georg Gadamer, in: Unabhängige Zeitschrift für Philosophie, 2, 1978, S. 5-12.
Correspondence Concerning Modernity. Karl Löwith and Leo Strauss, in: Independent Journal of Philosophy, 4, 1983, S. 105-119 (Briefwechsel mit K. Löwith aus dem Jahre 1946, zweisprachig).
Correspondence: Karl Löwith and Leo Strauss, in: Independent Journal of Philosophy, 5/6, 1988, S. 177-192 (Briefwechsel mit Karl Löwith aus dem Jahre 1935, zweisprachig).
Drei Briefe an Carl Schmitt, in: H. Meier, Carl Schmitt, Leo Strauss und »Der Begriff des Politischen«. Zu einem Dialog unter Abwesenden, Stuttgart 1988, S. 129-135.
Faith and Political Philosophy. The Correspondence Between Leo Strauss and Eric Voegelin, 1934-1964, übers. und hrsg. von Peter Emberley/ Barry Cooper, Pennsylvania 1993.
The Strauss-Kojève Correspondence, in: Leo Strauss, On Tyranny, hrsg. von V. Gourevitch/M.S. Roth, New York 1991, S. 213-325.

## 3. Ausgewählte Sekundärliteratur

Behnegar, Nasser, Leo Strauss' Confrontation with Max Weber. A Search for a Genuine Social Science, in: The Review of Politics, 59, 1997 (Winter), S. 97-125.
Benardete, Seth, Leo Strauss' »The City and Man«, in: Political Science Reviewer, 8, 1978 (Herbst), S. 1-20.
Bloom, Allan, Leo Strauss. September 20, 1899 – October 18, 1973, in: Political Theory, 2, 1974 (November), S. 372-392.

Bolotin, David, Leo Strauss and Classical Political Philosophy, in: Interpretation, 22, 1994 (Herbst), S. 129-142.
Bruell, Christopher, Strauss on Xenophon's Socrates, in: Political Science Reviewer, 14, 1984, S. 263-318.
Cropsey, Joseph, Strauss, Leo, in: International Encyclopedia of the Social Sciences, Biographical Supplement, Bd. 18, New York 1979, S. 746-750.
Deutsch, Kenneth L./Soffer, Walter (Hg.), The Crisis of Liberal Democracy. A Straussian Perspective, Albany 1987.
Deutsch, Kenneth L./Walter Nicgorski (Hg.), Leo Strauss. Political Philosopher and Jewish Thinker, Lanham, Maryland, 1994.
Drury, Shadia B., The Political Ideas of Leo Strauss, Houndmills/Basingstoke/London 1988.
Germino, Dante, Second Thoughts on Leo Strauss' Machiavelli, in: Journal of Politics, 28, 1966, S. 794-817.
Gildin, Hilail, The First Crisis of Modernity. Leo Strauss on the Thought of Rousseau, in: Interpretation, 20, 1992/93, S. 157-164.
Gourevitch, Victor, Philosophy and Politics I-II, in: Review of Metaphysics, 22, 1968/69, S. 58-84 und 281-328.
Gunnell, John G., Political Theory and Politics. The Case of Leo Strauss, in: Political Theory, 13, 1985, S. 339-364.
Jaffa, Harry V., The Legacy of Leo Strauss, in: The Claremont Review, 3, 1984, S. 14-21.
Kennington, Richard, Strauss' »Natural Right and History«, in: The Review of Metaphysics, 35, 1981, S. 57-86.
Kielmansegg, Peter Graf/Horst Mewes/Elisabeth Glaser-Schmidt (Hg.), Hannah Arendt and Leo Strauss. German Émigrés and American Political Thought after World War II, Cambridge 1995.
Klein, Jacob, Memorial to Leo Strauss, in: St. John's Review (früher »The College«), 25, 1974.
Meier, Heinrich, Carl Schmitt, Leo Strauss und »Der Begriff des Politischen«. Zu einem Dialog unter Abwesenden, mit Leo Strauss' Aufsatz über den »Begriff des Politischen«, Stuttgart 1988.
Ders., Die Denkbewegung von Leo Strauss. Die Geschichte der Philosophie und die Intention des Philosophen, Stuttgart/Weimar 1996.
Ders., Strauss, Leo, in: Metzler-Philosophen-Lexikon, hrsg. von Bernd Lutz, 2., erw. Aufl., Stuttgart/Weimar 1995, S. 860-865.

Nicgorski, Walter, Leo Strauss and Liberal Education, in: Interpretation, 13, 1985, S. 233-250.
Pangle, Thomas L., Introduction, in: Leo Strauss, Studies in Platonic Political Philosophy, Chicago 1983, S. 1-26.
Ders., The Platonism of Leo Strauss, in: The Claremont Review, 4, 1985.
Pippin, Robert B., The Modern World of Leo Strauss, in: Political Theory, 20, 1992, S. 448-472.
Rosen, Stanley, Hermeneutics as Politics, Oxford 1987.
Roth, Michael S., A Problem of Recognition. Alexandre Kojève and the End of History, in: History and Theory, 24, 1985, S. 293-306.
Tarcov, Nathan/Pangle, Thomas L., Epilogue – Leo Strauss and the History of Political Philosophy, in: Leo Strauss/Joseph Cropsey (Hg.), History of Political Philosophy, 3., erw. Aufl., Chicago/London 1987, S. 907-938.
The Independent Journal of Philosophy/Unabhängige Zeitschrift für Philosophie, 2, 1978: Leo Strauss. Essays on the Issues and Themes of his Life-Work.
Udoff, Alan (Hg.), Leo Strauss' Thought. Toward a Critical Engagement, Boulder 1991.

# Zeittafel

| | |
|---|---|
| 1899 | Leo Strauss wird am 20. September in Kirchhain/Hessen geboren. |
| 1917-21 | Studium der Philosophie, Mathematik und Naturwissenschaften an den Universitäten Marburg, Frankfurt/M., Berlin und Hamburg. |
| 1921 | Promotion bei Ernst Cassirer in Hamburg. |
| 1921-25 | Fortsetzung der Studien bei Edmund Husserl und Martin Heidegger in Freiburg/Br. |
| 1925-32 | Mitarbeiter an der Akademie für die Wissenschaft des Judentums in Berlin. Mitherausgeber der Moses-Mendelssohn- Jubiläumsausgabe. |
| 1932 | Rockefeller-Stipendiat in Paris. |
| 1934 | Rockefeller-Stipendiat in Cambridge (England). |
| 1938 | Übersiedelung in die USA; Lecturer an der New School for Social Research in New York. |
| 1941 | Associate Professor an der New School. |
| 1941-48 | Mitherausgeber von *Social Research* und *Universal Jewish Encyclopedia.* |
| 1944 | Strauss wird amerikanischer Staatsbürger und Full Professor an der New School. |
| 1949 | Professor für Politische Philosophie an der University of Chicago. |
| 1953 | Visiting Professor an der University of California in Berkeley. |
| 1954-55 | Visiting Professor an der Hebrew University in Israel. |
| 1959 | Ernennung zum Robert M. Hutchins Distinguished Service Professor an der University of Chicago. |

1965 Verleihung der Ehrendoktorwürde der Universität Hamburg; Verleihung des Großen Verdienstkreuzes der Bundesrepublik Deutschland durch den deutschen Generalkonsul in Chicago. Berufung auf eine Gastprofessur in Hamburg.

1968 Emeritierung.

1968-69 Visiting Professor am Claremont Men's College in Kalifornien.

1969-73 Scott Buchanan Distinguished Scholar-in-Residence am St. John's College in Annapolis, Maryland.

1973 Leo Strauss stirbt am 18. Oktober in Annapolis/USA.

**Clemens Kauffmann,** 1961-2020, studierte Philosophie, Klassische Archäologie und Geschichte in Freiburg, Münster und München. 1991 Promotion zum Dr. phil. am Institut für Philosophie der Universität München, danach am Institut für Politische Wissenschaft der Universität Regensburg. Von 2003 bis 2020 war Kauffmann ordentlicher Professor für Politische Philosophie und Ideengeschichte an der Universität Erlangen-Nürnberg. Forschungsschwerpunkte: Politische Philosophie und Ideengeschichte, insbesondere Theorie des Liberalismus und Politische Philosophie der Antike sowie politische und philosophische Aspekte der modernen Biotechnologie. In den letzten Jahren seiner Tätigkeit als Hochschullehrer galt sein besonderes Augenmerk der Ablösung der Vernunft durch das Motiv des Kampfes im politischen Denken des 20. Jahrhunderts.